adaptabilidade

adaptabilidade

Marcus Ronsoni

Modelo integrativo para a transformação organizacional

GREAT PEOPLE
Books

> Potencial tem mais a ver com capacidade de aprendizagem do que com performance passada. Resultados passados são relevantes, mas o futuro depende da capacidade de aprendizagem.[1]
>
> **Rafael Souto**
> *CEO da Produtive*

Agradecimentos

Não é possível discutir adaptabilidade sem mencionar o naturalista britânico Charles Darwin e sua teoria da evolução biológica por seleção natural. Darwin afirmou que as espécies mudam ao longo do tempo, originando novas espécies e compartilhando um ancestral comum, sendo a seleção natural o mecanismo central dessa evolução. Ele observou que os organismos mais bem adaptados ao ambiente têm maiores chances de sobrevivência e deixam mais descendentes, contribuindo para a evolução das espécies. Contudo, em seus estudos, também encontramos afirmações que sugerem que, na história da humanidade (e dos animais também), aqueles que aprenderam a colaborar e improvisar foram os que prevaleceram. Essa observação destaca a importância fundamental da colaboração e da flexibilidade para a adaptação e para o sucesso.

Tal como na natureza, a criação deste livro reflete um fenômeno de colaboração e generosidade humana. Vivenciei empiricamente os conceitos de Darwin, particularmente o da colaboração. Inúmeras pessoas, por meio de gestos generosos de tempo, conhecimento e encorajamento, contribuíram para que esta obra se tornasse realidade. Essa generosidade transcendeu o simples ato de ajudar, transformando-se em um poderoso vetor de inovação e mudança.

A cada pessoa que ofereceu seu apoio, seja por meio de conversas esclarecedoras, feedbacks construtivos ou mesmo inspiração silenciosa, meu sincero agradecimento. Sem a colaboração e nas teria sido mais difícil, mas, talvez, impossível.

Dentre as pessoas que não posso deixar de destacar de modo especial estão Aline Paes Ronsoni, Manuela Nunes Ronsoni, Maria Eduarda Maciel Ronsoni, Neusa Teresinha Minossi Ronsoni e Zelindo Ronsoni (in memoriam), meus familiares.

Minha imensa gratidão também às minhas colegas e parceiras Aurea Cardoso, Cássia Marques e Petula Borges, suas contribuições são inestimáveis.

Um agradecimento especial a Assa Fumo, Diretora da Academia Electricidade de Moçambique (EDM), que dedicou seu concorridíssimo tempo para honrar este livro com o prefácio.

Não poderíamos deixar de agradecer a Ana, Cláudia Vergara, Daniel Ely, Mariana Almeida Machado, Mariana Silveira, Michelle Squeff e Rosângela Mariano. Seus depoimentos contribuíram para ilustrar e direcionar a aplicabilidade e os resultados dos conceitos e metodologias apresentados nesta obra.

Nosso agradecimento também a Ana Célia de Paula, Carlos Klein, Erik Dauzacher, Letícia Reichert, Lilian Martins, Mahanna Scariot e Quésia Orbach, pela parceria, trabalho, apoio, paciência, comprometimento, doação e dedicação na condução das suas atividades junto à Sociedade Brasileira de Desenvolvimento Comportamental (SBDC) e Aura ExO, seja como colaboradores, conselheiros, consultores credenciados ou parceiros.

Que este livro sirva não apenas como um testemunho do poder da Adaptabilidade, mas também como um convite à continuação dessa cadeia de colaboração e generosidade, essenciais para a evolução contínua de nossas organizações e de nossa sociedade. Contem comigo!

Muitíssimo obrigado!

Sumário

Prefácio 13

SEÇÃO 1
As bases da transformação organizacional

Introdução 19
    A criatividade destrutiva 19
O erro da transformação 25
Caminho proposto 31
Modelo integrativo para transformação organizacional – MITRO 33
Adaptabilidade 37
    A transformação organizacional e o profissional adaptativo 41
Flexibilidade cognitiva 47
Flexibilizando as representações sociais 49
    Flexibilidade cognitiva e suas características 51
    Flexibilidade cognitiva e liderança 52
    A flexibilidade cognitiva – uma função executiva 54
    Flexibilidade cognitiva, saúde mental e bem-estar 55
    Flexibilidade cognitiva – outros benefícios 57
    Inflexibilidade cognitiva 61
    Mindset de crescimento 65
    Mudança de *mindset* 69
    Comportamento proativo 77
    A autorrealização e a proatividade 80
    A influência do ambiente e da liderança 81
    Adaptabilidade da equipe 84
    Resultados adaptativos 88
    Desempenho adaptativo 89
    As oito dimensões do desempenho adaptativo 93
    Mensurando o desempenho adaptativo 119
    Adaptabilidade de carreira 121

Antecipando-se às transições de carreira 126
Adaptabilidade de carreira e o ambiente organizacional 127
Apoio gerencial 129
Adaptabilidade e a teoria da construção de carreira 131
As dimensões da adaptabilidade de carreira 133
Autorregulação 138
Adaptabilidade e a extinção da maturidade profissional 140
Escala de adaptabilidade de carreira 145
Escala de adaptabilidade de carreira 146
Assessment 148
Assessment para adaptabilidade de carreira 148
Obsolescência laboral 151
O papel da organização na obsolescência laboral 176
A obsolescência laboral e a educação 5.0 177
Identificando os esquemas prevalecentes 179
Estrutura da entrevista quantitativa 179
Inventário dos esquemas de atualização (IEA) 181

Cultura da aprendizagem 195
Estímulo à aprendizagem 196
Imperativos estratégicos 197
Aprendizagem como prioridade 198
Desafios da criação de uma cultura de aprendizagem 207
Valores invisíveis 208
Redes de trabalho 209
Prazo para a mudança 210
Teoria de campo: cultura e aprendizagem 210

Segurança psicológica 217
Conforto, estímulo e espaço 221
Parecido, mas diferente 223
Desenvolvendo a segurança psicológica 230
Engajamento e segurança psicológica 233
Trabalho significativo 233
Escala de segurança psicológica da equipe 236
Escala de segurança psicológica da equipe – ESPE 237

Upskilling organizacional 238
Pipeline da prosperidade 239
Competências para o futuro 240
Fatores contextuais 242
Padrões de ESG 243

Economia e geopolítica global 244
Rotatividade estrutural 245
Competências-chave 249
Evolução das habilidades 250
Prioridades de melhoria da qualificação 251
Gestão, disseminação e renovação do conhecimento 255
Espiral do conhecimento 257
Ambiente de aprendizagem – BA 262
Medindo o capital intelectual 264
Indicadores do capital humano 265
Próximos passos: base estruturante do MITRO 278
Orientações para a jornada 279

Entrevista: Ambidestria e gestão da mudança: a arte de orquestrar atores para a transformação organizacional 282

SEÇÃO 2
Base estruturante – Informações, conceitos e fundamentos

Introdução 299
Construção da realidade e discernimento 301
Cenário e contexto 306
Uma nova modernidade 308
Modernidade líquida 309
Cultura da fluidez 312
A desigualdade do capital 315
O individualismo 320
Avanços tecnológicos 321
Desadaptação 323
Futuro do emprego 326
Trabalhabilidade e bem-estar 331
Produzindo insigths 338
Orientações para a jornada 339

Entrevista: Adaptabilidade: uma conversa sobre inclusão e neurodiversidade nas organizações 342

SEÇÃO 3
Modelo integrativo de transformação organizacional - MITRO

Introdução 355

Implantando o MITRO 357
    Etapa preliminar 358
    Revisão do modelo de negócio, governança e estratégia 368
    Roadmaps integrados de transformação 374
    Poder transformacional 377
    Etapa preparar 380
    Avaliando a segurança psicológica da equipe 388
    Gestão, disseminação e renovação do conhecimento 397
    Integração das iniciativas para a transformação organizacional 401
    Etapa agir 402
    Etapa mensurar 404
    Etapa reavaliar 405

Implantação do MITRO: considerações finais 407
    Importância da personalização nas etapas agir, mensurar e reavaliar 408
    Etapa agir 408
    Etapa mensurar 410
    Etapa reavaliar 411
    Orientações para a jornada 414

Entrevista: "Um erro no processo de transformação é achar que o responsável é o outro" 417

Entrevista: Inteligência emocional e adaptabilidade: pilares da liderança transformadora 423

Entrevista: Gestão de pessoas e mudanças: eficiência em escala com olhar para indivíduos 433

Entrevista: Adaptabilidade e governança: o conselho como agente de transformação 440

Posfácio 451
Notas finais 457

Prefácio

No mundo em que vivemos, repleto de opções e mudanças constantes, somos sempre confrontados a encontrar a "fórmula certa" para resolver os problemas, visando transformar nossas vidas, comunidades e as organizações das quais fazemos parte ou dirigimos. Todavia, muitas vezes, nos perdemos nessa jornada, devido a vários fatores, entre os quais a incapacidade de nos adaptar aos diversos contextos.

Na busca desenfreada por soluções para nossos problemas, às vezes não paramos para refletir: será que existe uma "fórmula certa" ou se trata apenas de uma utopia que buscamos para não lidar com o desafio de encarar que a base para a transformação das organizações depende do alicerce de onde começamos? Por meio dele, seremos capazes de implementar estratégias assertivas que nortearão nossa jornada rumo ao alcance de nosso tão almejado objetivo, ou seja, aonde queremos chegar, neste caso, a transformação organizacional!

É certo que, atualmente, "já não somos o que éramos antes, mas também ainda não somos o que realmente seremos ou desejamos ser...". Essa é uma verdade que nos deve colocar no caminho rumo à nossa meta, que, nesse contexto, é transformar nossas organizações, o que, extensivamente, implica transformar pessoas, famílias e comunidades.

A transformação de que falamos exige uma mudança profunda para que os resultados sejam diferentes e consistentes. Por exemplo, quando contemplo o mundo à minha volta, vejo um fenômeno massivo de perda de capacidade para contribuir e obsolescência laboral (de alguns trabalhadores e líderes), e isso me faz questionar sobre a transformação individual e corporativa que deve acontecer antes de as organizações sucumbirem.

Nisso, aprender, desaprender e reaprender é a chave que devemos utilizar sempre para o sucesso de nossas organizações, sejam elas individuais ou corporativas.

Ademais, somos confrontados diariamente com os desafios da atualidade, que, à semelhança das inovações científico-tecnológicas, evoluem a uma velocidade atroz, pelo que qualquer organização deve focalizar sua intervenção no desenvolvimento de pessoas (seus colaboradores) para que sejam capazes de resolver problemas e visualizar o futuro, aplicando técnicas eficazes e eficientes em cada área de atuação. Porém, para resolver quaisquer problemas, é preciso primeiro identificá-los. E isso requer habilidades intrínsecas, como consciência, mindset, intencionalidade, poder, adaptabilidade e transformação. Estes conceitos, neste livro, corporizam aquilo que destacamos como a "fórmula certa" para a transformação organizacional.

Todavia, relativamente à "fórmula certa" para transformar as organizações, não se trata de um botão mágico que apertamos e, logo em seguida, a revolução acontece. É, entretanto, justamente o contrário; é desencadear uma transformação no indivíduo que, além de si mesmo, impactará sua equipe e a organização.

Neste livro, encontramos diferentes conceitos, que são muito bem discutidos, alguns mais inovadores que outros. A título exemplificativo, aprendemos sobre a reconfiguração do conceito de adaptabilidade, que se destaca munido de um papel fundamental para a transformação corporativa, a partir da aplicação de uma intencionalidade sistemática, que permite projetar o futuro que se pretende visualizar para uma organização.

Outrossim, este livro analisa a base da transformação organizacional por meio do Mitro (Modelo Integrativo de Transformação Organizacional), em cinco dimensões:

- adaptabilidade;
- cultura de aprendizagem;
- segurança psicológica;
- *upskilling* organizacional; e
- gestão, disseminação e renovação de conhecimento.

Não é necessário aplicar todas as cinco dimensões do Mitro. Dependendo do contexto histórico, situacional e socioeconômico de cada organização, pode-se utilizar uma ou mais dimensões. Todavia, para alcançar uma transformação organizacional efetiva e eficiente, é sempre fundamental aplicar uma metodologia integrada, usando o maior número possível de dimensões.

Este livro visa permitir que indivíduos, líderes, educadores e organizações em geral compreendam as bases da transformação organizacional, numa perspectiva intrínseca ao sujeito e extrínseca à organização.

Após folhear as páginas deste tesouro documental, fica claro o entendimento de que se trata de uma ferramenta poderosa para qualquer um que deseja transformar o contexto em que vive, através da ativação do poder transformacional, aplicando a adaptabilidade, que, neste livro, é entendida como a capacidade de resolver problemas.

Historicamente, fomos ensinados a fugir dos problemas, refugiando-nos na zona de conforto. Porém, para reverter esse cenário que nos é peculiar, devemos aprender a olhar para os problemas como uma oportunidade para transformar nossas vidas, nossas organizações e o mundo à nossa volta. Aliás, há uma autoridade que somente ganhamos quando aprendemos a resolver os problemas que nos são propostos. É isso que esta obra, profunda e detalhadamente, aborda.

Portanto, recomendo vivamente este livro, esperando que ele seja uma verdadeira inspiração para todos os leitores, desde trabalhadores a líderes, como foi para mim, provocando uma verdadeira transformação, mediante a expansão da consciência e das possibilidades ao nosso redor.

Boa leitura e bem haja!

Assa Filipe Fumo
Diretora de Academia (Electricidade de Moçambique, E. P. – EDM)

AS BASES DA TRANSFORMAÇÃO ORGANIZACIONAL

SEÇÃO 1

AS BASES DA TRANSFORMAÇÃO ORGANIZACIONAL

SEÇÃO 1

Introdução

SEÇÃO 1

A CRIATIVIDADE DESTRUTIVA

A CRIATIVIDADE DESTRUTIVA, EXPRESSÃO CUNHADA PELO ECONOMISTA AUStríaco Joseph Schumpeter,[1] está de tal forma acelerada que elaborar estratégias para mais de dois ou três anos é algo cada vez mais complexo e arriscado, tanto para organizações como para trabalhadores. Para ilustrar, vou contar meu exemplo pessoal. Em 2020, quando fiz 50 anos, me dei conta de que precisava de uma estratégia de carreira que sustentasse o crescimento da minha capacidade de gerar trabalho e renda pelos próximos anos. Sempre gostei de ter uma visão clara para meu futuro profissional. Além disso, a expectativa de vida humana está aumentando mais que a percepção do mercado em relação ao envelhecimento para o trabalho, e tenho o desejo de ser produtivo e demandado até, pelo menos, meus 70 anos. Percebi, então, que um dos pilares estratégicos seria a consolidação da minha carreira como escritor. Escrever livros que compartilhem as metodologias para aprimoramento e aceleração de competências profissionais que usamos na Aura ExO e na SBDC,

---

[1] Joseph Schumpeter introduziu o conceito de criatividade destrutiva no seu livro *Capitalismo, socialismo e democracia*, publicado em 1942. Schumpeter a descreveu como um processo inerente ao capitalismo, no qual a inovação e a introdução de novas tecnologias podem levar à destruição de indústrias e formas de negócio existentes.

como é o caso deste e dos outros dois livros que já escrevi, contribuiria de maneira significativa para o fortalecimento do meu posicionamento profissional, bem como para as estratégias desses dois negócios. Assim, de forma ousada, estabeleci o objetivo de lançar pelo menos um livro por ano pelos próximos dez anos. O lançamento deste livro é a execução desse plano. Na ocasião, concluí que escrever de 10 a 15 bons livros até os meus 60 anos me colocaria em um lugar de destaque no meu campo de atuação. Hoje, não tenho mais certeza disso. No dia 1º de dezembro de 2022, o empresário norte-americano Elon Musk lançou, em fase de testes, a ferramenta ChatGPT, por meio da empresa OpenAI, conquistando 1 milhão de usuários em apenas cinco dias. Na mesma semana, li no portal de notícias da revista *Veja*:[2]

> Capaz de dar respostas mais completas e "inteligentes" que um ser humano, o ChatGPT promete ser extremamente disruptivo não só por escrever redações, peças de teatro, poemas e reportagens com personagens específicos, mas também responder dúvidas sobre linguagem de programação e até fazer uma tese de investimentos. A ferramenta já levanta a discussão sobre até que ponto poderá substituir o trabalho de profissionais de atividades intelectuais, como professores, advogados, pesquisadores e jornalistas.

Essa informação "acendeu uma luz de alerta": será que a evolução dessa e de outras ferramentas de IA serão capazes de banalizar a escrita de livros, ao estender a qualquer pessoa a possibilidade de escrever obras de qualidade em tempo recorde e sem a necessidade de ser um especialista? Assim como o Uber não possui uma frota de táxis e o Airbnb não é proprietário dos imóveis que loca, será possível produzir bons livros técnicos sem um ser humano que domine o assunto? Quais transformações ocorrerão no mercado em que atuo, a partir do amadurecimento e disseminação dessa tecnologia? Essas e outras questões passaram a retumbar minha estratégia. Estou convencido de que antecipar tendências gera uma grande vantagem competitiva, pelo menos no segmento em que trabalho.

Cerca de um mês depois do lançamento realizado pela OpenAI, o gerente de design norte-americano Ammar Reshi utilizou duas ferramentas para desenvolver seu próprio livro infantil, *Alice and Sparkle*, uma história sobre uma jovem chamada Alice que descobre a magia da inteligência artificial.[3] Utilizando o ChatGPT para criar os textos, e a ferramenta de IA Midjourney para as ilustrações, Reshi finalizou o livro em menos de 72 horas, publicando-o como um e-book independente na Amazon. Após 24 horas, ele utilizou o serviço KDP da empresa, que produz versões impressas das publicações dos clientes. Em menos de quatro dias, o livro em brochura estava disponível para venda.[4]

Ainda é difícil prever a repercussão dessa e de outras tecnologias no meu futuro profissional, o que exemplifica a complicada previsibilidade que os avanços tecnológicos estão proporcionando. Nesse cenário, tudo indica que teremos de ser cada vez mais aptos a lidar com mudanças, ampliando nossa flexibilidade e a capacidade de "pivotar"[2] planos iniciais. O título deste livro vem ao encontro desta demanda: possuir adaptabilidade, dando ênfase a essa competência que deve estar entre as mais exigidas nos próximos anos.

---

2 O termo pivotar é usado para se referir a uma mudança significativa no negócio, fazendo com que as coisas sigam uma direção diferente da inicial. Logo, quando um empreendedor pivota, está mudando algo que não estava dando certo, ou testando novas estratégias.

Esta obra propõe a concepção de um Modelo Integrativo de Transformação Organizacional (Mitro), uma abordagem que objetiva, além da proposta nuclear de proporcionar a ampliação da capacidade de adaptação dos trabalhadores, alertar para a necessidade de criação de um modelo unificado para apoiar a transformação organizacional a partir da adaptação dos indivíduos e equipes às novas necessidades.

A proposta de um Mitro surge da necessidade de as organizações serem apoiadas na sua interminável e sistêmica *travessia* para o digital. E esse apoio se dá a partir das pessoas, pois a transformação digital não é apenas uma transformação tecnológica; é, em primeiro lugar, uma transformação de *mindset* e de modelo de gestão. A tecnologia é apenas uma peça que suporta e instrumentaliza a verdadeira transformação.

Esse é o motivo pelo qual utilizamos a expressão *travessia* para nos referir a essa mutabilidade. Passamos a utilizar a palavra travessia a partir de uma metáfora que construímos aqui na Aura ExO ao explicarmos um fenômeno que pode ser observado em diversas organizações que estão trabalhando em sua transformação digital. A transformação de um negócio tradicional em um negócio digital não se dá por ruptura. Não é possível, e nem tampouco desejável, simplesmente paralisar um modelo e implementar outro, como se estivéssemos trocando o software de ERP[3].

A transformação organizacional se dá por etapas (fases). Essa travessia não acontece de um continente para outro, é um processo, pois estamos tratando de dois mundos muito diferentes e

---

3 Software de ERP (Enterprise Resource Planning) integra, num único sistema, finanças, suprimentos, produção, vendas e RH.

distantes. Ela ocorre do continente para uma ilha, e depois, de ilha em ilha, até chegar ao outro continente, que, por sua vez, também não será seu destino final, pois nada indica que essa transformação terá um fim – muito pelo contrário. Necessitamos ampliar a capacidade das pessoas de assimilar mudanças, aprender e contribuir como protagonistas desse processo, bem como ajustar a cultura e o clima organizacional, criando um terreno onde isso seja possível e estimulado. Algumas empresas ainda estão no continente dos negócios tradicionais, ou muito próximo dele, mas a grande maioria das organizações já avançou e está em momentos distintos da sua travessia digital.

Nosso objetivo com este livro é ser uma referência para a transformação organizacional, clareando o percurso e ajudando a desviar de eventuais percalços. Queremos ser como um farol iluminando a travessia e orientando caminhos.

Este livro será uma provocação para a integração dos indivíduos, equipes, organizações e suas respectivas etapas na travessia, permitindo refletir e diagnosticar cada dimensão e elaborar estratégias integradas de avanço em direção à transformação organizacional.

Desejamos que essa obra se torne uma ferramenta valiosa para líderes e profissionais de recursos humanos que buscam transformar suas organizações em ambientes mais adaptativos, prósperos e sustentáveis.

Boa leitura!

O erro da transformação

Intitulei esta introdução inspirado no livro *O erro de Descartes*,⁵ escrito pelo médico, neurologista e neurocientista português António Damásio.

O filósofo francês René Descartes, embora tenha percebido que os costumes, a história e a tradição cultural de um povo influenciam a forma como as pessoas veem e pensam, e aquilo em que acreditam, cometeu um erro pela não apreciação de que o cérebro foi criado não apenas por cima do corpo, mas também a partir dele e junto com ele. O erro de Descartes seria, então, o de imaginar uma razão apartada do corpo, uma mente distinta ao organismo e de suas interligações e influências.⁶

O corpo integrado ao cérebro é indispensável para a compreensão dos processos neurais que nós experienciamos como sendo a mente. A mente é fruto do cérebro, e subdividir um fenômeno nas suas menores partes possíveis, a fim de compreender cada uma em separado,⁴ não nos leva a um entendimento completo e amplo da tomada de decisões ou de qualquer outro fenômeno, pois a integração entre mente, emoções, razão, pensamento e

---

4 Conforme defendeu Descartes em seu livro *Discurso do método*.

sentimento cria inter-relações inseparáveis na gênese e na expressão do comportamento.

Da mesma forma, pensar a transformação organizacional isoladamente, sem considerar o processo de aprendizagem em toda sua complexidade, é um erro. Transformação e aprendizagem são processos indissolúveis. Transformação organizacional não é nada mais que o resultado de algo aprendido.

Dentro dessa complexidade que viabiliza uma organização que aprende e reaprende estão diversos fenômenos que precisam ser analisados em conjunto, devido às suas inter-relações. Adaptabilidade, cultura organizacional, segurança psicológica, diversidade, estilo de liderança, entre outras, são temáticas conectadas, que influenciam e são influenciadas de forma sistêmica, formando um ambiente propício ou limitador da aprendizagem organizacional.

Mais do que aprender sobre as tendências tecnológicas e de comportamento do consumidor, a grande questão da transformação organizacional é como promover uma aprendizagem ampla, consistente e contínua.

Com a velocidade em que as mudanças estão acontecendo, a qual já ultrapassou a capacidade de adaptação do ser humano médio,[7] a construção de uma organização que (re)aprende não é mais uma opção. Encontrar maneiras de promover a adaptabilidade e o aprendizado dos profissionais, equipes e organizações tornou-se imprescindível.

Por outro lado, é incrivelmente fácil encontrar organizações cujo modelo de gestão ainda está alicerçado na forte hierarquia, com todos os adjetivos derivados do comando e controle, limitando e minando a motivação intrínseca, a curiosidade e o prazer das pessoas em aprender e contribuir, mesmo em instituições que se consideram inovadoras.

Suas principais características são:[8]

- hierarquia: capacidade contributiva, autonomia e poder, que se dão a partir do nível hierárquico;
- perfeccionismo: respostas certas *vs.* respostas erradas;
- rigidez de processos: uniformidade, previsibilidade, controle;
- sobrecarga: falta de tempo generalizada;
- atuação operacional: baixa capacidade transformacional e perda da visão do todo.

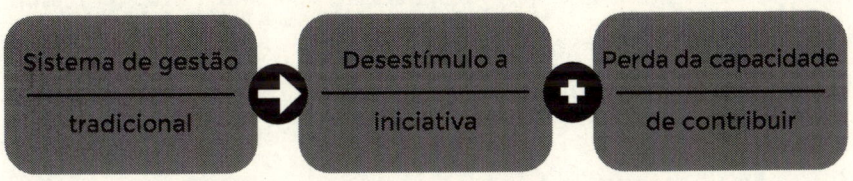

Figura 1 – Inadequação do sistema de gestão empresarial

Embora esteja no senso comum que inovação não é sinônimo de tecnologia, e que a palavra-chave agora é *transformar*,[9] na prática o que estamos vendo são movimentos entrópicos, cujos pilares centrais continuam sendo a inovação e a tecnologia, mesmo que no discurso seja dito que esse processo se dá a partir das pessoas. De forma geral, a almejada e estratégica transformação digital se alastra pela organização a partir de iniciativas seccionadas, apesar de uma aparente coordenação.

Não estou me referindo apenas às organizações que não possuem um modelo e metodologia para viabilizar sua estratégia. Essas provavelmente estão em um estágio embrionário, em que as iniciativas terão seu papel na conscientização e amadurecimento da temática. Me refiro também – e principalmente – às organizações que se consideram detentoras de um bom entendimento e maturidade sobre o processo de implementação, e que imaginam estar executando esse processo de forma articulada.

À primeira vista, é fácil ficar impressionado ao ouvirmos os idealizadores e *sponsors* de um projeto de transformação organizacional (em particular a transformação digital). Dificilmente ouviremos um C-Level[5] apresentar um projeto desse tipo que não possua uma convincente coerência estrutural, cronológica e sistemática, no qual todas as perguntas aparentam ter sido pensadas e respondidas, e todos os problemas identificados e restringidos, com indicadores e resultados que validam sua tese, mesmo que as "conversas de corredores" denotem uma fragilidade enrustida.

Essa pseudocoerência é o ponto metafórico que conecta os C-Levels ao *Erro de Descartes*. Descartes validou sua tese ao oferecer congruência às suas hipóteses, sendo a *verdade* com a qual ele e seus discípulos interagiam. Mesmo defendendo a ideia de que o pensamento, crenças e conclusões são influenciados pelo meio (costumes, história, tradição e cultura), ele não ficou livre dessa influência, o que o levou a apoiar-se num paradigma reducionista.[6] Descartes, além de filósofo, era físico e matemático, e sua (de)*formação* está evidenciada em suas ideias. Sua formação esteve presente nos seus vieses cognitivos,[7] oferecendo uma lógica racionalista,

---

5 O termo é utilizado para designar os executivos seniores mais altos na hierarquia de um negócio.
6 No paradigma reducionista, os eventos podem ser considerados em suas partes, em vez de holisticamente.
7 Os vieses cognitivos são distorções da realidade causadas pela percepção pessoal e ideias preconcebidas, mesmo quando há uso de dados.

linear e simples e impedindo um pensamento complexo,[8] matricial e integrativo.

Esse mesmo pensamento reducionista e fragmentado é encontrado durante a execução dos projetos de transformação. As estruturas, o ambiente organizacional e os jogos corporativos favorecem as soluções e acompanhamentos departamentalizados, e mesmo projetos pensados sistemicamente sucumbem a uma execução isolada e desmetodizada, que acaba tendo o fim em si mesma, perdendo de vista a sua contribuição ao propósito estratégico.

Muitos desses exemplos não se restringem a departamentos e áreas distintas. Projetos para diversidade, segurança psicológica, cultura organizacional e identificação, aceleração e retenção de talentos, embora normalmente dispostos sob o escopo da área de gestão de pessoas, muitas vezes possuem iniciativas que não estão integradas, sendo que, em alguns casos, nem sequer se comunicam.

Por isso, assim como é fácil ficar bem impressionado com os Powerpoints bens construídos que sustentam a lógica dos modelos dos processos de transformação organizacional, é igualmente comum encontrar organizações nas quais o discurso enfrenta dificuldade de implementação. Ouvindo colaboradores e gestores, em um ambiente onde se sintam à vontade e seguros, constata-se que, em muitos casos, os discursos e as boas intenções estão sofrendo para materializar-se.

E qual é a alternativa? Como melhorar essa realidade?

---

8 O conceito de pensamento complexo foi descrito pela primeira vez pelo filósofo e epistemólogo Edgar Morin. Para esse pensador, a capacidade de pensar complexamente tem a ver com a capacidade de conectar diferentes planos da realidade entre si.

SEÇÃO 1

Caminho proposto

Como alternativa para melhorar a realidade anteriormente apresentada, propomos, inicialmente, o deslocamento do foco estratégico da *transformação organizacional* para a *aprendizagem*. Transformação é resultante de um processo de aprendizagem que possui no seu núcleo a capacidade de adaptação. Melhorando o direcionamento, a capacidade e a velocidade de aprendizado, a transformação será natural. Esse é o óbvio que precisa ser dito.

Esta obra apresentará um modelo integrativo de aprendizagem organizacional que considera concomitantemente peculiaridades individuais, de equipes, áreas, departamentos e da organização. O pivô desse modelo é a adaptabilidade. Diante da velocidade, intensidade e constância das mudanças, qualquer iniciativa de aprendizado que suporte esse cenário deve contemplar o incremento da capacidade de absorção das mudanças e do novo.

Além disso, o modelo integrativo proposto leva em consideração os preceitos da psicologia social, ou seja, os comportamentos são resultado das pessoas no ambiente em que estão inseridas. Não podemos culpar a qualidade das sementes por não germinarem em solo rochoso. É necessário preparar o terreno, oferecendo um sistema de gestão que permita o engajamento, fundamentado em uma cultura que propicie:[10]

- profundo respeito e consideração entre todos, em substituição à autoridade, aos jogos de poder e ao medo;
- autonomia e incentivo real ao protagonismo;
- estímulo à curiosidade e à quebra de paradigmas, para produzir aprimoramento contínuo e inovação, substituindo a insistente e restritiva "busca pela resposta certa";
- estímulo à manifestação do pensamento, da opinião e da discordância de entendimento;
- confiança, em vez de controle;
- busca incansável pela eliminação de todas as barreiras ao aprendizado.

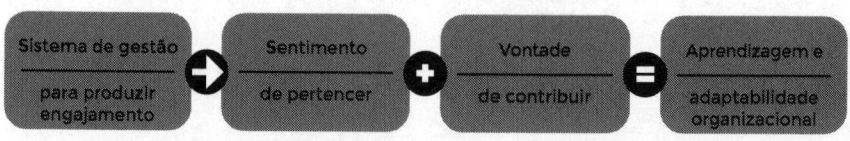

Figura 2 – Sistema de gestão para produzir engajamento

Esse será o modelo integrativo e universal para a transformação organizacional de cinco dimensões que propomos. Um modelo no qual a transformação organizacional é resultante do aprendizado, da adaptabilidade, da segurança psicológica, de uma cultura que incentive e engaje as pessoas, da identificação e desenvolvimento de novas competências e da gestão, disseminação e renovação do conhecimento.

Esses paradigmas tornarão possível o diagnóstico, a construção das principais ações e a mensuração dos resultados do projeto de transformação da organização em que você atua, independentemente de seu segmento, porte ou estágio de maturidade.

Modelo Integrativo para Transformação Organizacional – Mitro

O MODELO INTEGRATIVO PARA A TRANSFORMAÇÃO ORGANIZACIONAL QUE EStou propondo nesta obra é um modelo de aceleração e gestão da aprendizagem organizacional, uma vez que a transformação se dá pela aprendizagem e, de outro lado, o aprender se manifesta pela mudança.

Além disso, o modelo proposto tem em seu núcleo a *adaptabilidade*, pois, ao fim e ao cabo, acelerar aprendizagem é diminuir a resistência à mudança e ao novo, incrementando a capacidade de reaprender e de se adaptar.

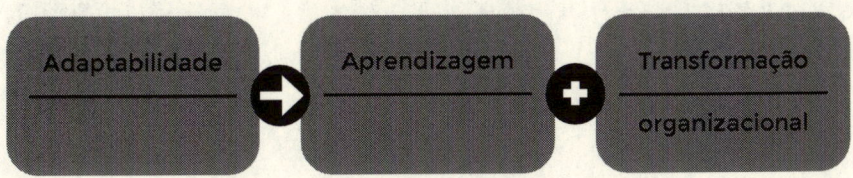

Figura 3 – A base da transformação organizacional

Este modelo está suportado por cinco frentes que detalharemos ao longo desta obra:
- adaptabilidade;
- cultura do aprendizado;
- segurança psicológica;
- *upskilling* organizacional;
- gestão, disseminação e renovação do conhecimento.

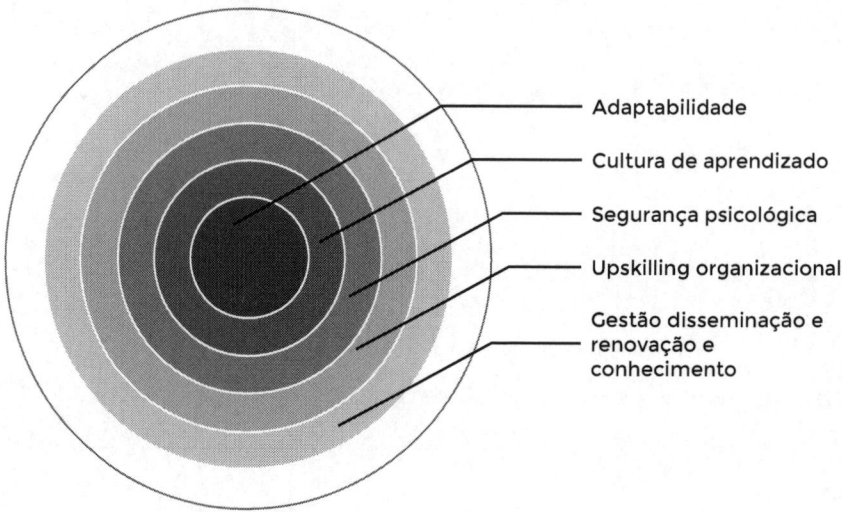

Figura 4 – As cinco dimensões do Mitro

Conforme proposto na figura 4, as bases estão dispostas em camadas cujo embrião é a *adaptabilidade*, ou seja, a partir do aprimoramento da capacidade de adaptação é que estruturamos um projeto sustentável de aprendizagem e transformação organizacional. De forma semelhante, encontramos a *cultura do aprendizado* e a *segurança psicológica* nas camadas seguintes, fertilizando o terreno para que seja possível a identificação e o desenvolvimento das competências que manterão a *competitividade organizacional* (*upskilling*) e a *gestão, disseminação e renovação dessas competências* (conhecimentos, habilidades e atitudes).

Todavia, destaco que essa disposição em camadas não deve ser entendida como uma justificativa plausível para a inércia nas camadas mais externas, ou seja, o fato de uma organização não possuir a cultura do aprendizado, ou possuir um ambiente de insegurança psicológica, não impede que ela atue nas camadas mais próximas à margem. O diagnóstico e a estratégia de aprimoramento de cada uma das cinco bases podem ser construídos e implementados separadamente, desde que contemplando um olhar sistêmico e integrador.

Para fins didáticos, apresentaremos cada uma das cinco frentes de forma separada, partindo da conceituação até as aplicabilidades; porém, reforçamos que se trata de um modelo integrado e integrador, no qual o avanço ou retrocesso de uma camada influencia o resultado das demais, e que essa interferência deve ser levada em consideração.

SEÇÃO 1

Adaptabilidade

NA INGLATERRA DO SÉCULO XIX, A CIÊNCIA PASSAVA POR UMA REVOLUÇÃO. Era uma época de mudanças intensas. Os naturalistas estavam explorando os cantos mais remotos do planeta, descobrindo novas espécies e investigando as relações entre elas. Foi nesse cenário de descobertas que Charles Darwin embarcou em uma viagem que mudaria sua vida e a ciência para sempre.

Em dezembro de 1831, Darwin, então com 22 anos, partiu da Inglaterra em uma expedição científica a bordo do navio *HMS Beagle*. Durante os próximos cinco anos, ele navegou pelos oceanos, visitou países exóticos e coletou espécimes de plantas e animais. A viagem foi um marco em sua carreira científica e o transformou em um naturalista renomado.[11]

Mas foi uma experiência em particular que mudou a vida de Darwin para sempre. Durante a expedição, ele visitou as Ilhas Galápagos, um arquipélago vulcânico localizado a cerca de 1.000 km da costa do Equador. Lá, ele observou uma variedade de espécies de aves e tartarugas, cada uma adaptada a diferentes condições de vida em cada uma das ilhas.[12]

Ao estudar a variação dessas espécies e suas adaptações ao ambiente, Darwin começou a formular sua teoria da evolução por seleção natural. Ele propôs que as espécies mais bem adaptadas ao seu ambiente sobrevivem e se reproduzem com sucesso, passando suas características para a próxima geração. As espécies menos adaptadas, por outro lado, são eliminadas.[13]

Darwin passou mais de 20 anos coletando evidências e desenvolvendo sua teoria, enfrentando críticas e oposição ao longo do caminho. Sua teoria da evolução por seleção natural é amplamente aceita na comunidade científica e é discutida em seu livro *A origem das espécies*, publicado em 1859, tendo revolucionado a biologia e a nossa compreensão do mundo natural.[14]

Desde então, a célebre frase "não é o mais forte nem o mais inteligente que sobrevive, mas o que melhor se adapta às mudanças", imputada a Darwin, continua atual. A adaptabilidade sempre exerceu, continua e continuará exercendo um papel crucial nas transformações.

A adaptabilidade, que até algum tempo atrás era desconsiderada no vocabulário corporativo, na atualidade vem rapidamente ganhando espaço entre as competências mais desejadas pelas organizações, estando no núcleo dos processos de aprendizagem e, por consequência, de mudança, adequação e transformação. Derivada do verbo *adaptar*, do latim *adaptare* – significando a capacidade de modificar-se para que se acomode, se ajuste ou se adeque a uma nova situação –, é um conjunto de características que auxiliam o indivíduo a enfrentar mudanças, mudando a si mesmo, a situação ou o ambiente, para adequá-los em uma dinâmica recíproca.[15]

Todavia, chamo a atenção para uma mudança conceitual que está sendo imposta pela velocidade com que as mudanças estão acontecendo. A menos que o indivíduo e as organizações estejam dispostos a apenas *sobreviver,* como preceitua Darwin, *adequar-se* pode não ser o suficiente. Na atualidade, possuir adaptabilidade significa estar atento ao futuro, avaliando tendências, oportunidades e ameaças, e, assim, promovendo mudanças e transformação com antecedência.

Estou conceituando, então, para a finalidade deste livro, adaptabilidade como uma competência profissional individual, percebida em maior ou menor grau de acordo com a capacidade de promover com sucesso iniciativas para se ajustar às tendências. O profissional adaptável, hoje, deixa de ser conceituado como o que *reage* positivamente às mudanças para ser percebido como aquele que *age* diante das possibilidades, antecipando-se e promovendo transformações que manterão atuais e vigorosas sua trajetória profissional e sua capacidade de trabalho e de contribuir para o futuro da organização. Adaptabilidade, assim, passa de um conceito que indicava a capacidade reativa para um que contém e demonstra a proatividade.

Conceituada dessa forma, a adaptabilidade entra para o rol das principais competências dos profissionais do agora e do futuro, por conter no seu DNA as características de:

- busca pela renovação;
- interesse pelo aprendizado;
- curiosidade;
- flexibilidade;
- autoconfiança;
- antecipação;
- iniciativa e realização;
- autorresponsabilidade;
- inovação;
- visão de futuro; e
- atuação estratégica.

Em sua essência estão a *mudança* e o *ajustamento*, com amplitude para capturar as sutis diferenças entre afetar o meio ambiente (mudar, modificar, alterar etc.) e reconfigurar a si mesmo (para se acostumar, se adequar, se familiarizar ou flexibilizar), mesclando a dose, intensidade e combinação de cada um, dependendo do evento.

São essas características que fazem da adaptabilidade um antídoto à obsolescência laboral e organizacional, e uma competência fundamental para a sustentabilidade e diferenciação.

Esse conceito de *adaptabilidade* não é sinônimo de *adaptação*. A adaptação refere-se à reação, consequência de uma situação específica, observável quando determinado indivíduo ou grupo se moldam a uma situação ou evento em particular, enquanto a adaptabilidade é a predisposição à renovação. Uma pessoa pode adaptar-se a uma situação e não possuir uma boa adaptabilidade. Mais do que uma chance de sucesso proposto pelo conceito de adaptação, a adaptabilidade contempla uma certa previsibilidade sobre como o indivíduo reagirá frente aos cenários, com suas oportunidades, desafios e tendências.[16]

Sendo assim, o que distingue adaptação de adaptabilidade é que a segunda é uma característica individual, e não situacional. Embora as situações e as mudanças do ambiente possam exigir maior ou menor adaptabilidade, ela é preexistente, sendo proativa, manifestando-se antecipadamente às situações, mas também pode ser resposta aos estímulos ou demandas de determinada circunstância.

Adaptação significa tornar mais adequado ao mudar, sugerindo flexibilidade na resposta ao ambiente, em uma visão teleológica, ao enfatizar o propósito para o qual a mudança deve ser feita. Já a prontidão para a adaptação é chamada de *adaptabilidade*, que indica a qualidade de ser capaz de mudar, sem grande dificuldade, para se encaixar em posições circunstanciais ou alteradas.[17]

A adaptabilidade também não deve ser confundida com o desempenho em uma tarefa específica, pois ela só existirá se for um composto observável em situações diversas, e não como um desempenho em uma única tarefa.

Além disso, cabe distinguir adaptabilidade de outras palavras que possuem a raiz "adapta" com diferenças sutis, entre elas adaptatividade e adaptamento. As palavras adaptatividade, adaptabilidade, adaptamento e adaptação denotam uma sequência de componentes preparatórios que variam entre os recursos de adaptabilidade (adaptatividade), de prontidão adaptativa (adaptabilidade), respostas adaptativas (adaptamento) e resultados adaptativos (adaptação). As pessoas possuem um determinado nível de preparação para mudar e variam seus recursos para gerenciar a mudança, demonstrando maior ou menor proatividade quando a ação é necessária, e experimentando diferentes resultados.[18]

A TRANSFORMAÇÃO ORGANIZACIONAL E O PROFISSIONAL ADAPTATIVO

É fato que quem resolve problemas tem maior chance de assumir cargos altos; enquanto alguns fogem dos problemas, quem está prosperando na vida os está resolvendo. Na atualidade, ser capaz de resolver problemas é requisito para o sucesso em posições de liderança e gestão. Os profissionais que decolam estão entre os que encaram os problemas de frente e os vencem.[19]

Adaptabilidade, então, significa, em essência, melhorar nossa capacidade para *solucionar problemas*. Foram os problemas que exigiram nossa evolução para o que somos hoje. A adaptação surge quando alguma forma de perturbação não pode ser resolvida sem que haja uma transformação.[20] Da perspectiva da biologia evolutiva, os seres vivos – inclusive nós, humanos – são como máquinas tentando sobreviver e se reproduzir, passando de um desafio a outro e se transformando em máquinas cada vez melhores na resolução de problemas.[21]

Virou clichê dizer que esse mecanismo evolutivo está posto à prova na atualidade, dado o aumento da quantidade e da complexidade dos problemas. No entanto, ainda tem passado despercebido que, no âmbito dos negócios e do trabalho, é desejável que essa perturbação (desacomodação) ocorra antes de o problema se manifestar. A capacidade de prever e atuar com antecipação é um grande diferencial competitivo tanto para trabalhadores quanto para as organizações, principalmente devido à possibilidade de descobrir e aproveitar oportunidades em situações que poderiam vir a se tornar problemáticas. No *porvir*, as oportunidades são melhores, e os problemas, menores.

Sendo assim, não podemos deixar de incluir, de forma destacada, a capacidade de contemplar e atuar sobre o *porvir* como parte do conceito de adaptabilidade. Como vimos anteriormente, adaptabilidade é a capacidade de identificar e atuar antecipadamente para resolver problemas e aproveitar oportunidades, tendo as seguintes variáveis antecedentes implícitas nesse conceito: previsibilidade, plasticidade e *accountability*.

- *Previsibilidade*: Estar informado sobre as tendências e possuir a capacidade de prever cenários.
- *Plasticidade*: Gostar do novo, tendo facilidade em lidar com as novidades, as mudanças e as transformações, não se apegando ao *modus operandi* e ao *status quo*.
- *Accountability*: É uma palavra da língua inglesa que significa prestação de contas ou responsabilidade, sendo que

tem sido utilizada no ambiente organizacional como uma competência que representa o conjunto de três fatores: compromisso individual, iniciativa baseada na proatividade e responsabilidade pessoal.

Empiricamente, pode-se perceber que são essas competências que influenciam a adaptabilidade; ou seja, a previsibilidade, a plasticidade e a *accountability* são variáveis que se relacionam positivamente com a prontidão adaptativa. Quanto mais aprimoradas estiverem essas competências, melhor deve ser a adaptabilidade.

Adaptabilidade é um constructo formado por esses três recursos, que, juntos, atuam para o aprendizado e a transformação, resultando no aprimoramento e desempenho individual, da equipe e da organização, conforme demonstrado na figura 3.

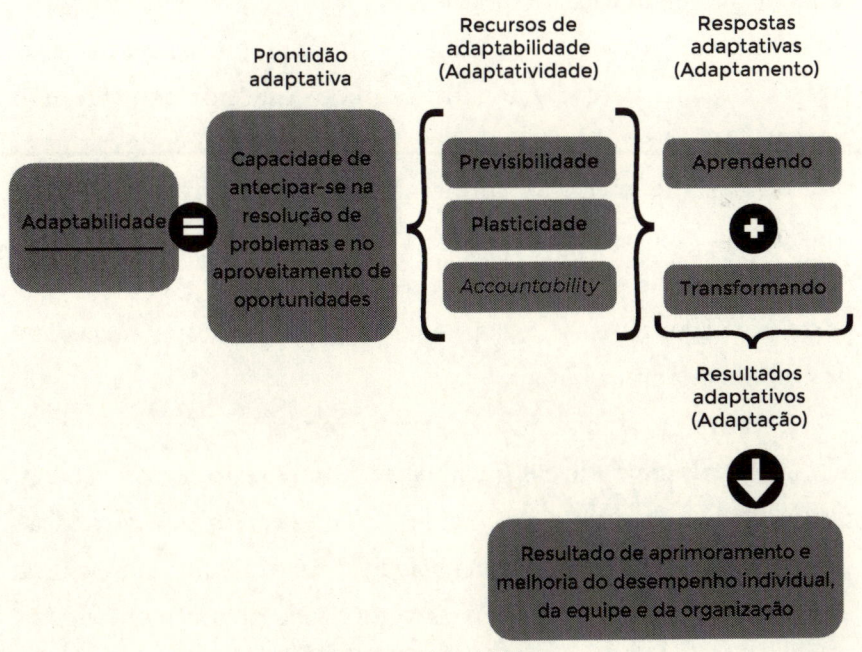

Figura 5 – Adaptabilidade,

O objetivo da adaptabilidade é justamente o incremento da capacidade organizacional de aprender para transformar, que se sustenta nas capacidades individuais dos seus trabalhadores em melhorar de forma sistemática a organização onde atuam, construindo e reconstruindo legado.

Então, a figura 5 é o resumo dos paradigmas que sustentam esse objetivo, pelos quais olharemos a adaptabilidade. O trabalhador que possuir adaptabilidade será capaz de antecipar-se na resolução de problemas e no aproveitamento de oportunidades (adaptabilidade: prontidão adaptativa), por possuir previsibilidade, plasticidade e *accountability* (adaptatividade: recursos de adaptabilidade), aprendendo e transformando a si e ao ambiente onde atua, aprimorando-se (adaptamento: resposta adaptativa) e melhorando o seu desempenho individual e da equipe e organização (adaptação: resultados adaptativos).

Todavia, em vez de utilizarmos diretamente os recursos de adaptabilidade, percorremos um caminho que nos pareceu mais consistente. Quando estruturamos esse modelo, consideramos muito relevante encontrar fundamentos sólidos que permitissem interpretar, medir e analisar a adaptatividade, pois esses recursos de adaptabilidade são seus antecedentes, ou, pelo menos, uma parte importante deles; ou seja, é o conjunto de competências que promove a adaptabilidade.

Embora empiricamente estejamos convencidos de que previsibilidade, plasticidade e *accountability* representam tais antecedentes, conduzir uma investigação científica que valide essa correlação como parte do constructo *adaptabilidade* é um trabalho que poderia levar anos, e ainda correndo o risco de produzir um modelo mais teórico do que prático. Como nosso objetivo é contribuir de forma consistente para a transformação organizacional, e não apenas o de produzir ciência, encurtamos esse caminho utilizando três conceitos que incorporam essas competências, e que já possuem estudos sólidos para o embasamento de que precisávamos. Assim, complementando os paradigmas pelos quais estruturamos a nossa metodologia, para os recursos de adaptabilidade (previsibilidade, plasticidade e *accountability*), utilizaremos três consistentes concepções: a *flexibilidade cognitiva*, o *mindset de crescimento* e a *proatividade*.

Esses três conceitos, a partir do resultado das pesquisas realizadas até o momento, nos dão bases sólidas para interpretar, medir, analisar e promover intervenções para o aprimoramento da adaptabilidade.

Numa perspectiva mais ampla, do ponto de vista empírico, a flexibilidade cognitiva, o *mindset* de crescimento e o comportamento proativo promovem previsibilidade, plasticidade e *accountability*, os quais, por sua vez, se correlacionam com maior adaptabilidade, sendo, na atualidade, ao que queremos nos referir quando chamamos alguém de *talentoso*.

Adaptabilidade (recursos e adaptabilidade)		Adaptabilidade (prontidão adaptativa)
Previsibilidade Plasticidade *Accountability* ➡	Flexibilidade cognitiva *Mindset* de crescimento Comportamento proativo ➡ =	Capacidade de antecipar-se na resolução de problemas e no aproveitamento de oportunidades

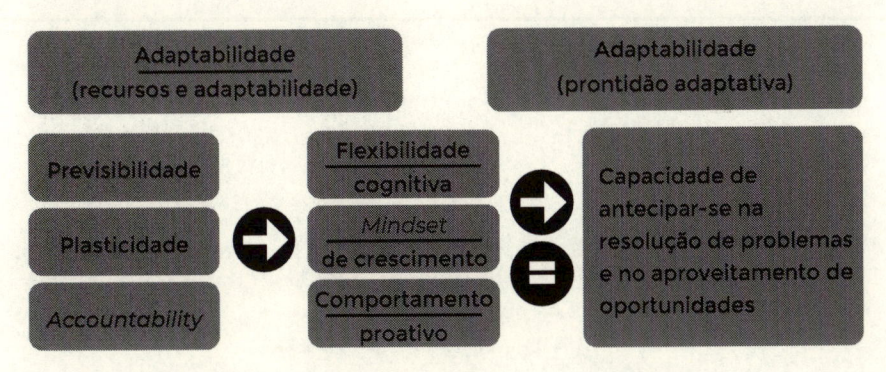

Figura 6 – Variáveis antecedentes à adaptabilidade

Nas próximas páginas, abordaremos detalhadamente cada um desses três recursos de adaptabilidade (flexibilidade cognitiva, mindset de crescimento e comportamento proativo), permitindo ao leitor apropriar-se desses conceitos que alicerçam o aprimoramento da adaptabilidade profissional e que são parte integrante do Mitro.

SEÇÃO 1

Flexibilidade cognitiva

HÁ MUITO TEMPO, EM UMA ÉPOCA NA QUAL AS PESSOAS ACREDITAVAM QUE O cérebro era uma estrutura rígida e inflexível, um grupo de pesquisadores começou a investigar a possibilidade de que a mente pudesse ser mais maleável do que se pensava. Esses cientistas foram pioneiros no estudo da flexibilidade cognitiva, um conceito que se refere à capacidade de mudar rapidamente o pensamento e o comportamento para se adaptar a novas situações.

Os primeiros estudos nesse campo foram realizados na década de 1960, quando psicólogos começaram a explorar a teoria da mudança cognitiva, que propunha que as pessoas passam por estágios de desenvolvimento da cognição ao longo da vida. O trabalho seminal de Jean Piaget sobre o desenvolvimento intelectual das crianças, por exemplo, destacou a importância da flexibilidade cognitiva para o aprendizado e a resolução de problemas.[22]

Nos anos seguintes, os pesquisadores se aprofundaram na investigação da flexibilidade cognitiva, analisando sua relação com a criatividade, o pensamento divergente e a capacidade de resolução de problemas. O trabalho de Robert Sternberg sobre a inteligência prática, por exemplo, destacou a importância da flexibilidade cognitiva para resolução de problemas do dia a dia,[23] enquanto as pesquisas de Paul Farnham mostraram como a flexibilidade cognitiva pode ser treinada e melhorada.[24]

Hoje, flexibilidade cognitiva é um tema central em muitas áreas da psicologia, incluindo a psicologia cognitiva, a da criatividade e a organizacional. Pesquisas recentes mostram como a flexibilidade cognitiva pode ser medida e desenvolvida, e como ela pode influenciar o desempenho em diversas atividades, desde a tomada de decisões até o aprendizado de novas habilidades.

Em uma linguagem simples, podemos dizer que *flexibilidade cognitiva* é a capacidade de "pensar fora da caixa" para adaptar sua conduta e suas opiniões a acontecimentos novos, variáveis e inesperados, buscando soluções menos óbvias para a resolução de um problema. É a capacidade de pensar em diferentes e diversas estratégias para chegar a um mesmo objetivo.

Podemos fazer as mesmas coisas durante anos, sem, contudo, perceber outras formas de realizá-las além daquela que se assentou em nossas práticas; a flexibilidade cognitiva possibilita uma nova perspectiva, permitindo, assim, modos diferenciados de execução de tarefas costumeiras, novos insights, novos métodos e técnicas.[25]

Flexibilidade cognitiva, então, está relacionada à capacidade de desapegar-se do "sempre foi assim", mantendo-se mais aberto às novidades, ao aprendizado e às mudanças.

Em outras palavras, a flexibilidade cognitiva é, entre outras coisas, a habilidade de perceber se o que você está fazendo não funciona – pelo menos, não mais – e executar as alterações adequadas para **adaptar-se às novas situações**. É permitir-se estar aberto para reunir as informações do ambiente e responder de forma flexível e eficiente, ajustando a sua conduta às alterações que a situação exige.[26]

Flexibilizando as representações sociais

Ao observarmos a cognição a partir do paradigma da psicologia cognitiva, podemos compreender que cognição é a forma como as pessoas processam informações. E o objetivo principal da psicologia cognitiva é entender como o cérebro humano processa, armazena e utiliza informações a fim de tomar decisões e solucionar problemas. Ou seja, cognição é o antecedente das atitudes e comportamentos.

Sendo assim, flexibilidade cognitiva é, ao fim e ao cabo, nossa capacidade de adaptar as crenças e valores que temos para reinterpretar e nos ajustarmos às demandas e mudanças do mundo em que vivemos. Somando-se a esse entendimento, podemos agregar a teoria da psicologia social que preconiza a não existência da realidade nua e crua.[9]

Essa representação da realidade é construída a partir do que sabemos, acreditamos, valorizamos ou desvalorizamos, e do que

---

9   O que existe é o que conseguimos representar desta realidade (nossa cognição), chamada por Serge Moscovici, psicólogo social romeno radicado na França, de *representações sociais*.

compartilhamos socialmente, moldando nosso comportamento e nossas atitudes em relação a nós mesmos e ao mundo. Nossa cognição, então, é o resultado dessa interpretação e filtragem da realidade. É isso que influencia, e até mesmo determina, nossas atitudes e comportamentos.

Então, flexibilidade cognitiva implica a capacidade de reconhecer que essas crenças e valores são produtos de uma construção social, e que, portanto, elas podem (e devem) ser modificadas e reconstruídas com base em novas informações, experiências e realidades. Flexibilidade cognitiva é, antes de tudo, a certeza de que existem valores e crenças que podem não resistir ao tempo e às mudanças, implicando um processo de reavaliação sistêmica de nossas próprias convicções e suposições, e a disposição para abandonar ou modificar aquelas que não são mais úteis ou estão distorcidas.

O filósofo prussiano Immanuel Kant já destacava a importância da flexibilidade cognitiva para o avanço no entendimento da realidade em seu livro *Crítica da razão pura*. Segundo ele, a capacidade de flexibilidade cognitiva é essencial para que possamos superar a limitação do nosso próprio conhecimento e entender o mundo de uma forma mais ampla e profunda.[27]

A verdade é algo que evolui e se transforma ao longo do tempo, conforme novas evidências e experiências são acumuladas. Isso implica que nossas crenças e valores devem estar sempre abertos à revisão e adaptação.[28]

FLEXIBILIDADE COGNITIVA E SUAS CARACTERÍSTICAS

A flexibilidade cognitiva exerce uma ampla função na aprendizagem e na resolução de problemas, proporcionando ao indivíduo características como:[29]

- adaptar-se rapidamente às alterações ou novas situações;
- tolerar alterações que podem ser causadas ao resolver um problema ou realizar uma tarefa;
- permitir-se criar soluções alternativas;
- passar de uma atividade para outra com facilidade, e saber como atuar perante situações diversas;
- capturar várias dimensões da realidade, observar diferentes pontos de vista e reconhecer relações ocultas, podendo, assim, encontrar diferentes soluções para o mesmo problema;
- prestar atenção às mudanças ambientais, inclusive as de maior sutileza;
- absorver mais e melhor os sinais e as informações relacionadas a tendências, oportunidades e ameaças futuras, tendo maior capacidade de previsibilidade, o que é positivo para formular e implementar questões estratégicas;
- tolerar melhor os erros e as mudanças;
- ser capaz de se colocar na situação de outras pessoas e de confiar mais facilmente.[30]

FLEXIBILIDADE COGNITIVA E LIDERANÇA

Em relação às posições de liderança, a flexibilidade cognitiva envolve a mudança de comportamento de maneiras apropriadas, conforme a situação se modifica. Um indicador para tal é a medida na qual um líder utiliza uma variedade de comportamentos diferentes. No entanto, para serem adaptativos, os comportamentos selecionados devem ser relevantes para as situações em que são utilizados, sendo um melhor indicador de flexibilidade cognitiva a forma como o comportamento de um líder varia de maneiras apropriadas e ajustadas para diferentes tarefas e diferentes subordinados.[31]

A maioria dos líderes tem responsabilidade por tarefas diversas em um dia ou semana típicos, e muitas vezes é necessário mudar rapidamente de um tipo de atividade para outro.[32] Tarefas diferentes podem exigir um padrão diferente de comportamento de liderança.

Além disso, os subordinados geralmente diferem em relação à sua experiência, habilidades, valores e necessidades, e o comportamento de um líder junto a diferentes indivíduos deve variar de acordo com isso. Por exemplo, um alto nível de delegação pode ser apropriado para determinados liderados e nem tanto para outros.[33]

A flexibilidade também é necessária quando ocorrem mudanças ao longo do tempo nas habilidades e motivações de um subordinado. Usando o mesmo exemplo, à medida que um liderado ganha mais experiência e confiança, mais delegação será apropriada.[34]

Quando um evento súbito e incomum ameaça interromper as operações normais ou prejudicar pessoas ou propriedades, é necessária uma resposta rápida, mas apropriada, a fim de minimizar os efeitos adversos para a organização. Quão bem um líder lida com essas crises imediatas é um indicador de liderança flexível e adaptativa, e a flexibilidade cognitiva é a habilidade que sustenta esse comportamento.[35]

Valores concorrentes tornam a liderança mais difícil. Para ser eficaz, um líder deve encontrar o equilíbrio adequado entre objetivos que envolvam compensações difíceis, como confiabilidade e eficiência *versus* a necessidade de adaptação inovadora a ameaças e oportunidades emergentes. Valores e compensações concorrentes às vezes envolvem comportamentos que são opostos (por exemplo, controlar *versus* capacitar). A medida na qual um líder é capaz de equilibrar valores concorrentes e tipos opostos de comportamento de maneira apropriada para a situação demonstra liderança flexível e, novamente, a flexibilidade cognitiva será requerida.[36]

Em uma carreira gerencial, é comum migrar de uma posição para outra na mesma organização, ou para uma posição equivalente ou mais alta em uma organização diferente. O padrão de comportamento necessário para uma liderança eficaz geralmente varia para diferentes tipos de cargos de gerência, e para cargos em outra organização com uma missão ou cultura distinta. O sucesso em fazer essas transições de emprego também pode ser facilitado pela flexibilidade cognitiva.[37]

A FLEXIBILIDADE COGNITIVA – UMA FUNÇÃO EXECUTIVA

Do ponto de vista científico – embora não haja consenso –, de modo geral podemos conceituar a flexibilidade cognitiva como sendo uma função executiva[10] necessária para que indivíduos desafiem e substituam com sucesso pensamentos desadaptativos por pensamentos mais equilibrados e adaptativos,[38] e considerada fundamental na percepção das alterações de recompensas, no direcionamento da atenção, na abrangência de vários paradigmas simultaneamente, permitindo a criação de novas e originais ideias.

A capacidade de mudar *conjuntos cognitivos* para se adaptar a estímulos ambientais em mudança parece ser o componente central para a maioria das definições operacionais de flexibilidade cognitiva.[39] As cognições inflexíveis são essencialmente causadas por problemas adaptativos.[11,40]

A flexibilidade cognitiva, então, refere-se à:

- consciência de uma pessoa de que, em qualquer situação, existem opções e alternativas disponíveis. Antes de decidirem adaptar seu comportamento, as pessoas

---

10 As funções executivas são as habilidades cognitivas necessárias para controlar e regular nossos pensamentos, emoções e ações.
11 Conjunto cognitivo é um conjunto de funções que permite a aquisição e manutenção do conhecimento por meio de imagens, noções, ideias e representações, permitindo registrar e rever o passado, fixar e analisar o presente e projetar futuros possíveis e imaginários, sendo a flexibilidade cognitiva a capacidade de contemplar e perceber a realidade de uma maneira nova, redefinindo conceitos em relação a eventos passados, acontecimentos do presente e projeções para os futuros possíveis.

passam por processos de cognição nos quais se conscientizam de escolhas e alternativas;[41]
- vontade de ser flexível e se adaptar à situação. As pessoas que podem reconhecer possíveis ajustes com base em fatores situacionais são mais cognitivamente flexíveis do que aquelas que contemplam apenas uma resposta comportamental adequada ou correta;[42]
- autoeficácia em ser flexível. A pessoa acredita que, em qualquer situação, tem uma escolha sobre como se comportar. Pessoas cognitivamente flexíveis estão confiantes em sua própria capacidade de se comportar de forma eficaz.[43] Embora as pessoas possam estar cientes de que existem escolhas alternativas de comportamento em determinada situação, e também estejam dispostas a ser flexíveis, elas também precisam acreditar que são autoeficazes em trazer à tona o comportamento desejado.[44]

Todavia, antes que estejam dispostas a fazer uma mudança, as pessoas precisam de uma razão ou motivo para se adaptar ou mudar.[45]

FLEXIBILIDADE COGNITIVA, SAÚDE MENTAL E BEM-ESTAR

Com sua importância indo muito além do universo do trabalho, veremos que as competências laborais são apenas uma das dimensões da flexibilidade cognitiva, pois, ao aprofundar a compreensão sobre o seu potencial, encontramos uma associação consistente com a saúde mental, o bem-estar e diversos outros fatores.

Um exemplo dessa importância é a sua relação com a depressão. A inflexibilidade cognitiva, manifestada por meio da extrema rigidez de pensamento e da aceitação dos pensamentos desadaptativos,[46] é observada em indivíduos deprimidos. A depressão é tratada de forma mais eficaz com intervenções voltadas a quebrar cognições desadaptativas automáticas e substituí-las por cognições adaptativas mais realistas,[47] mostrando a sua inter-relação com a flexibilidade cognitiva e sendo um princípio fundamental da terapia cognitivo-comportamental (TCC).[12]

Os indivíduos reestruturam o mundo com base em seus próprios pensamentos e agem de acordo com isso.[48] Os pensamentos levam a sentimentos e comportamentos. Por exemplo, assume-se que os distúrbios psicológicos são causados por cognições generalizadas extremamente negativas e cognições que resistem à mudança.[49] Essas cognições consistem em pensamentos negativos que estão longe de serem flexíveis, ou seja, o nível de flexibilidade cognitiva interfere no tipo de pensamento, sentimento e, por consequência, nos padrões comportamentais.

Outro aspecto que correlaciona a flexibilidade cognitiva ao bem-estar é o fato de que, durante o tratamento, indivíduos deprimidos são ensinados a desconfirmar suas cognições desadaptativas, reconhecendo o raciocínio enviesado no qual essas cognições são baseadas. À medida em que as cognições depressivas são alteradas, espera-se que o humor e outros comportamentos característicos da depressão também mudem.

---

12 Terapia Cognitiva Comportamental (TCC) é considerada a psicoterapia mais empiricamente testada e apoiada para a depressão atualmente disponível.

Mais precisamente, à medida que as cognições se tornam mais adaptativas, espera-se que o humor deprimido seja aliviado e que o nível geral de funcionamento aumente.[50]

Pesquisas preliminares têm apoiado a conexão entre o aumento da flexibilidade cognitiva e a redução da sintomatologia depressiva com aumento do bem-estar.[51] Assim, pode-se dizer que a flexibilidade cognitiva leva a pensamentos positivos.[52]

FLEXIBILIDADE COGNITIVA – OUTROS BENEFÍCIOS

Além da relação entre depressão e bem-estar, ter flexibilidade cognitiva:

- diminui as respostas agressivas aos outros, reduz a intolerância do indivíduo e impede que ele adote um ponto de vista maquiavélico;[53]
- aprimora a comunicação interpessoal;[54]
- melhora a resolução de problemas por meio da melhoria da interação social e da comunicação;[55]
- aumenta a compreensão dos sentimentos dos outros e as habilidades de resolução de problemas, facilitando o ajuste.[56] Ter uma perspectiva flexível ajuda a entender os pontos de vista dos outros;[57]
- melhora a assertividade, a responsividade, a atenção e a percepção;[58]

- aumenta a criatividade. Isso acontece a partir de dois tipos de pensamento flexível: pensamento divergente e fluência associativa:[59]
  - o *pensamento divergente* envolve a capacidade de utilização da atenção difusa, permitindo ao indivíduo gerar um número de ideias maior e de forma mais original;
  - a *fluência associativa* refere-se à capacidade do indivíduo de encontrar ligações entre associações distantes, consentindo a descoberta de soluções para problemas.

Os indivíduos criativos possuem níveis mais altos de controle cognitivo flexível, quando comparados a indivíduos menos criativos. Todos os seres humanos sem danos cerebrais podem compartilhar uma capacidade de modular o funcionamento do sistema de controle cognitivo.[60] No entanto, indivíduos com baixa criatividade evidenciaram essa possibilidade em menor grau. Indivíduos altamente criativos são frequentemente caracterizados por níveis excepcionalmente elevados de flexibilidade no controle cognitivo.

CONTEXTUALIZANDO

O empresário norte-americano Tim Donald Cook, CEO da Apple, é um exemplo de líder com flexibilidade cognitiva. Cook assumiu o comando da Apple em 2011, após a morte de Steve Jobs. Embora muitos estivessem preocupados que Cook não pudesse "calçar os sapatos" de Jobs, ele rapidamente provou sua habilidade de se adaptar a novas situações e liderar a empresa de forma bem-sucedida. Algumas ações que demonstram sua flexibilidade cognitiva incluem:

- **Diversificação da linha de produtos:** Cook tem sido elogiado por sua capacidade de diversificar a linha de produtos da Apple além do iPhone, que tem sido o principal gerador de receita da empresa. Ele liderou o lançamento bem-sucedido do Apple Watch, dos fones de ouvido AirPods e de uma variedade de outros produtos;
- **Adaptação a mudanças de mercado:** mostrou flexibilidade em relação às mudanças no mercado, como a crescente demanda por smartphones com preços mais acessíveis. Em 2020, ele liderou o lançamento do iPhone SE, um modelo mais barato da Apple que rapidamente se tornou popular entre os consumidores;
- **Adoção de novas tecnologias:** Cook é conhecido por sua abertura a novas tecnologias e práticas comerciais. Ele tem apoiado a adoção de inteligência artificial, realidade aumentada e outras tecnologias emergentes na Apple, o que tem ajudado a empresa a manter-se competitiva no mercado;

- **Liderança transformadora:** a forma de liderar de Cook também favorece a flexibilidade cognitiva dos colaboradores. Durante muito tempo, a Apple foi conhecida por criar hardware e software exclusivos, com integração perfeita entre seus produtos, como iPhones, iPads, Macs e Apple Watches. No entanto, sob a liderança de Cook, a empresa começou a se aventurar em serviços digitais, como Apple Music, Apple TV+ e Apple Arcade. Essa transição envolveu mudanças significativas no pensamento dos funcionários da Apple. Por exemplo, muitos engenheiros e desenvolvedores da empresa estavam acostumados a criar software para hardware exclusivo da Apple, como o iOS. No entanto, agora eles precisavam pensar em como criar software que funcionasse em uma variedade de plataformas e dispositivos, incluindo Android e Windows. Para realizar essa transição, a equipe da Apple precisou reforçar sua mentalidade flexível, criativa e inovadora. Precisaram aprender novas habilidades, expandir seu conhecimento e experimentar diferentes abordagens. Como resultado, a Apple conseguiu fazer com sucesso a transição para uma empresa que cria tanto hardware quanto serviços digitais, expandindo sua base de usuários e aumentando suas receitas.

INFLEXIBILIDADE COGNITIVA

Além disso, embora a flexibilidade cognitiva seja uma capacidade adaptativa dos indivíduos,[61] existem pessoas que, diante de situações em que deveriam ser flexíveis para lidar com mudanças no ambiente, não conseguem fazê-lo devido à sua inflexibilidade cognitiva. Um exemplo comum ocorre quando ações que se mostraram eficazes em situações anteriores são insistentemente realizadas em novas situações, mesmo com fortes indicativos de sua ineficácia. Quando uma pessoa não é cognitivamente flexível, ela se comporta de maneira não funcional ao lidar com demandas situacionais; por isso, muitas vezes, tem um desempenho inadequado.[62]

Estudos indicam que os profissionais especialistas tendem a ser mais cognitivamente inflexíveis.[63]

A inflexibilidade e a experiência estão intrinsecamente unidas.[64] Indivíduos especialistas mudam suas representações mentais de tarefas com menos frequência do que os novatos,[65] e esse pode ser um dos fatores que leva à inflexibilidade cognitiva. Quando uma pessoa sabe que é hábil, é menos provável que mude sua estratégia depois de detectar mudanças significativas, e/ou também seja menos capaz de detectá-las, em primeiro lugar. Quando os especialistas confiam em rotinas de desempenho automatizadas, portanto, eles são menos capazes de julgar a probabilidade de eventual falha em um sistema.[66]

O conceito de flexibilidade cognitiva, especialmente sua contraparte *inflexibilidade cognitiva*, está relacionado a quatro outros conceitos que têm sido estudados na psicologia do pensamento: bloqueio cognitivo, histerese cognitiva, fixação funcional e redução funcional.[67]

- O *bloqueio cognitivo* é a tendência de continuar com um curso de ação inicial, mesmo em situações em que é racional mudar para um curso de ação alternativo. A pessoa concentra sua atenção em uma parte da atividade que está realizando, e mostra uma limitação para distribuir seu tempo entre outras atividades simultâneas.
- A *histerese cognitiva* é definida como a tendência a aderir a uma decisão após evidências provarem que ela é um erro. Isso também é conhecido como estreitamento cognitivo, ou visão de túnel, e geralmente é explicado como uma falha no processo de reavaliação de uma decisão após ter sido tomada.
- A *fixação funcional* é a tendência de considerar apenas os objetos disponíveis em uma tarefa como conhecidos em termos de sua função mais comum. As pessoas têm dificuldades em usar elementos que se modificaram – considerar as mudanças. Isso acontece porque tendemos a alocar elementos em categorias às quais eles foram atribuídos anteriormente, e isso, portanto, nos leva a acreditar que os elementos possuem apenas as propriedades que foram atribuídas a essa categoria específica. Fixação funcional significa que a pessoa é rígida em suas representações sociais,[13] inclusive no uso de objetos cotidianos, inibindo a capacidade de ver como esses objetos podem ser utilizados de novas maneiras.
- A *redução funcional* é a tendência de enfrentar um problema aderindo a uma única causa, negligenciando todas

---

[13] Representações sociais são o conjunto de conhecimentos, opiniões e imagens que nos permitem criar um conceito sobre o que é, como funciona e quais expectativas teremos sobre determinada coisa, pessoa ou situação. É a forma como percebemos os objetos, pessoas e eventos.

as outras possíveis variáveis influenciadoras. Diversas modalidades de redução funcional podem ser apresentadas. A mais comum consiste em reduzir as diferentes causas de um problema a um único problema. Nesse caso, a redução funcional produz efeitos semelhantes à inflexibilidade cognitiva, ou seja, uma incapacidade de adaptar o comportamento às condições ambientais que uma pessoa enfrenta.

Esses fenômenos, portanto, compartilham os mesmos efeitos comportamentais observáveis com a inflexibilidade cognitiva, levando a uma ação fixa ou impedindo a solução de um problema. Como na inflexibilidade cognitiva, esses efeitos fundamentais consistem em continuar com uma estratégia que tem sido usada até aquele momento, mas que, nas condições atuais, não produz bons resultados. No entanto, existem aspectos importantes que os diferenciam, pois variam quanto às explicações que foram oferecidas para as disfunções que observamos no comportamento. Embora essas explicações sejam diferentes, todas elas ainda têm o mesmo ponto em comum: propõem a existência de uma falha na avaliação da situação, que leva a uma falha em sua execução.

No caso do bloqueio cognitivo, essa limitação consiste na perda do diagnóstico global da situação, pois está centrado em aspectos concretos. Na histerese cognitiva, a limitação reside na fixação em um diagnóstico errôneo devido às dificuldades em avaliar a situação considerando novas evidências. No caso de fixação funcional, a causa da disfunção é a atribuição fixa de um objeto a uma categoria, condicionando, assim, as propriedades que são atribuídas a esse objeto. Finalmente, a redução funcional ocorre quando consideramos apenas em parte as causas que produzem um fenômeno.

CONTEXTUALIZANDO

Jordan é gerente de produtos em uma indústria de calçados e artefatos de couro. Ele está trabalhando em um novo modelo de sapato que acredita ser a próxima grande tendência. Jordan é conhecido pela forte convicção em suas ideias e sua inflexibilidade em relação a outras opiniões. Ele trabalhou com sua equipe para desenvolver o sapato e se certificar de que todos os detalhes são exatamente como ele imaginou. Está convencido de que este novo modelo será um sucesso, e se recusa a considerar outras possibilidades, apesar de sua equipe insistir apresentando outras ideias que lhes pareciam mais viáveis. Jordan é uma pessoa orgulhosa, e aceitar a ideia da equipe parece fragilizá-lo.

Quando o sapato finalmente é lançado, Jordan fica surpreso ao descobrir que as vendas estão abaixo do esperado. Alguns membros da equipe sugerem que eles precisam reavaliar a estratégia de marketing ou fazer algumas mudanças no design, mas Jordan continua não disposto a ouvir. Insiste que o sapato é perfeito, e que o mercado só precisa de mais tempo para reconhecer sua grandeza, recusando-se a considerar outras opiniões e continuando a empurrar o mesmo modelo para os consumidores, apesar dos resultados desanimadores.

MINDSET DE CRESCIMENTO

A psicóloga norte-americana Carol Dweck se interessou pela forma como as pessoas lidam com desafios e fracassos. Ela notou que algumas pessoas pareciam mais capazes de se recuperar e continuar tentando após um fracasso, enquanto outras desistiam facilmente e ficavam presas em pensamentos negativos. Ao investigar mais a fundo, Dweck percebeu que essas diferenças estavam relacionadas à mentalidade das pessoas. Algumas tinham uma mentalidade fixa, acreditando que suas habilidades e inteligência eram inatas e não podiam ser modificadas, enquanto outras tinham uma mentalidade de crescimento, acreditando que podiam aprender e crescer ao longo do tempo.

Dweck começou a estudar mais sobre essas duas mentalidades e descobriu que a mentalidade de crescimento estava associada a melhores desempenhos acadêmicos, maior resiliência e maior satisfação com a vida. Ela também descobriu que a mentalidade de crescimento podia ser ensinada e desenvolvida.

A partir desses estudos, Dweck cunhou o termo "mindset de crescimento" e o popularizou em seu livro *Mindset: a nova psicologia do sucesso*. O livro, publicado em 2006, se tornou um best-seller e ajudou a difundir a ideia de que as pessoas podem mudar e crescer se adotarem uma mentalidade de crescimento.[68]

Desde então, o conceito de mindset de crescimento tem sido amplamente adotado em áreas como educação, negócios e psicologia. Estudos recentes mostram que pessoas com um mindset de crescimento são mais propensas a buscar feedback, aprender com os erros e procurar novos desafios, o que as ajuda a ter mais sucesso em sua vida pessoal e profissional.

Quando o indivíduo se dedica a alcançar seus objetivos de desempenho, ele pode acreditar que suas habilidades e competências estão ligadas à sua genética e aptidão, ou acreditar que é um indivíduo em constante evolução. Pesquisas realizadas ao longo de mais de vinte anos demonstraram que a *opinião que cada indivíduo adota a respeito de si mesmo* afeta de forma consistente a maneira pela qual administra sua vida, seus objetivos e interage com as mais diversas situações cotidianas, podendo ser um fator decisivo na definição de quem esse indivíduo se tornará, ao conduzi-lo para aquilo que deseja ser ou para realizar o que considera importante.[69]

Na perspectiva da teoria da autorregulação,[70] a crença de que os resultados são oriundos de uma não maleabilidade de suas capacidades é conhecida como Teoria da Entidade da Inteligência, ou mindset fixo. Por outro lado, enquadra-se na Teoria Incremental da Inteligência – ou simplesmente mindset de crescimento – o sujeito que acredita estar em constante aprendizado e evolução, crendo na maleabilidade do seu conhecimento e de suas habilidades, direcionando essa visão aos seus objetivos de aprendizado e se empenhando para se desenvolver cada vez mais.[71,72]

Onde a teoria de um indivíduo se enquadra nessa dimensão fixo--maleável (crescimento) é um poderoso preditor de como ele codificará, integrará, recuperará e explicará o comportamento das pessoas.[73]

A diferença básica entre esses dois mindsets é que os indivíduos direcionados a objetivos de aprendizado buscam o crescimento contínuo de suas competências pelo esforço e por desafios, acreditando que são capazes de cultivar suas qualidades básicas por meio de seus próprios esforços, enquanto sujeitos voltados a objetivos de desempenho acreditam que já possuem habilidades e competências suficientes, uma vez que têm uma inteligência limitada e genética, evitando mudanças e apresentando baixa persistência diante de dificuldades.[74]

É evidente que o mindset (fixo ou de crescimento) não atua sozinho como indutor comportamental, existindo uma rede de outras crenças especificáveis que formam constelações de crenças aliadas que se ajustam mutuamente em sistemas de significado, formando a compreensão do indivíduo sobre determinada pessoa, coisa ou situação. Por outro lado, o tipo de mindset não se correlaciona significativamente com o grau de instrução, índices gerais de personalidade, como traços de personalidade *big five*, atitudes políticas ou níveis de inteligência.[75]

DIFERENÇAS DE PERSPECTIVAS	
MINDSET FIXO	**MINDSET DE CRESCIMENTO**
As características pessoais e o potencial são algo fixo.	As qualidades são mutáveis.
O sucesso consiste em provar que você é inteligente ou talentoso. Afirmar-se.	O sucesso é alcançado quando você se abre para aprender algo novo. Desenvolver-se.
Fracasso está em encontrar uma adversidade.	Fracasso é uma oportunidade de crescimento.
Esforço é ruim. Se você fosse inteligente ou talentoso, não precisaria fazer esforço.	Esforço é o que torna você inteligente e talentoso.
Oportunidades de aprendizado e desenvolvimento podem representar uma ameaça.	Você aproveita melhor as oportunidades de aprendizado e desenvolvimento.
Você prefere relacionamentos que gratificam seu ego. Cerca-se de admiradores e busca isolar os críticos.	Você prefere relacionamentos que o desafiem a se desenvolver, a se tornar uma pessoa melhor. Que o estimulem a aprender coisas novas.

MINDSET FIXO	MINDSET DE CRESCIMENTO
Prospera quando as coisas estão seguramente ao seu alcance.	Prospera ao ir além de seus limites.
Se atrai por aquilo que está dominado, pelo que faz bem.	Se atrai pelos desafios, por aquilo que o coloca à prova.
Diante do desafio: *Isso é difícil*.	Diante do desafio: *Isso é instigante*.
Se sente inteligente quando não comete erros, quando termina uma tarefa rapidamente e ela fica perfeita, quando alguma coisa é fácil para ele, mas outras pessoas não conseguem fazer. A questão é ser perfeito imediatamente.	Se sente inteligente quando algo é realmente difícil, e se esforça e realiza algo que não conseguia realizar antes. Quando se dedica a alguma coisa por bastante tempo e começa a entendê-la. Trata-se de enfrentar o desafio e progredir.

Quadro 1 – Mindset fixo x Mindset de crescimento

Uma quantidade surpreendente de pesquisas de alta qualidade ligou teorias implícitas sobre o mindset fixo e de crescimento a diferenças em aspectos importantes da vida humana. O quadro abaixo apresenta uma parcela destes estudos, considerando a perspectiva de mindset fixo:

MINDSET FIXO
No campo dos julgamentos sociais, os indivíduos com mindset fixo são mais preconceituosos, à medida que extraem inferências disposicionais mais fortes (preconceituam), mesmo na presença de informações pessoais limitadas ou contraditórias, e consideram essas disposições como explicações para o comportamento (estigmatizam); enquanto os indivíduos de mindset de crescimento explicam o comportamento em termos de estados temporais ou demandas situacionais (em vez de estigmatizar).[76]
São mais propensos a culpar e punir outra pessoa por comportamento indesejável.[77]

MINDSET FIXO
Tendem a tomar decisões sobre culpa ou inocência com base em indicadores comportamentais únicos.[78]
Acreditam mais fortemente em uma moralidade baseada em deveres (em comparação com a baseada em direitos).[79]
São mais propensos a manter estereótipos.[80]
Acreditam menos nos benefícios do seu trabalho e da função, e tendem a considerar um maior esforço em resposta ao fracasso como algo amplamente fútil.[81]
Tendem a ser mais duros em seus julgamentos e mais emocionalmente incomodados por exemplos de comportamentos imorais.[82]
Os gerentes são menos propensos a oferecer ajuda e treinamento a funcionários com baixo desempenho do que aqueles com um mindset de crescimento.[83]
Relataram menor envolvimento com atividades voluntárias, e menor disposição para se voluntariar.[84]

Quadro 2 – Mindset fixo

MUDANÇA DE MINDSET

É possível modificar o tipo de mindset?

Embora seja parte de nossa personalidade, é possível modificá-lo pela tomada de consciência. Ao tomar conhecimento dos benefícios de um mindset de crescimento, bem como dos prejuízos de um mindset fixo, é comum que os pensamentos fiquem menos automáticos (roteirizados), sendo possível uma maior intencionalidade para realizar escolhas mais benéficas.

Depois de descobrir o poder dos mindsets, é comum as pessoas perceberem melhor os pensamentos e verbalizações que denunciam o mindset fixo. Quando esse conceito é trabalhado dentro de um grupo, normalmente as pessoas passam a sinalizar quando observam um comportamento ou uma fala que denote o mindset fixo em outras, ajudando, assim, na conscientização e na mudança.

Os dois mindsets já residem em cada pessoa com alguma intensidade. Dificilmente alguém será integralmente, em todas as situações e contextos, um modelo mental ou outro. O que ocorre é que temos uma intensidade predominante de um deles. Também é possível uma pessoa ter diferentes mindsets predominantes em campos ou âmbitos distintos; um indivíduo pode, por exemplo, acreditar que seu potencial de liderança ou de empreendedorismo é imutável e, ao mesmo tempo, que sua habilidade de gestão e de avaliar riscos pode ser desenvolvida.

Todos experimentamos, em alguns momentos, a mentalidade fixa. Uma mentalidade de crescimento pode ser uma maneira de pensar ou uma estratégia de enfrentamento aplicada em determinadas situações. Compreender isso permite maior vigília e, por consequência, o aprimoramento.

Além disso, pode ser ensinado o *valor de se desafiar* e a *importância do esforço*, sendo esse aprendizado um reforço do mindset de crescimento. Quando ensinamos alguém a utilizar esse modelo mental, as ideias sobre desafio e esforço surgem como consequência. Sendo assim, o mindset de crescimento, na condição de uma atitude, pode ser ensinado e desenvolvido por meio de treinamento.[85]

Um exemplo disso é um estudo do psicólogo norte-americano David S. Yeager e colegas da Universidade do Texas, em Austin, e da Universidade de Rochester. Eles descobriram que um treinamento simples de meia hora é capaz de produzir um pequeno incremento na mentalidade de crescimento dos participantes (adolescentes), ajudando-os a lidar melhor com o estresse social e a manter seus corpos mais calmos. Como resultante dessa intervenção, constataram uma relação entre o aprimoramento da mentalidade de crescimento e a respectiva melhora das notas escolares.[86]

Esse aprendizado inicia por compreender os dois conceitos, permitindo ver com clareza como uma coisa leva à outra – como a crença sobre a imutabilidade gera diferentes pensamentos e atos, e como o pensamento do crescimento guia a pessoa por um caminho de iniciativa, enfrentamento e persistência. O autodiagnóstico passa a ser simples quando o indivíduo entende esses conceitos, o que amplia, a partir daí, sua consciência sobre o que está pensando e como pode modificar esse pensamento e, por consequência, suas ações.[87]

Impactando a performance profissional e organizacional

Os estudos do mindset de crescimento demonstram um aumento do desempenho, da facilidade de aprendizado, do engajamento, da resiliência, da criatividade, e diminuição de estressores e de problemas psicossomáticos, tais como ansiedade e depressão.[88]

Além disso, os estudos validam, também, que o mindset de crescimento proporciona um maior altruísmo organizacional, influenciando o desejo de ajudar o próximo no ambiente de trabalho; uma maior aceitação de feedbacks; e maior facilidade para lidar com situações de preconceito no local de trabalho.[89]

Outro ponto a ser considerado é o incremento na exatidão da avaliação sobre seu próprio desempenho. Embora, de modo geral, os estudos indiquem uma baixa precisão nas estimativas individuais sobre o próprio desempenho profissional e suas capacidades, os portadores de um mindset fixo possuem uma maior inexatidão. Pessoas com mindset de crescimento possuem uma exatidão extraordinariamente maior.[90]

No campo da liderança, existem trabalhos indicando que um líder com mindset de crescimento consegue transmitir essa atitude a seus seguidores. Outras pesquisas também indicam uma correlação com o estilo de liderança transformacional, mostrando que um indivíduo com mindset de crescimento consegue lidar melhor com esse tipo de liderança, influenciando sua proatividade e engajamento.[91]

CARACTERÍSTICAS DA LIDERANÇA[92]	
MINDSET FIXO	**MINDSET DE CRESCIMENTO**
Precisam constantemente afirmar sua superioridade, e utilizam a empresa como uma plataforma para esse fim.	Não estão sempre tentando provar que são melhores do que os demais.
São muito preocupados com sua reputação de grandeza pessoal.	Estão sempre tentando melhorar.
Transformam sua equipe em um grupo de ajudantes – "um gênio com mil auxiliares".	Cercam-se das pessoas mais capazes que conseguem encontrar.
Se recusam a olhar suas próprias deficiências, sendo conhecidos por apontar o erro alheio.	Enfrentam seus erros e deficiências e procuram saber com franqueza de quais qualificações eles mesmos e suas empresas necessitarão no futuro.
Acreditam que as pessoas possuem certo grau de capacidade gerencial, e que não podem fazer nada para mudar aquilo.	Progridem com uma confiança baseada em fatos, e não como resultado de fantasias a respeito de seu talento.
Constroem um ambiente em que alguns são superiores e outros inferiores.	Consideram mais importante o potencial, o engajamento e os resultados alcançados. A posição hierárquica é uma consequência, não sendo tão relevante.

Quadro 3 – Características da liderança (mindset fixo x mindset de crescimento)

O consultor e escritor norte-americano Jim Collins, em seu livro *Empresas feitas para vencer*,[93] apresenta os estudos que ele e sua equipe realizaram durante cinco anos em onze empresas que haviam crescido consideravelmente mais em relação a outras do mesmo segmento, e que mantiveram essa diferença durante pelo menos quinze anos. O ponto mais crucial para a distinção do crescimento dessas empresas foi a liderança. Eram pessoas com mindset de crescimento, acreditando no desenvolvimento humano.

CONTEXTUALIZANDO - 1

Jordana e Luiza eram colegas de faculdade, e sempre foram muito diferentes em relação às suas mentalidades. Jordana tinha confiança em seu potencial para aprender e crescer, enquanto Luiza acreditava que sua inteligência era fixa e imutável. Para Luiza, o potencial que uma pessoa possui é nato e, mesmo que ela se esforce muito, não conseguirá evoluir se não tiver um dom ou talento.

Jordana era uma pessoa curiosa e apaixonada por aprender. Desde pequena, adorava descobrir coisas novas e sempre perguntava aos pais sobre tudo o que a intrigava. Esse comportamento se manteve durante seus estudos universitários. Ela se esforçava ao máximo nas aulas, participando ativamente das discussões e fazendo perguntas ao professor sempre que surgiam dúvidas. Também se envolvia em atividades extracurriculares, frequentando palestras, workshops e grupos de estudos. Ela sabia que a faculdade era uma oportunidade única para aprender coisas novas e crescer como pessoa.

Já Luiza era uma estudante esforçada, mas com um mindset fixo. Ela acreditava que sua inteligência era um recurso limitado e que, por isso, colocar-se à prova não fazia sentido. Só assumia tarefas dentro da sua zona de conforto. Sempre demonstrava se conhecer muito bem, sabendo o que era para ela e o que não era. Além disso, se contentava em estudar apenas o suficiente para passar nas provas, e não se envolvia em atividades extracurriculares porque achava que seu tempo seria melhor aproveitado descansando ou relaxando.

Ao longo dos anos, Jordana foi aprimorando seu potencial, como resultado do seu esforço e disciplina, e se destacando na faculdade, conquistando notas altas e reconhecimento dos professores e colegas. Envolveu-se em projetos de pesquisa e recebeu bolsas de estudo para o exterior. Ela nunca se contentou com o básico, sempre buscando desafios maiores e novas oportunidades de crescimento.

Por outro lado, Luiza, apesar de ser esforçada, nunca alcançou todo o potencial que parecia ter. Contentava-se com notas medianas e nunca se aventurou em projetos de pesquisa ou atividades extracurriculares. Ela ficava frustrada quando as coisas não saíam como esperado, mas tentar se desafiar para se aprimorar parecia não estar entre as opções.

A história de Jordana e Luiza ilustra como a mentalidade de crescimento pode fazer toda a diferença na vida acadêmica e profissional. Enquanto Jordana aproveitou cada oportunidade para aprender e crescer, Luiza ficou presa em suas crenças e não alcançou seu verdadeiro potencial.

CONTEXTUALIZANDO – 2

Paulo, uma pessoa com inteligência e potencial empreendedor muito acima da média, era o fundador de uma das maiores empreiteiras de construção civil pesada do Brasil. Ele acreditava que seus talentos e habilidades eram um espécie de "dom", e, por isso, se sentia especial em relação às outras pessoas, principalmente quando o assunto envolvia visão estratégica e capacidade de resolver problemas complexos. Sentia que seu potencial, na maior parte das vezes, lhe proporcionava certa vantagem em relação aos demais, embora evitasse admitir isso para não parecer soberbo.

Por causa desse pensamento, Paulo costumava se comparar aos demais executivos e colaboradores da empresa de forma negativa.

Ele os via como inferiores, limitados e desprovidos de ideias inovadoras. Em virtude disso, sentia o peso da responsabilidade por todas as propostas e soluções. Por outro lado, quando alguém apresentava uma ideia nova ou sugeria uma solução inovadora para um problema, Paulo não se mostrava receptivo. Ele quase sempre acabava menosprezando as ideias dos outros, argumentando que ele próprio já havia tentado algo semelhante antes e que não havia funcionado, ou, ainda, apresentando uma solução melhor. A verdade é que, na imensa maioria das vezes, o seu potencial e seu comprometimento com o negócio lhe permitiam estar um passo à frente, contemplando questões que passavam despercebidas pelos outros e tendo as melhores ideias.

Os demais executivos e colaboradores da empresa, diante das atitudes de Paulo, se sentiam desmotivados e frustrados. Eles reconheciam que Paulo era uma espécie de gênio em sua área, mas a forma como ele os tratava diminuía a confiança e a motivação da equipe. Parecia que, por mais que se esforçassem, nunca era o suficiente.

Sem se dar conta, Paulo construiu um campo limitador do potencial da sua equipe. Sua atitude estimulava combates de ideias, em vez de construções conjuntas, e muitos preferiam esperar que ele propusesse a solução, ao invés de aventurar-se em uma novidade que provavelmente seria rechaçada. Muitos percebiam que, mesmo trabalhando duro para alcançar os objetivos da empresa, seus esforços e contribuições sempre eram considerados aquém do esperado.

COMPORTAMENTO PROATIVO

O mundo tem três tipos de pessoas, disse o dramaturgo irlandês George Bernard Shaw: *aqueles que fazem as coisas acontecerem, aqueles que observam o que acontece e aqueles que se perguntam o que aconteceu*.[94]

A proatividade é uma das características mais importantes dos líderes e colaboradores bem-sucedidos nas organizações. É a capacidade de antecipar e responder de forma positiva aos desafios e oportunidades, garantindo, assim, a sua adaptação e evolução no mundo em constante mudança, fazendo as coisas acontecerem.[95] O comportamento proativo se manifesta na busca por oportunidades e soluções em situações que requerem iniciativa.[96] O indivíduo proativo é aquele que tem capacidade de antecipar problemas, tomar a iniciativa e agir de forma autônoma, sem esperar por ordens ou instruções, refletindo a capacidade de liderança, de planejamento e execução estratégica e de solução de problemas.

Estudos indicam que o comportamento proativo relaciona-se com realização, liderança, desempenho e resultados de carreira, tendo o potencial para consequências comprovadamente positivas para pessoas e organizações.[97]

Esses comportamentos são motivados por uma procura interna por autorrealização e evolução, e não por pressão externa ou recompensas imediatas, ressaltando-se que a proatividade não se caracteriza unicamente como uma disposição pessoal, mas como comportamentos manifestados pelas pessoas em função da situação e de suas características pessoais.[98]

As pessoas que sentem possuir controle sobre suas vidas no trabalho tendem a ser mais proativas, buscando soluções para problemas e tomando iniciativas para melhorar sua equipe e a organização como um todo. Quando as pessoas sentem que estão agindo de acordo com suas próprias escolhas e valores, aumentam sua motivação e comprometimento com o trabalho.[99] O trabalhador com comportamento proativo busca espontaneamente mudanças no seu ambiente de trabalho, soluciona e antecipa-se aos problemas, visando metas de longo prazo que beneficiam tanto a si como à organização.[100]

Essa disponibilidade é influenciada por um conjunto de valores que desempenham um papel crucial na forma como as pessoas reagem às situações e lidam com desafios. De acordo com a teoria dos valores pessoais, as pessoas são motivadas por crenças e valores profundos, que orientam suas escolhas, atitudes e ações.[101]

Indivíduos com valores de autorrealização, independência e desenvolvimento pessoal são mais propensos a exibir comportamentos proativos.[102] Esses valores pessoais foram associados a uma maior tendência de buscar novos desafios, explorar novas oportunidades e enfrentar obstáculos de forma criativa e efetiva. Responsabilidade, autonomia e iniciativa também estão fortemente ligados ao comportamento proativo; e valores como respeito, honestidade e confiança são importantes para o desenvolvimento de um ambiente propício à proatividade.[103]

O indivíduo proativo apresenta os comportamentos relacionados no quadro a seguir.[104]

COMPORTAMENTOS PROATIVOS
Procura oportunidades de mudança.
Estabelece metas eficazes e orientadas para a mudança. O comportamento proativo é focado na realização, mas, particularmente, na realização com impacto real.
Antecipa e previne problemas.
Faz coisas diferentes, ou faz as mesmas coisas de forma diferente.
Toma uma atitude. Possui uma necessidade de orientação para a ação.[105]
Persevera. Indivíduos proativos persistem em seus esforços. Eles não recuam dos obstáculos, não aceitam um não como resposta, não se contentam com menos, e não ficam satisfeitos em poder dizer depois de uma derrota: "Bem, pelo menos eu tentei". Isso se reflete na atitude e no comportamento. Perseverança refere-se ao esforço, não necessariamente à continuação das mesmas estratégias e táticas. Significa tomar novas direções quando os outros terminam sem alternativa.
Alcança resultados. É orientado para os resultados. A mudança não deve ser meramente pensada ou tentada, mas alcançada. A realização é a coisa principal, ele deseja ter resultados tangíveis. E os resultados não estão apenas nos números, mas causando um impacto baseado em mudanças nas organizações, pessoas ou situações. Aqueles com pontuações mais baixas em um questionário que mede o comportamento proativo eram mais propensos a relatar conquistas como cumprir um prazo desafiador, trazer um projeto abaixo do orçamento ou vencer uma competição no trabalho ou em esportes – realizações louváveis, porém não relacionadas à mudança. Em contraste, aqueles que pontuaram mais alto no questionário estavam mais aptos a fundar empresas, ser agentes de mudança bem-sucedidos ou envolvidos em atividades empresariais dentro de grandes corporações. E eles estavam envolvidos em mais e diferentes atividades cívicas e comunitárias destinadas a melhorar a vida de outras pessoas.

Quadro 4 – Comportamentos proativos

Esses comportamentos são essenciais para a adaptabilidade organizacional, permitindo que as pessoas antecipem e ajam de forma apropriada diante das mudanças no ambiente, sejam elas internas ou externas à organização. A proatividade é uma antecessora da adaptabilidade, pois é a partir dela que as pessoas desenvolvem a capacidade de prever, planejar e se preparar para as transformações futuras.[106]

A AUTORREALIZAÇÃO E A PROATIVIDADE

A relação entre autorrealização e comportamento proativo é uma temática ampla e complexa, que tem sido objeto de estudos em diversas áreas da psicologia e da administração. Ambos estão estreitamente relacionados, já que a busca pela autorrealização pode ser entendida como uma forma de comportamento proativo, na qual o indivíduo busca ativamente aprimorar suas habilidades, talentos e potenciais.

É provável que a busca pela autorrealização esteja entre os traços pessoais mais importantes a influenciar como os indivíduos percebem suas capacidades e oportunidades, modificando sua motivação para agir de forma mais ou menos proativa. Apoiados na crença positiva da sua própria capacidade de realizar as tarefas, indivíduos com senso de autorrealização elevado sentem-se desafiados a superar obstáculos e a transformar sua realidade, produzindo autodeterminação e proatividade. Tudo indica que a tríade da autorrealização (intensa vontade de prosperar), autoconfiança (sentimento de capacidade) e autodeterminação (disciplina e perseverança) é auto e retroalimentada, promovendo a necessidade de competência, autonomia e relacionamentos positivos e gerando comportamentos proativos na busca de oportunidades de aprendizado e crescimento, bem como na experimentação de novas abordagens e soluções para os problemas enfrentados. De acordo com a teoria das necessidades de autodeterminação, a proatividade permite ao indivíduo alcançar essas necessidades agindo de forma independente e autônoma, desenvolvendo suas habilidades e talentos, construindo relações positivas e realizando seus objetivos.[107]

Líderes mais proativos são aqueles que buscam aprimorar suas habilidades e capacidades, bem como desenvolver um propósito e visão de longo prazo para suas equipes, o que destaca a importância da autorrealização na liderança.

A INFLUÊNCIA DO AMBIENTE E DA LIDERANÇA

Do ponto de vista do ambiente organizacional, a proatividade pode ser vista como uma forma de liderança distribuída, na qual todos os colaboradores são encorajados a tomar medidas proativas em vez de simplesmente reagir a situações ou aguardar instruções, permitindo que a organização se adapte mais rapidamente às mudanças, melhore continuamente e alcance suas metas de forma eficiente.

Embora a personalidade possa ser importante na formação do comportamento proativo – por exemplo, os estudos que indicam sua relação com a extroversão e níveis de autoconfiança mais altos[108] –, a liderança também desempenha uma influência significativa na formação do comportamento proativo.

Líderes autoritários, inseguros, perfeccionistas ou centralizadores inibem atitudes proativas. Por outro lado, líderes transformacionais inspiram e motivam seus liderados a superar as suas expectativas, a desenvolver novos e criativos enfoques para os problemas e a trabalhar em direção a metas ambiciosas.[109] Líderes podem criar um ambiente mais ou menos propício à proatividade, restringindo ou fomentando o potencial proativo.

Além disso, a cultura organizacional também desempenha um papel importante na formação do comportamento proativo. Organizações que valorizam a inovação, a criatividade e a autoconfiança tendem a incentivar esses comportamentos, bem como as políticas de recompensas que incentivam a sua continuidade e ampliação.[110]

Adaptabilidade (recursos e adaptabilidade)		Adaptabilidade (prontidão adaptativa)
Previsibilidade	Flexibilidade cognitiva	Capacidade de antecipar-se na resolução de problemas e no aproveitamento de oportunidades
Plasticidade ➡	*Mindset* de crescimento ➡ =	
Accountability	Comportamento proativo	

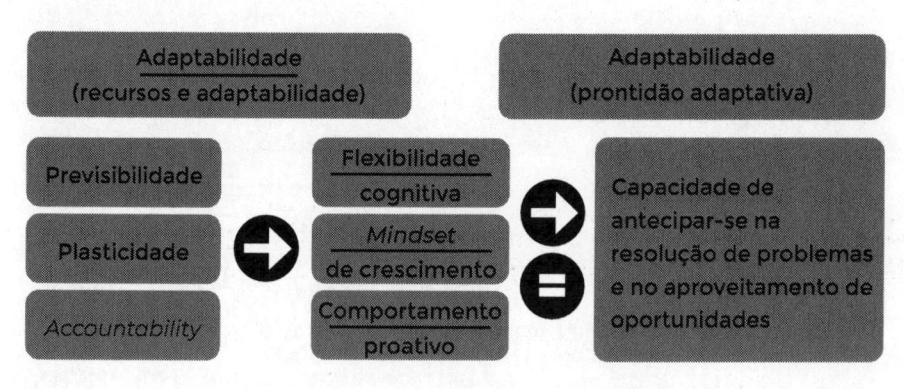

Figura 7 – Adaptatividade x Adaptabilidade

CONTEXTUALIZANDO

Márcia, Bruno e Carla trabalhavam em uma empresa de tecnologia que desenvolvia softwares para grandes organizações. A empresa tinha uma política de oferecer suporte técnico aos clientes após a venda do software, e era justamente neste setor que Bruno e Carla atuavam. Márcia trabalhava na área de desenvolvimento de novos produtos, sendo uma profissional experiente e com grande conhecimento técnico, enquanto Bruno e Carla eram relativamente novatos na empresa, embora já fossem os responsáveis pela área onde atuavam.

Um dos clientes da empresa havia entrado em contato reclamando de um problema na implementação de um software adquirido, e isso havia gerado grande insatisfação. O problema era complexo, mas Márcia, que havia constatado a irregularidade mesmo antes de o cliente ligar, antecipou-se ao problema e já havia iniciado a busca por uma solução. Ela sabia que a empresa não poderia deixar o cliente insatisfeito, e por isso tomou a frente do atendimento e resolveu o problema com criatividade e eficiência. Mas a atuação dela não parou na resolução do problema com esse cliente específico. Márcia entrou em contato com o setor responsável pelo desenvolvimento do software e conseguiu informações técnicas importantes para identificar a causa raiz. Em seguida, elaborou um plano de ação detalhado e preciso para solucionar o problema de forma ampla e garantir que o mesmo não voltasse a ocorrer no futuro. Ela não apenas resolveu o problema do consumidor, mas também trouxe melhorias para o processo como um todo, aprimorando o suporte técnico oferecido a todos os clientes.

ADAPTABILIDADE DA EQUIPE

Para avaliar o nível de adaptabilidade das equipes em uma organização, criamos a Escala de Adaptabilidade da Equipe (APE). A APE é um instrumento construído com o objetivo de avaliar os três aspectos fundamentais que determinam a capacidade de adaptação de uma equipe em ambientes corporativos dinâmicos: flexibilidade cognitiva, mentalidade de crescimento e comportamento proativo. Essa avaliação é composta por 18 questões, distribuídas igualmente entre esses três pilares.

<u>ESCALA DE ADAPTABILIDADE DA EQUIPE</u>

Como preencher a avaliação:

1. Cada questão deve ser respondida individualmente. Embora se trate de um instrumento que avalia características de sua equipe, para que os resultados sejam adequados é necessário que as respostas representem a sua opinião, ou seja, não discuta ou compartilhe suas respostas com os demais membros da sua equipe, pelo menos até que todos tenham terminado suas avaliações.
2. Utilize a escala Likert de 0 a 10 para cada questão, indicando sua intensidade de aderência/concordância, onde 0 significa que você não adere ou não concorda com a afirmação/questionamento em pauta e 10 significa que a afirmação/questionamento em pauta encontra muita aderência ou concordância com a forma com que você costuma agir.
3. Pense sobre suas experiências e observações recentes ao avaliar cada afirmação.

4. Seja o mais honesto e objetivo possível em suas respostas para garantir a eficácia da avaliação.

O propósito desta escala é oferecer insights valiosos sobre como sua equipe opera e reage a mudanças, desafios e oportunidades. Por meio dessa ferramenta, sua equipe pode identificar áreas para fortalecimento e desenvolvimento, visando a melhoria contínua e o sucesso organizacional.

	DESCRIÇÃO	0	1	2	3	4	5	6	7	8	9	10
1	Quando confrontada com informações inesperadas, a equipe se adapta de forma eficiente, modificando planos e estratégias?											
2	Com que frequência os membros da equipe propõem abordagens inovadoras para solucionar desafios complexos?											
3	A equipe demonstra capacidade de alternar entre diferentes perspectivas ou abordagens em resposta a novos contextos?											
4	Os membros da equipe frequentemente desafiam suas próprias suposições para explorar novas possibilidades?											
5	A equipe consegue manter a eficácia em situações de ambiguidade ou incerteza, adaptando-se rapidamente?											
6	A equipe costuma integrar com sucesso ideias ou práticas divergentes para melhorar o desempenho geral?											

	DESCRIÇÃO	0	1	2	3	4	5	6	7	8	9	10
7	Os membros da equipe veem erros e fracassos como fundamentais para o seu desenvolvimento profissional?											
8	Com que intensidade a equipe busca ativamente oportunidades para expandir suas habilidades e conhecimentos?											
9	Os integrantes da equipe encaram desafios como estímulos para o crescimento, em vez de ameaças ao seu sucesso?											
10	A equipe valoriza o esforço contínuo e a persistência como meios para alcançar objetivos a longo prazo?											
11	Os membros da equipe estão regularmente engajados em atividades de aprendizado e autoaperfeiçoamento?											
12	Os membros da equipe se encorajam e apoiam uns aos outros no processo de desenvolvimento de novas competências?											
13	A equipe se antecipa a tendências futuras e ajusta suas ações em conformidade?											
14	Os membros da equipe frequentemente tomam a iniciativa de identificar e implementar melhorias no ambiente de trabalho?											

	DESCRIÇÃO	0	1	2	3	4	5	6	7	8	9	10
15	A equipe costuma liderar mudanças, em vez de simplesmente reagir a eventos externos?											
16	Há uma cultura de responsabilidade individual e coletiva para prevenir problemas antes que eles ocorram?											
17	Os integrantes da equipe buscam ativamente maneiras de influenciar positivamente o resultado dos projetos?											
18	A equipe mostra uma tendência constante para a inovação e a busca de novas oportunidades de crescimento?											

Tabulação

FATOR	PONTOS
Flexibilidade cognitiva (questões 1 a 6)	
Mentalidade de crescimento (questões 7 a 12)	
Comportamento proativo (questões 13 a 18)	

Esta avaliação é uma ferramenta de autoconhecimento, e deve ser usada para promover discussões construtivas e planejamento estratégico. Os resultados coletivos podem ser usados para identificar oportunidades de desenvolvimento da equipe como um todo. Quanto maior a pontuação total, maior a identificação com o fator avaliado, sendo que, para cada um dos fatores, a mínima pontuação total possível é zero, e a máxima, 60 pontos.

RESULTADOS ADAPTATIVOS

Até este momento no livro, ao nos referirmos à adaptação nosso enfoque foi a adaptabilidade como potencial adaptativo, ou seja a capacidade de adaptação ou predisposição para adaptar-se. Essa etapa permitiu utilizar mecanismos para medir, analisar e aprimorar essa competência. Todavia, senti a necessidade de critérios para analisar o quanto esse potencial, de fato, se transforma em resultados adaptativos (adaptação). Para isso, precisávamos definir o que entendemos como resultado de uma adaptação do ponto de vista profissional e organizacional. Elegemos, então, dois constructos: a) o *desempenho adaptativo*; e b) a *adaptabilidade de carreira*, os quais, somados aos resultados efetivos, nos apoiariam nessa empreitada. O desempenho adaptativo nos permite analisar o quanto do aprimoramento da adaptabilidade se reflete no desempenho organizacional, enquanto a adaptabilidade de carreira nos indica o quanto essa capacidade está refletindo a sua prontidão para os desafios de carreira.

É importante esclarecer que, embora o constructo *adaptabilidade de carreira* mensure a prontidão para os desafios de carreira, representando, desse modo, o potencial – e não o resultado –, na proposta desse modelo consideramos essa prontidão uma resultante da adaptabilidade profissional. Quando há um incremento da adaptabilidade, mensurada por meio da flexibilidade cognitiva, da mentalidade de crescimento e do comportamento proativo, há uma expectativa de que haja como resultante o incremento da adaptabilidade de carreira. De toda sorte, como esse não é um resultado matemático e linear, se isso não estiver ocorrendo, a avaliação do nível de adaptabilidade de carreira, conforme veremos, nos permitirá identificar esse fenômeno e, assim, realizar ações específicas para esse aprimoramento.

Da mesma forma fazemos com o constructo *desempenho adaptativo*. Embora, para esse, o instrumento utilizado contemple uma avaliação sobre a percepção do desempenho propriamente dito, incluímos outros indicadores de performance (entregáveis) para validação.

Nesta seção, apresentaremos os dois conceitos e suas nuances, deixando as questões metodológicas utilizadas pelo Mitro para serem discutidas na seção 2.

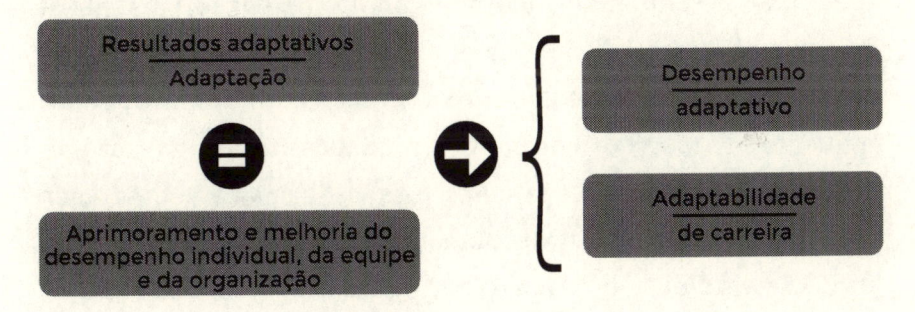

Figura 8 – Resultados adaptativos

DESEMPENHO ADAPTATIVO

Os gestores de recursos humanos já entenderam que as práticas de gestão de desempenho precisavam de mudanças drásticas. O processo tradicional de avaliação anual de desempenho, que esteve profundamente enraizado nas organizações por décadas, deu lugar a conversas mais frequentes entre um gerente e um subordinado. As velhas classificações estão sendo abandonadas e substituídas por discussões sobre desempenho, e o olhar sobre o que aconteceu está sendo direcionado para discussões sobre o futuro.[111]

Todavia, a forma como avaliamos e gerenciamos o desempenho dos colaboradores e das lideranças ainda precisa ser aprimorada. Além do processo de gestão de desempenho, é necessário atualizar os pressupostos que orientam a definição das competências. O atual "jeito de ser" das organizações deve contemplar as competências que antecedem a adaptabilidade, bem como o desempenho adaptativo. Neste mundo em mutação contínua, apresentar desempenho hoje não garante potencial para novos desempenhos amanhã. A manutenção da performance exige adaptabilidade – a capacidade de sustentar e aprimorar resultados enquanto se absorvem e promovem mudanças.

Na realidade em que vivemos, essa é a forma contemporânea como as organizações que desejam implantar um modelo de transformação sistêmica deveriam olhar para seus talentos. O nível de performance potencial do colaborador, ou seja, a condição de manter e aprimorar o índice e a qualidade de entrega de resultados, absorvendo e promovendo os ajustes e mudanças e compreendendo os distintos cenários presentes na organização, é tão relevante quanto as atuais entregas.[112] Um colaborador versátil é importante para a sustentabilidade de uma organização, e precisa ser identificado, reconhecido, estimulado e valorizado.

Além das mudanças tecnológicas, devem ser contemplados os efeitos de uma economia globalizada, na qual muitos empregos exigem que os indivíduos aprendam a operar em uma variedade de países e em uma diversidade de culturas, valores e orientações distintas.[113]

No entanto, versatilidade, tolerância a incertezas, flexibilidade, antipreconceito e adaptabilidade são atitudes que ainda operam no campo conceitual para a grande maioria das organizações, com pouca ou nenhuma capacidade real de medir, prever e ensinar[114] e, sendo pragmático, desempenho no trabalho nada mais é do que o resultado de comportamentos – é o que as pessoas fazem que pode ser observado e medido em termos de proficiência ou nível de contribuição de cada indivíduo.

É neste contexto que o conceito de *desempenho adaptativo* realça sua relevância, integrando a *flexibilidade cognitiva,* o *mindset de crescimento,* o *comportamento proativo* e a *adaptabilidade de carreira* no desafio de identificar e aprimorar a capacidade de adaptação dos trabalhadores. Pessoas com alto desempenho adaptativo possuem melhor performance laboral, têm uma atitude mais positiva e proativa e são melhores em lidar com o estresse.[115]

Do ponto de vista do trabalhador, aqueles que exibem alto desempenho adaptativo em uma organização tendem a ter mais vantagens em oportunidades de carreira, sendo que o contrário ocorre com os que possuem um baixo desempenho ao enfrentar mudanças.[116]

Um aspecto de grande relevância do desempenho adaptativo é a eficácia com que os trabalhadores resolvem os problemas atípicos, mal definidos e complexos que confrontam as situações e organizações na atualidade.[117] Adaptar-se a situações novas ou dinâmicas e à mudança frequentemente implica a necessidade de resolução de problemas novos e desconhecidos. Esse aspecto do desempenho requer que o indivíduo traga questões ou situações complexas para o fim desejado ou desenvolva soluções criativas para problemas novos e difíceis.[118]

CORRELAÇÕES DO DESEMPENHO ADAPTATIVO – O QUE DIZ A CIÊNCIA
Melhor engajamento no trabalho[119]
Maior satisfação no trabalho[120]
Intensifica os comportamentos de cidadania organizacional[14][121]
Antecedente importante do sucesso organizacional[122]
Fator de proteção contra o estresse no trabalho[123]
Maior comprometimento no trabalho[124]
Impacto positivo sobre o bem-estar[125]
Indicador consistente para sucesso no trabalho e na vida pessoal[126]
A liderança transformacional[15] melhora o desempenho adaptativo[127]
A inteligência emocional tem impacto positivo na performance adaptativa[128]

Quadro 5 – Correlações do desempenho adaptativo

Então, o desempenho adaptativo, de forma resumida, é a mecânica comportamental para a manutenção do alto desempenho

---

[14] O comportamento de cidadania organizacional é uma forma de comportamento pró-social e voluntária dos funcionários no ambiente de trabalho, além de suas obrigações normais. É um comportamento que vai além do que é esperado do trabalhador, e pode incluir ajudar colegas, participar de projetos voluntários da empresa, ajudar na preservação do meio ambiente e outras atividades que contribuem para o bem-estar da organização e da sociedade. Esse comportamento pode ser motivado, além do desempenho adaptativo, por uma série de outros fatores, incluindo o compromisso com a empresa, a satisfação com o trabalho, a identificação com os valores organizacionais e a percepção de que a organização é preocupada com questões sociais.

[15] A liderança transformacional é um estilo de liderança que se concentra no desenvolvimento e motivação de indivíduos e equipes para alcançar um objetivo comum, caracterizada por: ideação do líder, consideração individualizada, inspiração e desenvolvimento intelectual, criando senso de propósito e significado para a equipe (BASS, Bernard M.; RIGGIO, Ronald E. *Transformational leadership*. Londres: Psychology Press, 2006).

em ambientes em transformação. É a dimensão da *entrega* de resultados para a organização.

Vale destacar que o desempenho adaptativo não é uma habilidade inata, mas algo que pode ser desenvolvido ao longo da vida profissional, embora existam algumas características de personalidade que tendem a facilitar seu desenvolvimento.

AS OITO DIMENSÕES DO DESEMPENHO ADAPTATIVO

Estudos demonstram que existem diferenças individuais do desempenho adaptativo que podem ser capturadas e classificadas em, pelo menos, oito dimensões,[129] o que ajuda a explicar, compreender, prever e permite treinar o comportamento adaptativo em ambientes de trabalho.

Cada uma dessas dimensões tem importância distinta em relação à natureza da atividade do trabalhador, mas, ao mesmo tempo, elas estão inter-relacionadas e, além disso, possuem a mesma base motivacional: o capital psicológico.

Capital psicológico é um conceito da psicologia positiva e do comportamento organizacional, que se refere a um conjunto de características psicológicas positivas de uma pessoa, fundamentais para o seu desempenho no ambiente de trabalho. Esse conceito é frequentemente representado pelo acrônimo HERO, que engloba as seguintes qualidades:[130]

- *Hope* (Esperança): refere-se à percepção de que se pode traçar caminhos para alcançar objetivos e a motivação para seguir esses caminhos. A esperança, no contexto organizacional, envolve a capacidade de estabelecer metas claras, desenvolver estratégias para alcançá-las e manter a motivação para superar obstáculos.

- *Efficacy* (Autoeficácia): trata-se da crença em suas próprias habilidades para executar tarefas e atingir objetivos. Um alto nível de autoeficácia implica confiança nas próprias capacidades para lidar com desafios e ser eficaz nas tarefas.
- *Resilience* (Resiliência): é a capacidade de se recuperar, adaptar-se ou crescer frente a adversidades, estresse ou fracasso. No ambiente de trabalho, a resiliência é fundamental para lidar com as mudanças, desafios e pressões inevitáveis.
- *Optimism* (Otimismo): representa uma perspectiva positiva sobre o presente e o futuro. Pessoas otimistas tendem a esperar resultados favoráveis e acreditar que podem influenciar positivamente seu ambiente.

O capital psicológico é considerado um recurso interno que contribui para o desempenho, a satisfação no trabalho, o engajamento e o bem-estar dos funcionários. Esse conceito é parte de uma abordagem mais ampla na psicologia positiva, a qual enfatiza os aspectos positivos do funcionamento humano.

Estudos indicam que quanto maior o capital psicológico, maior tende a ser o desempenho adaptativo em qualquer uma das oito dimensões, proporcionando uma forte orientação sobre o caminho a ser trilhado na busca por um maior desempenho adaptativo: fortalecer o capital psicológico.

Como veremos, a metodologia Mitro utiliza a avaliação do desempenho adaptativo para identificar oportunidades e lacunas, tanto individualmente como de uma equipe específica e da organização como um todo, fornecendo um mapa direcionador das ações de fortalecimento dos resultados adaptativos.

Essas oito dimensões são:[131]

1. lidar com situações de emergência ou crise:
- reagir com a urgência adequada a situações de risco de vida, perigosas ou de emergência;
- analisar rapidamente as opções para lidar com perigos ou crises e suas implicações, tomar decisões em fração de segundo com base em um pensamento claro e focado;
- manter o controle emocional e a objetividade, mantendo-se focado na situação em questão, intensificar a tomada de medidas e o tratamento de perigos e emergências, conforme necessário e apropriado.

CONTEXTUALIZANDO 1

Durante seu primeiro dia de trabalho em um hospital no Rio de Janeiro, uma técnica em enfermagem novata foi chamada às pressas para o quarto de um paciente que havia sofrido uma parada cardíaca. Ela rapidamente identificou a situação como emergencial, iniciando os procedimentos que havia aprendido. Não hesitou em aplicar as medidas de ressuscitação, assumindo o controle da situação, mesmo sem uma experiência anterior. Seu controle na situação foi fundamental para salvar a vida do paciente.

CONTEXTUALIZANDO 2

Em uma fábrica de alimentos em São Paulo, um engenheiro de produção teve que lidar com uma situação de crise ao ocorrer uma quebra no sistema de transporte de matéria-prima. A situação era crítica, pois a paralisação representava a descontinuidade de diversas linhas de produtos, o que poderia acarretar atrasos e um alto prejuízo. Mesmo antes de a equipe de manutenção chegar, ele rapidamente avaliou a situação, identificando que a correia da transportadora havia se soltado devido ao desgaste excessivo. Então, coordenou a equipe para substituir a correia em tempo recorde, conseguindo restringir os impactos da situação.

2. lidar com o estresse no trabalho:
- permanecer composto e estável quando confrontado com circunstâncias difíceis ou submetido a uma carga de trabalho ou cronograma altamente exigente;
- não reagir exageradamente a notícias ou situações inesperadas; gerenciar bem a frustração, direcionando o esforço para soluções construtivas, em vez de culpar os outros;
- demonstrar resiliência e os mais altos níveis de profissionalismo em condições estressantes, sendo uma influência calmante e estabilizadora, em quem os outros procuram orientação.

CONTEXTUALIZANDO 1

Em uma agência de publicidade brasileira, o diretor de criação precisou lidar com uma situação de pressão quando foi designado para liderar um projeto de campanha publicitária para um grande cliente. O projeto era complexo, a verba publicitária disponível extraordinariamente grande, o cliente conservador e, ao mesmo tempo, exigente, demandando altas doses de criatividade e inovação com um prazo de entrega *para ontem*, aumentando ainda mais a pressão sobre o diretor e sua equipe. No entanto, ele manteve a calma e a concentração, e trabalhou de forma eficiente com a equipe para desenvolver uma campanha criativa e impactante. Motivou as pessoas, otimizou o fluxo de tarefas e garantiu que todos trabalhassem em sincronia para entregar o projeto no prazo estabelecido, equilibrando a harmonia do ambiente com a exigência de um trabalho de altíssima qualidade. O resultado final foi uma campanha publicitária de sucesso, que recebeu elogios do cliente e destacou a agência como uma das melhores do mercado. Como resultado, ganharam o *The Drum Awards for OOH*, um dos prêmios para publicidade OOH mais prestigiados do mundo.

CONTEXTUALIZANDO 2

Em uma audiência crucial com um juiz de difícil trato, a advogada enfrentou uma situação estressante. O juiz era conhecido por sua rigidez e exigência em relação aos argumentos apresentados em sua corte. Para agravar a situação, toda a diretoria da empresa tinha uma expectativa muito alta, esperando um resultado positivo, e seu gestor já havia mandado quase uma dezena de mensagens querendo notícias e passando informações complementares. A advogada não se deixou intimidar, apresentando argumentos sólidos e coerentes, apoiados em evidências e precedentes jurídicos. Além disso, ela manteve a compostura e a capacidade de pensar com clareza, respondendo com precisão e confiança às perguntas do juiz. A audiência resultou em uma decisão favorável para a empresa, graças à habilidade da advogada em lidar com situações estressantes e complexas.

3. resolver problemas de forma criativa:
- empregar tipos únicos de análises e gerar ideias novas e inovadoras em áreas complexas;
- virar os problemas de cabeça para baixo e de dentro para fora para encontrar novas soluções e novas abordagens;
- integrar informações aparentemente não relacionadas e desenvolver soluções criativas;
- entrever amplas possibilidades que outros podem perder, pensando fora dos parâmetros dados para ver se há uma abordagem mais eficaz;
- desenvolver métodos inovadores de obtenção ou utilização de recursos quando não existirem recursos suficientes disponíveis para realizar o trabalho.

CONTEXTUALIZANDO 1

Em uma indústria de manufatura em Tóquio, um gerente de *supply chain* enfrentou um desafio crítico ao lidar com um fornecedor que não estava mais conseguindo fornecer insumos importantes para a produção em tempo hábil. Em vez de seguir o caminho convencional de negociar com o fornecedor ou procurar alternativas semelhantes, ele decidiu pensar fora da caixa e encontrar uma solução disruptiva. Em um trabalho conjunto com o gerente industrial, analisaram a linha de produção para identificar pontos que poderiam ser otimizados ou alternativas para aquele insumo crítico. Com sua habilidade de análise, o conhecimento dos insumos e a expertise do gerente industrial, encontraram uma solução inovadora que poderia ser implementada: a reconfiguração da linha de produção para utilizar outros insumos alternativos, que eram mais baratos e disponíveis em grandes quantidades. O gerente apoiou a reestruturação da linha de produção para que a equipe industrial pudesse fazer a mudança em tempo recorde, implementando a solução inovadora que permitiu que a produção continuasse sem interrupções. Além disso, a solução encontrada resultou em uma redução significativa dos custos e uma maior eficiência na cadeia de suprimentos.

CONTEXTUALIZANDO 2

Em uma empresa de tecnologia em São Francisco, um programador enfrentou um desafio complexo na codificação de um software. Ele estava trabalhando em uma funcionalidade crítica que precisava ser perfeita para garantir a satisfação dos usuários e evitar retrabalho. O programador tinha tentado várias soluções convencionais, mas elas não estavam funcionando como o esperado. Então, ele decidiu pensar fora da caixa e começou a integrar informações aparentemente não relacionadas, tais como tendências de mercado e avanços tecnológicos, para desenvolver uma solução criativa. Percebeu que, ao combinar as informações que tinha com algumas técnicas avançadas de codificação, ele poderia criar uma solução única e inovadora que resolveria o problema de maneira eficiente. Fez alguns ajustes e testes rigorosos e, finalmente, conseguiu desenvolver uma solução que não só resolveu o problema, mas também melhorou a performance do software. A solução foi tão inovadora e eficiente que foi adotada como padrão em toda a empresa, o que aumentou a satisfação dos usuários e consolidou a posição da empresa como líder em tecnologia.

4. lidar com situações incertas e imprevisíveis:
- tomar medidas eficazes quando necessário, sem ter que conhecer o quadro total ou ter todos os fatos em mãos;
- mudança rápida e fácil de marcha, em resposta a eventos e circunstâncias imprevisíveis ou inesperados;
- ajustar efetivamente planos, metas, ações ou prioridades para lidar com situações de mudança;
- impor estrutura para si e para os outros, que proporcione o máximo de foco possível em situações dinâmicas;
- não precisar que as coisas sejam preto no branco, recusando-se a ficar paralisado pela incerteza ou ambiguidade.

Vale destacar que autoestima, autoeficácia e lócus de controle têm se mostrado preditores efetivos de enfrentamento de situações incertas e mutáveis.[132]

CONTEXTUALIZANDO 1

A gerente de operações em uma grande empresa varejista enfrentou uma situação desafiadora quando os funcionários anunciaram uma greve repentina. Ao invés de ficar paralisada diante da crise, agiu rapidamente e de forma eficaz. Ela começou por reunir informações detalhadas sobre a situação, comunicando-se com líderes sindicais e representantes dos funcionários para entender as demandas subjacentes à greve e negociar uma solução pacífica. Mostrou sua habilidade em ajustar planos, metas, ações e prioridades de maneira efetiva, mudando rapidamente de marcha para atender às necessidades da situação. Além disso, organizou equipes de suporte para garantir a continuidade dos negócios e minimizar o impacto da greve na produção. Ela também impôs uma estrutura para si e para os outros, proporcionando o máximo de foco possível em uma situação dinâmica e altamente incerta. A gerente foi capaz de manter a calma e concentrar-se nas ações necessárias para resolver a greve de maneira eficaz, evitando danos de longo prazo à empresa e aos funcionários, como possíveis interrupções na produção, perda de receita e reputação prejudicada.

CONTEXTUALIZANDO 2

No início da pandemia de covid-19, quando a maior parte da população estava enfrentando medidas de *lockdown*, o gerente financeiro de uma empresa de *facilities* precisou lidar com a crise provocada pelo mercado financeiro e pelos repentinos cancelamentos de contrato e renegociações de valores. A pandemia fez com que a maioria das empresas *puxasse o freio de mão*, reduzindo custos ao máximo, e isso impactou muito no segmento da empresa em que ele trabalhava. Embora tenha se preparado rigorosamente para a gestão financeira da companhia, a crise econômica representava uma situação inédita, inesperada e grave. Ele sabia que era sua responsabilidade indicar o impacto financeiro, propondo medidas rápidas e eficazes para minimizar a crise. Apesar de não ter conhecimento completo da situação, nem sobre o tempo que poderia durar a pandemia ou da dimensão do estrago nas finanças da empresa, ele rapidamente começou a ajustar seus planos, metas e prioridades, avaliando os possíveis cenários. Além disso, reuniu sua equipe e, juntos, começaram a revisitar todos os processos financeiros e os projetos em andamento, identificando onde seria possível cortar gastos e alocar recursos de maneira mais eficiente, propondo alternativas que levaram em conta desde situações mais brandas até extremas. Ao mesmo tempo, começou a explorar novas fontes de receita juntamente com a diretoria comercial e de operações, e a avaliar as possibilidades de negociação com fornecedores e clientes. Ele mantinha uma comunicação clara e aberta com todos os envolvidos, incluindo a presidência da empresa, para garantir que todos estivessem cientes das medidas que estavam sendo tomadas e dos resultados esperados. Sua atitude fez com que se destacasse como protagonista dessa situação, pois foi capaz de ser propositivo e eficaz, orientando a travessia desse período com segurança em um *mar extremamente revolto.*

5. aprender novas tarefas, tecnologias e procedimentos de trabalho:
- demonstrar entusiasmo pela aprendizagem de novas abordagens e tecnologias para a realização do trabalho;
- fazer o que é necessário para manter atualizados os conhecimentos e habilidades;
- aprender de forma rápida e eficiente novos métodos, ou como executar tarefas anteriormente não aprendidas;
- ajustar-se a novos processos e procedimentos de trabalho;
- antecipar mudanças nas demandas de trabalho, e buscar e participar de capacitações ou treinamentos que preparem para essas mudanças;
- tomar medidas para minimizar as deficiências de desempenho no trabalho.

CONTEXTUALIZANDO 1

Uma funcionária do departamento de TI de uma empresa líder no seu segmento sempre demonstrou entusiasmo pela aprendizagem de novas tecnologias e abordagens para a realização do trabalho. Frequentemente, inscrevia-se em cursos on-line, participava de conferências e se mantinha atualizada sobre as últimas tendências em TI. Quando a empresa decidiu implementar uma nova tecnologia de nuvem, ela se voluntariou para ser uma das primeiras a aprender e aplicá-la com a equipe. Estudou intensivamente a nova tecnologia, participou de treinamentos e até mesmo se reuniu com especialistas para garantir que estava totalmente capacitada. Foi capaz de aprender rápida e eficientemente, e logo se tornou a referência da equipe para a nova tecnologia embarcada. Além disso, ajudou a ajustar os processos e procedimentos de trabalho para se adequarem às novas demandas, e sempre estava atenta às mudanças, buscando maneiras de melhorar suas habilidades, demonstrando uma abordagem proativa e dedicada à aprendizagem constante, o que a tornou um membro importante da equipe de TI.

CONTEXTUALIZANDO 2

Com a pandemia de covid-19, a maioria das atividades presenciais foi interrompida, incluindo treinamentos em empresas. Um facilitador de aprendizagem de uma consultoria de desenvolvimento de liderança precisou se adaptar rapidamente a essa nova realidade e encontrar maneiras de manter a qualidade de seus treinamentos, mesmo on-line. Em vez de preocupação e resistência a tanta mudança, ele demonstrou entusiasmo pela aprendizagem de novas tecnologias e abordagens para treinamento a distância, fazendo o que era necessário para se manter atualizado. Achou que essa mudança imposta pela pandemia era uma excelente oportunidade para se reinventar, aprendendo rapidamente a utilizar ferramentas digitais para aumentar a interatividade com os alunos e também melhorar a retenção do conteúdo. Como tudo era novo para todos, acreditou ter melhores chances de se destacar saindo à frente e, com isso, *fazer daquele limão uma limonada*. Aproveitou para revisar todos os processos e procedimentos de trabalho, incluindo a utilização de plataformas on-line e estudando ferramentas que permitissem realizar excelentes apresentações e dinâmicas de grupo. Intensificou a busca de feedback com os participantes de seus treinamentos e foi atrás de novas metodologias que pudessem dar apoio à implantação das sugestões recebidas. Ao antecipar-se às mudanças na demanda de trabalho, e sendo pioneiro na participação nos treinamentos para se preparar para elas, ele acabou se destacando como um especialista em metodologias de facilitação on-line

6. demonstrar adaptabilidade interpessoal:
- ser flexível e de mente aberta ao lidar com os outros;
- ouvir e considerar os pontos de vista e opiniões dos outros, e alterar a própria opinião, quando for apropriado fazê-lo;
- ser aberto e aceitar feedback negativo ou de desenvolvimento em relação ao trabalho;
- trabalhar bem e desenvolver relacionamentos eficazes com personalidades altamente diversas;
- demonstrar uma visão aguçada do comportamento dos outros e adaptar o próprio comportamento para persuadir, influenciar ou trabalhar de forma mais eficaz com colegas de empresa.

CONTEXTUALIZANDO 1

João, um gerente comercial talentoso, liderava a equipe de vendas em uma empresa de grande porte. Seu diretor, um homem egocêntrico e, muitas vezes, rude, costumava falar de forma grosseira nas reuniões da equipe, o que deixava todos desconfortáveis e desmotivados. Além disso, como as vendas não estavam indo bem, o diretor ficava ainda mais exigente e crítico, fazendo comentários duros e desestimulantes. João sabia que essa situação precisava ser resolvida para que a equipe pudesse trabalhar de forma mais eficiente e com mais motivação. Ele decidiu agir e marcou um almoço com o diretor para conversar sobre as reuniões e sobre a forma como a equipe estava sendo tratada. Durante o almoço, João foi muito cuidadoso ao tratar do assunto. Ele começou falando sobre como ele apreciava a visão estratégica do diretor para a empresa, mas também falou sobre como a equipe estava se sentindo e os efeitos negativos que o comportamento do diretor estava tendo sobre o desempenho dela. Ao abordar o assunto, se concentrou em ouvir as respostas do diretor e em mostrar empatia e compreensão pelos desafios que ele enfrentava. Manteve a conversa em um nível profissional e evitou culpar ou acusar o diretor de qualquer coisa. Por fim, João fez algumas sugestões construtivas sobre como o diretor poderia mudar sua abordagem nas reuniões e como poderia ajudar a equipe a trabalhar de forma mais eficiente. Ele também pediu feedback sobre como a equipe poderia melhorar, e o que ele, como gerente, poderia fazer para ajudar. Graças à sua habilidade em conduzir conversas difíceis, João foi capaz de ter uma discussão produtiva e positiva com seu diretor, sem criar conflitos ou ofender o superior. Como resultado, o diretor mudou sua abordagem nas reuniões e começou a trabalhar mais efetivamente com a equipe, resultando em uma melhoria significativa nas vendas.

CONTEXTUALIZANDO 2

Clara, gerente de marketing em uma indústria de cosméticos renomada, estava empolgada com o próximo lançamento de produto. Ela tinha uma equipe talentosa e criativa, mas havia um problema: a equipe tinha visões muito diferentes sobre a estratégia de marketing para o lançamento. Clara acreditava que a campanha deveria se concentrar em tecnologia de ponta e avanços científicos, enquanto sua equipe argumentava que o produto deveria ter um apelo mais emocional e ser apresentado de forma mais atraente para o público em geral. Ao invés de descartar as sugestões, Clara procurou entender melhor o ponto de vista do time. Ela marcou uma reunião para discutir as ideias de cada um. Durante a reunião, Clara ouviu atentamente as sugestões de todos e suas razões para apoiar essas ideias, e, com isso, conseguiu reconhecer a visão de que o produto deveria ser mais apelativo para o público em geral, embora ainda acreditasse que a tecnologia deveria ser realçada. A gerente aceitou uma abordagem mais equilibrada para o lançamento do produto, sem deixar de reforçar que o uso de tecnologia de ponta poderia ser um dos pontos destacados, mesmo a mensagem principal sendo focada em um apelo emocional que ressoasse com o público-alvo. Clara usou exemplos de campanhas bem-sucedidas em outras indústrias para ilustrar como uma mensagem emocional poderia ser eficaz se agregasse o uso de tecnologia de ponta, e convenceu a equipe a adotar uma abordagem equilibrada. Para unir as duas ideias propostas, ela e o time criaram uma mensagem emocional que ressoava com o público-alvo, destacando a preocupação da empresa com a saúde e bem-estar dos seus clientes. Também usaram a tecnologia para criar uma experiência única para o consumidor.

7. demonstrar adaptabilidade cultural:
- tomar medidas para aprender e entender o clima, orientação, necessidades e valores de outros grupos, organizações ou culturas;
- integrar-se bem e estar confortável com diferentes valores, costumes e culturas;
- ajustar voluntariamente o comportamento ou a aparência, conforme necessário, para cumprir ou mostrar respeito pelos valores e costumes dos outros;
- compreender as implicações das ações de alguém e ajustar a abordagem para manter relacionamentos positivos com outros grupos, organizações ou culturas.

A facilidade com que os trabalhadores mudam de emprego e de organização, a capacidade de atuar efetivamente em diferentes culturas e ambientes, está sendo cada vez mais reconhecida como importante, envolvendo a aprendizagem de linguagem (outra língua completa ou acrônimos, gírias e jargões que são exclusivos da organização ou cultura), objetivos e valores (regras e princípios formais, bem como objetivos e valores informais não escritos que governam o comportamento), história (tradições, costumes, mitos e rituais que transmitem conhecimento cultural), e política (relações formais e informais e estruturas de poder dentro da cultura).133

Além de simplesmente aprender sobre uma nova cultura ou ambiente, o aspecto chave desse tipo de desempenho adaptativo envolve a integração bem-sucedida a uma nova cultura ou ambiente, compreendendo completamente e comportando-se de bom grado de acordo com os costumes, os valores, as regras e as estruturas aceitos que operam dentro dele.

CONTEXTUALIZANDO 1

Carla era diretora global de desenvolvimento de produtos para uma indústria de roupas femininas que atendia o mercado em todos os continentes. Como uma profissional experiente, ela entendia que a chave para o sucesso era adaptar-se às diferentes culturas e necessidades dos clientes e funcionários, além de manter a produtividade e a criatividade de sua equipe. Ela enfrentava outro grande desafio: sua equipe era composta por pessoas de diferentes nacionalidades, religiões, conceitos de moda e costumes. Alguns trabalhavam remotamente, e outros estavam em diferentes fábricas ao redor do mundo. Carla sabia que precisava promover a adaptabilidade cultural a fim de unir sua equipe e alcançar os objetivos da organização. Para lidar com essa situação, tomou medidas para aprender e entender o clima, a orientação, as necessidades e os valores de cada grupo. Ela conversou com cada membro da equipe e dedicou tempo para conhecer suas culturas e costumes, além de aprender sobre as diferenças de conceitos de moda e o que era importante para cada um deles. Carla também se esforçou para integrar-se bem e ficar confortável com diferentes valores, costumes e culturas. Participou de eventos culturais e religiosos, como festivais e cerimônias, para entender melhor a cultura de sua equipe e dos clientes ao redor do mundo. Além disso, ela ajustou voluntariamente o comportamento ou a aparência, conforme necessário, para cumprir ou mostrar respeito pelos valores e costumes dos outros. Embora defenda a importância de ter sua própria personalidade e de um ambiente diverso em todos os sentidos, entendeu que, em algumas situações ou lugares, aderir ao *dress code* era relevante para melhorar a conexão com as pessoas, e também era um sinal de respeito às diferenças culturais. Carla também procurou compreender os significados e as implicações das ações de cada membro da equipe, ajustando a abordagem para ser mais eficaz nos seus relacionamentos e na sua comunicação com grupos distintos, organizações ou culturas. Incentivou a troca de ideias e a colaboração entre os membros do grupo, valorizando e integrando as diferentes perspectivas e experiências. Ela aprendeu a trabalhar com cada membro individualmente, respeitando suas culturas e valores, enquanto promovia a colaboração em prol dos objetivos da organização. Com o tempo, a equipe de Carla se tornou mais unida e produtiva. Ao tomar medidas para entender, integrar-se e ajustar o comportamento, promoveu uma cultura de respeito, colaboração e sucesso.

CONTEXTUALIZANDO 2

Maria foi contratada como coordenadora financeira em uma empresa tradicional e hierárquica, após trabalhar por alguns anos em uma *fintech* inovadora. Maria sabia que teria de enfrentar muitos desafios para se adaptar a essa nova empresa e garantir que suas habilidades fossem valorizadas, mas estava aberta a conhecer outros modelos de gestão. Para lidar com essa situação, Maria começou a aprender e entender o clima, a orientação, as necessidades e os valores da empresa. Conversou com colegas de trabalho, gestores e membros da equipe financeira para entender a cultura e os processos. Ela também se esforçou para se integrar bem e estar confortável com diferentes valores, costumes e culturas. Participou de eventos sociais e profissionais da empresa, como *happy hours* e encontros com fornecedores, para se envolver mais com o *jeito de ser* da organização e se tornar mais próxima de seus colegas. Além disso, ficou atenta à linguagem e aos jargões exclusivos. Maria compreendeu as implicações de suas ações e ajustou sua abordagem para manter relacionamentos positivos com outros grupos, organizações e culturas. Ela reconheceu que as políticas, regras e processos da empresa eram diferentes dos da fintech onde trabalhou anteriormente, mas que não eram necessariamente piores ou melhores, o que permitiu que ela desejasse se adaptar, inserindo-se com facilidade nesse novo contexto sem deixar de fazer contribuições que julgava importantes. Com isso, conquistou seu espaço na empresa e junto a seus colegas de trabalho, que passaram a admirar e valorizar suas habilidades e perspectivas únicas. Inicialmente, Maria achava que se adaptar a essa organização seria um retrocesso, mas, ao se dedicar ao processo de integração, percebeu que, ao contrário do que imaginava, tinha muito a aprender e muitas oportunidades de contribuir.

8. demonstrar adaptabilidade fisicamente orientada:
- ajustar-se a estados ambientais desafiadores, como calor extremo, umidade, frio ou sujeira;
- esforçar-se fisicamente com frequência para completar tarefas extenuantes ou exigentes;
- ajustar o peso e a força muscular, ou tornar-se proficiente na realização de tarefas físicas, conforme necessário para o trabalho. Isso envolve a adaptação a vários fatores físicos, como calor, ruído, climas desconfortáveis e ambientes difíceis. Adaptar-se de forma rápida e eficaz a diferentes condições físicas é necessário em muitos trabalhos distintos.

CONTEXTUALIZANDO 1

Paulo trabalhava na área administrativa-comercial de uma empresa de produtos químicos, e acabara de concluir sua graduação em Engenharia Química. Ele recebeu uma proposta para trabalhar em uma refinaria de petróleo, lidando com produtos químicos altamente tóxicos e inflamáveis. Apesar de não ter experiência prática na área, decidiu aceitar o desafio e embarcou em sua nova jornada. Nos primeiros dias, Paulo sentiu-se um pouco perdido, pois o ambiente era muito diferente do que ele estava acostumado na área administrativa-comercial. Ele precisou se adaptar rapidamente a condições físicas desafiadoras, como calor extremo, ruído e sujeira, além de ajustar sua força muscular para lidar com equipamentos pesados. No entanto, Paulo não se deixou abater e buscou orientação e treinamento com seus colegas de trabalho. Além disso, incluiu na sua rotina exercícios físicos, passando a realizar corridas e frequentar uma academia de musculação. Também investiu tempo em estudar e se familiarizar com os produtos químicos que seriam manuseados na refinaria. Com o tempo, Paulo se tornou proficiente na realização de tarefas físicas exigentes, bem como no manuseio seguro de produtos químicos perigosos. Aprendeu a ajustar-se com rapidez a diferentes condições físicas, mesmo sendo altamente desafiadoras.

CONTEXTUALIZANDO 2

José trabalhava há anos em uma indústria metal-mecânica, na área de montagem de estruturas metálicas. No entanto, após concluir um curso técnico em usinagem, foi transferido para a área de fresagem, onde as demandas físicas eram muito diferentes daquelas a que estava acostumado. Na nova área, José precisava lidar com equipamentos pesados e realizar movimentos repetitivos com precisão, o que exigia dele força muscular e coordenação motora. Ademais, o ambiente era quente e barulhento, tornando a atividade ainda mais desafiadora. No início, José sentiu muitas dificuldades, e chegou a pensar em desistir. Seus músculos não estavam acostumados a esse tipo de atividade física, e ele frequentemente ficava exausto e com dores. No entanto, ele não desistiu, e se empenhou para adaptar-se à nova função. Começou a fazer exercícios específicos para fortalecer os músculos necessários para a atividade e a praticar movimentos repetitivos com precisão. Também aprendeu a utilizar corretamente os equipamentos de proteção individual, como luvas e óculos de segurança, para evitar lesões. Com o tempo, tornou-se cada vez mais eficiente na nova função. Sua força muscular e coordenação motora melhoraram significativamente e ele conseguiu realizar as tarefas com muito mais facilidade e rapidez. José passou a sentir menos desconforto físico e se adaptou melhor ao ambiente barulhento e quente.

MENSURANDO O DESEMPENHO ADAPTATIVO

Como mencionamos ao introduzir o conceito de desempenho adaptativo, o momento atual clama por especial atenção para a gestão (manutenção e incremento) da capacidade de adaptação organizacional e da adaptabilidade dos trabalhadores envolvidos.

Um olhar sistêmico e contínuo sobre a resultante da adaptabilidade pode ser percebido se incorporarmos as premissas do desempenho adaptativo às competências, valores e crenças que constituem o "jeito de ser organizacional", permitindo, assim, que as avaliações de desempenho sistemáticas e periódicas contemplem questões que indiquem a manutenção, aprimoramento ou retrocesso da adaptabilidade organizacional.

Então, em vez de propormos uma escala de desempenho adaptativo, nossa sugestão é que sejam utilizadas as oito dimensões e os respectivos comportamentos observáveis para revisar os instrumentos que norteiam as avaliações de desempenho na organização. Assim, a avaliação do desempenho adaptativo passa a ser vista como indicador de desempenho, contribuindo para a conscientização da relevância do aprimoramento da adaptabilidade profissional e organizacional.

Ressaltamos, no entanto, que, dependendo da atividade profissional exercida, teremos distinta relevância para cada uma das oito dimensões do desempenho adaptativo. Uma atividade eminentemente intelectual, por exemplo, pode exigir menor capacidade de *demonstrar adaptabilidade fisicamente orientada*. Além disso, em alguns casos é necessário fazer uma releitura dos comportamentos observáveis para que expressem com maior precisão o que representa a dimensão avaliada na função profissional exercida.

Vejamos novamente o exemplo anterior: nos casos de atividades eminentemente intelectuais, é preciso resgatar o significado em essência de *demonstrar adaptabilidade fisicamente orientada*. Essa dimensão se refere a como o profissional lida com situações que exigem adaptação física. Sendo assim, para os trabalhadores cuja atuação seja principalmente intelectual, essa dimensão pode ser necessária para a participação em eventos externos que demandam resistência física (longas viagens, conferências em condições climáticas adversas), ou a necessidade de trabalhar em condições não ideais por um curto período (problemas de climatização no escritório, ruídos de construção). Podemos avaliar como este profissional gerencia dias particularmente longos ou intensos, como quando tem prazos apertados que exigem horas extras ou períodos de alta carga de trabalho, dando ênfase na capacidade de manter o desempenho intelectual mesmo quando há uma exigência física aumentada. Além disso, a avaliação dessa dimensão pode servir para encorajar os profissionais a refletirem sobre sua própria saúde e bem-estar físico e como isso impacta seu desempenho no trabalho. Isso pode incluir questões de ergonomia, gestão do estresse e equilíbrio entre vida profissional e pessoal, podendo inclusive contemplar a observação de padrões de ausências ou baixas por motivos de saúde física. Embora isso possa ser sensível e deva ser abordado com cuidado, padrões de absenteísmo podem indicar dificuldades em lidar com aspectos físicos do trabalho. Poderia, também, contemplar questões que levem a prestar atenção em como o profissional se adapta a mudanças físicas no ambiente laboral, tais como reorganizações de escritório, novos equipamentos ou mudanças na disposição do local de trabalho.

Perceba que, mesmo avaliando uma dimensão aparentemente inválida para certa atividade profissional, podemos ajustar os comportamentos observados por meio de um exercício de abstração na busca do seu núcleo fundamental, aumentando a sua relevância para a mensuração do desempenho adaptativo. A tarefa, então, é analisar cada uma das dimensões propostas e adequar as características e necessidades da organização.

ADAPTABILIDADE DE CARREIRA

O enfoque dado à adaptabilidade, até aqui, esteve sob o manto da gestão organizacional, ou seja, a pergunta-chave que estava subjacente à abordagem utilizada é "Como melhorar o desempenho organizacional?". Isso implica considerar a competência de adaptabilidade como resposta à necessidade de aprimoramento e transformação digital.

Todavia, esse processo é de mão dupla. Como já mencionamos anteriormente, antes de trabalhar para uma organização, as pessoas trabalham para atender seus próprios interesses e objetivos. Quando se trata do tema adaptabilidade, não é diferente. Além dos benefícios que podem ser obtidos pelo trabalhador que atinge melhor desempenho, podemos pensar a adaptabilidade sob o enfoque específico da gestão de carreira e de vida.

Para muitos trabalhadores, *o queijo se moveu*[16] várias vezes, à medida que as organizações foram viradas de cabeça para baixo.[134]

---

16 Uma metáfora em alusão à parábola presente no livro *Quem mexeu no meu queijo?*. A parábola nos faz refletir sobre a maneira como as pessoas lidam com as mudanças durante suas vidas. A obra do escritor norte-americano Spencer Johnson se tornou um dos maiores sucessos do mercado editorial brasileiro.

No lugar de organogramas hierárquicos claros, encontramos uma mistura de círculos sobrepostos e posições ocupadas por pessoas que nem sequer são funcionários da empresa.[135] Ademais, a globalização exige compreensão de novos conjuntos de regras culturais[136] e o domínio de novas tecnologias e processos.

Pesquisas apontam que a adaptabilidade de carreira está fortemente relacionada com a empregabilidade, que se refere à capacidade do indivíduo de se manter empregado e de se recolocar no mercado em caso de perda de emprego. De acordo com o relatório da Organização para a Cooperação e Desenvolvimento Econômico (OCDE),[137] cerca de 50% dos trabalhadores perderão seus empregos devido à automação nos próximos anos. Nesse cenário, a adaptabilidade pode ser um fator-chave para a manutenção da trabalhabilidade.

BENEFÍCIOS DE POSSUIR ADAPTABILIDADE DE CARREIRA
Maior empregabilidade a longo prazo[138]
Melhores oportunidades de carreira[139]
Maior satisfação no trabalho[140]
Mais autoconfiança para lidar com as mudanças no ambiente de trabalho[141]
Melhoria nas habilidades de resolução de problemas[142]
Melhoria na qualidade de vida[143]
Maior resiliência e capacidade de enfrentar desafios[144]

Quadro 6 – Benefícios da adaptabilidade de carreira

Outro benefício da adaptabilidade de carreira é a possibilidade de a pessoa se desenvolver em diferentes áreas e funções dentro da empresa, o que pode levar a uma maior progressão na carreira e, até mesmo, a mudanças significativas na trajetória profissional.

Segundo pesquisa da consultoria Robert Half, 62% dos profissionais acreditam que a habilidade de se adaptar a diferentes funções é importante para a evolução na carreira.[145]

Ao mesmo tempo que os colaboradores colhem os frutos dessa competência em suas vidas pessoais e profissionais, as organizações também se beneficiam ao incentivar a adaptabilidade de carreira em seus colaboradores. Vejamos alguns exemplos:

BENEFÍCIOS PARA AS ORGANIZAÇÕES
Maior produtividade e desempenho dos colaboradores[146]
Maior satisfação no trabalho, maior comprometimento e menor intenção de *turnover*[147]
Maior engajamento e retenção de talentos[148]
Mais inovação e competitividade das empresas[149]
Maior capacidade de lidar com mudanças e situações adversas no trabalho[150]
Maior abertura a diversidade e inclusão[151]
Aumento da efetividade das estratégias de desenvolvimento de liderança[152]

Quadro 7 – Adaptabilidade de carreira: benefícios para as organizações

Como os trabalhadores devem lidar com toda essa mudança?

Nós, indivíduos das sociedades do conhecimento no início do século XXI, devemos perceber que os problemas de carreira são apenas uma peça das preocupações – muito mais amplas – sobre como viver uma vida em um mundo moldado por uma economia global e apoiado pela tecnologia da informação, onde a grande questão "*o que eu vou fazer da minha vida?*" deixou de ser apenas uma inquietação dos adolescentes, tornando-se uma preocupação recorrente. Além disso, mais do que uma preocupação restrita sobre quais serão nossas escolhas de carreira, passamos agora a buscar a resposta sobre *como podemos projetar uma vida melhor em um cenário mutante.*

Para responder a essas perguntas, faz-se necessário que as novas formas de posicionamento e estruturação de carreira sejam focadas na construção de estratégias que permitam a manutenção e o incremento da capacidade de angariar trabalho e renda (sobrevivência) na dinâmica contínua de enfrentamento (previsibilidade, antecipação, iniciativa e coragem), sem deixar de considerar a carreira como apenas uma parte integrante de um sistema maior e de suma importância que chamamos de "minha vida".[153]

Para ampliar a exatidão da resposta às perguntas anteriores, é necessária, ainda, a compreensão de que os indivíduos fazem escolhas de carreira que expressam seus autoconceitos. O autoconceito é construído mediante experiências específicas das pessoas em distintos ambientes. Os autoconceitos das pessoas podem ser alterados por novas experiências e pela observação dos comportamentos dos outros, e seus interesses nunca serão completamente fixos e o *eu* será continuamente reconstituído.[154]

A identidade profissional é moldada pela auto-organização das múltiplas experiências da vida cotidiana, nas quais o comportamento humano não é apenas uma função da pessoa, mas também do meio ambiente. Portanto, ao pensarmos a capacidade de trabalho e renda ao longo do tempo, com o ambiente mudando rapidamente, necessitamos de métodos de orientação de carreira que enfatizem a flexibilidade humana, a adaptabilidade e o aprendizado ao longo da vida, não importando o quão estáveis as características individuais possam ser.[155]

CONTEXTUALIZANDO

Joana é uma profissional experiente e bem-sucedida em sua área, mas começou a sentir insatisfação com relação ao seu trabalho. Esse sentimento surgiu quando questionou se estava fazendo diferença na vida das pessoas ou apenas seguindo protocolos. Ao participar de um projeto piloto da empresa, conheceu pessoas e teve conversas profundas que a fizeram repensar sua carreira. Percebeu que, embora seja apaixonada por tecnologia, seu verdadeiro propósito é o de ajudar pessoas. Tal processo de autoconhecimento a levou a decidir mudar de área e seguir uma carreira mais voltada para a responsabilidade social corporativa. Ao fazer isso, Joana se sentiu mais realizada e engajada com seu trabalho, e acredita que a influência do ambiente corporativo a ajudou a descobrir sua verdadeira paixão. Esse exemplo ilustra como o autoconceito de uma pessoa pode ser fundamental para sua satisfação profissional. Todavia, fazer o que se gosta é apenas um dos direcionadores profissionais. Existe, ainda, a necessidade de pensar estratégias para manutenção e incremento da sua capacidade de conquistar trabalho e renda, prevendo cenários, antecipando-se às oportunidades e ameaças e agindo com iniciativa e autoconfiança para a preparação e o enfrentamento dos desafios. Considerar a carreira como parte integrante da vida é mais do que apenas encontrar um propósito profissional. Consiste, também, em pensar como o trabalho vai contribuir para conquistar a vida que gostaria de ter. Elaborar uma estratégia de carreira apenas focada na dimensão trabalho é algo limitado, e pode ser frustrante, mesmo em um trabalho apaixonante.

ANTECIPANDO-SE ÀS TRANSIÇÕES DE CARREIRA

O doutor em orientação e aconselhamento de carreira norte-americano Mark Savickas,[156] atualmente uma das maiores referências mundiais no assunto, definiu inicialmente a adaptabilidade de carreira como a prontidão para lidar com as tarefas previsíveis de preparação e participação no papel de trabalho, e com os ajustes imprevisíveis causados pelas mudanças nas condições do trabalho, tendo, alguns anos depois, revisado sua definição ao afirmar que adaptabilidade de carreira é um constructo psicossocial que denota a prontidão e os recursos de um indivíduo para lidar com tarefas atuais e iminentes de desenvolvimento de carreira, transições ocupacionais e traumas pessoais.[157]

Então, a partir destes conceitos, possuir adaptabilidade de carreira é ter capacidade para antecipar mudanças e seu próprio futuro em contextos em transformação, facilitando a descoberta de maneiras de alcançar suas expectativas.[158]

O trabalhador com alta adaptabilidade possui maior condição para se envolver proativamente no processo de estabelecimento de metas, iniciando esforços e alcançando o sucesso psicológico.[159, 17]

Em um mundo caracterizado por transições de carreira frequentes para o indivíduo, e por carreiras com ciclos de aprendizagem mais curtos,[160] os indivíduos são jogados em situações mais desconhecidas, e necessitam de resiliência para serem bem-sucedidos. Somente aqueles que são capazes de responder a esses tipos

---

17 Na carreira proteana, ganha força o sucesso intrínseco, que pode se dar de várias formas, segundo os objetivos pessoais, não sendo apenas o de ganhar dinheiro.

de circunstâncias podem prosperar no contexto de *carreira proteana*[18] da atualidade.

ADAPTABILIDADE DE CARREIRA E O AMBIENTE ORGANIZACIONAL

Além das diferenças individuais, estudos sobre o impacto das demandas da função, de controle pessoal e de apoio social nas reações físicas e psicológicas do trabalho indicam que vários fatores no local onde ele é realizado também podem moldar a sua capacidade de adaptação. A organização onde o indivíduo exerce suas funções pode afetar significativamente a sua trabalhabilidade.[161]

Um exemplo é a percepção do indivíduo sobre os valores da organização onde atua e sua percepção sobre a segurança psicológica da equipe que integra. Uma pesquisa que concluí em 2022, e que fundamentou minha tese de doutorado, abordando o papel das organizações na obsolescência laboral dos seus trabalhadores, indicou que esses dois fatores influenciam a sua adaptabilidade de carreira, restringindo ou favorecendo a sua obsolescência laboral.[162]

Além disso, a liderança e as oportunidades de aprendizagem e de desenvolvimento também podem moldar a forma como os colaboradores lidam com as mudanças e se adaptam às novas demandas do mercado.

Uma pesquisa realizada pela consultoria McKinsey & Company em 2018,[163] com mais de 6 mil funcionários em diferentes países,

---

18 Nesse conceito de carreira, o principal objetivo é atingir o sucesso psicológico, ou seja, gerenciar a própria vida profissional baseando-se em aspirações e valores, reconhecendo e desenvolvendo suas habilidades mais latentes.

mostrou que os trabalhadores com a percepção de que a cultura da empresa valoriza a aprendizagem contínua e o desenvolvimento de habilidades têm maior probabilidade de se adaptar às mudanças.

No tocante à liderança, uma pesquisa realizada pela empresa de consultoria Korn Ferry em 2020,[164] com mais de 3.500 líderes de diferentes países, mostrou que líderes que demonstram abertura à mudança e encorajam a aprendizagem contínua tendem a ter equipes mais adaptáveis.

Além disso, os líderes que valorizam a diversidade e a inclusão tendem a criar um ambiente de trabalho mais seguro e colaborativo. Um exemplo disso é o estudo publicado na revista científica *Journal of Occupational Health Psychology*,[165] constatando que, quando os colaboradores trabalham em equipes com colegas de diferentes origens étnicas, eles têm mais oportunidades de aprender sobre diferentes perspectivas e pontos de vista, o que pode levar a um aumento do respeito e da compreensão mútuos. Outros estudos indicam que, quando os líderes valorizam a diversidade e a inclusão, eles são mais propensos a promover a comunicação aberta, a participação igualitária e a igualdade de oportunidades para todos os membros da equipe. Essas práticas podem levar a um ambiente de trabalho mais seguro e colaborativo, o que, por sua vez, pode aumentar a segurança psicológica dos funcionários.[166]

Por outro lado, empresas que não valorizam a aprendizagem contínua e o desenvolvimento de habilidades podem contribuir para a obsolescência laboral dos funcionários. Um estudo realizado pela empresa de recrutamento Randstad em 2019,[167] com mais de 13 mil trabalhadores em 28 países, mostrou que 40% dos funcionários acreditam que não têm as habilidades necessárias para as demandas atuais do mercado de trabalho. Além disso, 45% deles acreditam que a falta de oportunidades de desenvolvimento de habilidades é uma barreira para sua carreira.

Ou seja, as empresas têm um papel fundamental na adaptação dos funcionários às mudanças. Ao promover uma cultura organizacional apropriada, valorizar a aprendizagem contínua, criar um ambiente de trabalho seguro e colaborativo e promover a diversidade e a inclusão, as empresas podem influenciar positivamente a adaptabilidade de carreira dos trabalhadores e reduzir a obsolescência laboral, sendo o inverso verdadeiro – contribuindo, então, ao não oferecer um ambiente propício, para a aceleração da perda da capacidade de trabalho e renda dos seus funcionários, muitas vezes de forma definitiva. Considerando a velocidade com que as atividades profissionais estão mudando, é provável que, em um futuro próximo, esse seja um critério de peso na definição das melhores empresas para se trabalhar. Exemplos empíricos já demonstram essa relevância: segundo uma pesquisa da Gallup (2016), 87% dos millennials consideram oportunidades de desenvolvimento e crescimento profissional fatores determinantes na escolha de um emprego, reforçando o papel do desenvolvimento contínuo como critério decisivo para a retenção e a atração de talentos.[168]

APOIO GERENCIAL

Se de fato a adaptabilidade pessoal é tão central para o sucesso na carreira, talvez tanto os trabalhadores individuais quanto os gerentes do local de trabalho tenham um papel a desempenhar. A aprendizagem pessoal deverá constituir um maior incentivo para a persecução contínua de oportunidades educativas formais e informais. A constatação de que o apoio gerencial está diretamente relacionado à adaptabilidade pessoal aumenta a responsabilidade para os gerentes, pois, ao oferecer apoio adequado aos funcionários, eles podem reforçar a motivação e o senso de competência dos indivíduos para lidar com a mudança. Como vimos, estudos indicam que a adaptabilidade de carreira pode resultar de vários fatores ligados à relação entre o indivíduo e seu contexto.[169]

Os estudos constantes do quadro a seguir, entre outros, nos ajudam a entender que a adaptabilidade de carreira dos colaboradores sofre a influência do estilo de liderança, convocando as organizações a cultivar a adaptabilidade de carreira dos seus colaboradores a partir de uma liderança que seja transformacional, que promova uma motivação inspiradora, que tenha atenção com o desenvolvimento das pessoas e que seja servidora, promovendo o desenvolvimento sustentável tanto para os funcionários quanto para as organizações.[170]

ADAPTABILIDADE DE CARREIRA E ESTILO DE LIDERANÇA
A motivação inspiradora do líder promove a adaptabilidade de carreira dos funcionários e incrementa o foco temporal no futuro.[171]
A liderança, atuando para o desenvolvimento dos seus colaboradores, melhora a adaptabilidade de carreira, principalmente para funcionários que são menos otimistas.[172]
A liderança transformacional e o fortalecimento da adaptabilidade de carreira dos funcionários promove melhor desempenho das tarefas.[173]
A liderança servil também favorece a adaptabilidade de carreira. Estudos publicados em 2021 comprovaram que os líderes servidores podem promover o conceito de adaptabilidade entre os colaboradores.[174]

> A liderança abusiva possui impacto negativo, segundo uma série de resultados de estudos sobre adaptabilidade de carreira.[175]
> A supervisão abusiva desafia a adaptabilidade de carreira do funcionário ao prejudicar as crenças de autoeficácia profissional.

Quadro 8 – Adaptabilidade de carreira e estilo de liderança

Outro ponto que vale destacar é que os resultados dos estudos indicam que o engajamento no trabalho medeia totalmente a percepção de suporte à carreira e a relação com o desempenho no trabalho. As descobertas sugerem que os líderes podem tomar medidas para aumentar os níveis de engajamento dos funcionários, por meio do suporte de carreira percebido e do apoio à adaptabilidade de carreira, tendo como contrapartida um aumento espontâneo no desempenho no trabalho.[176]

Além disso, uma maior adaptabilidade de carreira contribui para a diminuição da insegurança no trabalho. Ao enfrentar a mesma situação de estresse, pesquisados com maior nível de adaptabilidade de carreira são mais engajados e apresentam menor nível de insegurança.[177]

ADAPTABILIDADE E A TEORIA DA CONSTRUÇÃO DE CARREIRA

A adaptabilidade de carreira passou a ser, então, um ponto central na Teoria da Construção de Carreira (TCC).[178] A TCC visa criar clareza holística na compreensão do que, como e por que os indivíduos criam suas vidas e carreiras, a partir de uma perspectiva construtivista e narrativa, a fim de ajudá-los a desenvolver uma identidade coesa, adaptar-se ao seu ambiente e construir o próximo capítulo de sua história de carreira.[179] Para a TCC, o desenvolvimento humano é impulsionado pela adaptação a um ambiente social com o objetivo de integração pessoa-meio ambiente.[180]

A adaptação oferece uma melhor e mais fundamental resposta para as perguntas-chave *"O que as pessoas fazem?"* e *"Por que elas fazem isso?"*. As pessoas constroem as carreiras por meio da implementação de ações que buscam transformar em realidade as aspirações formadas a partir dos paradigmas impostos pelo seu conceito sobre si (autoconceito), manifestando seus interesses vocacionais em seus papéis profissionais,[181] adaptando-se em um esforço para melhor aplicar seus autoconceitos em situações nas quais a congruência fortalece a visão sobre si, em direção a uma maior totalidade e engajamento no mundo, tornando-se mais a pessoa que desejam ser, sendo isso de grande relevância para a psicologia vocacional.[182]

Os indivíduos visualizam a construção de suas carreiras como uma série de tentativas de encaixar seus conceitos a seus papéis profissionais, motivados e guiados pelo objetivo de harmonizar as necessidades internas com as oportunidades externas, ao concentrar sua atenção nas repetidas transições, da escola para o trabalho, de um trabalho para outro ou de uma ocupação para outra.[183]

O modelo de adaptação e autorregulação proposto pela TCC inicia com o traço de personalidade de adaptabilidade, por ser esse a prontidão e motivação para fazer mudanças em prol do desenvolvimento profissional, das transições ocupacionais e da solução dos problemas de trabalho, atuando como um filtro mediante o qual os indivíduos interpretam e autorregulam o ambiente, ajustando-se a transições iminentes.

A adaptabilidade de carreira, então, é a capacidade de uma pessoa se adaptar a mudanças em sua trajetória profissional, tanto as que ela escolhe quanto as que acontecem por razões externas. A fim de ser adaptável, é importante saber avaliar o ambiente em que se trabalha e usar recursos internos para lidar da melhor maneira possível com as mudanças. Isso inclui procurar oportunidades de crescimento e controle durante momentos de transição.

Essa habilidade pode ser vista como uma característica de personalidade que ajuda as pessoas a interpretar o ambiente de trabalho e encontrar maneiras de se ajustar a ele. Tal adaptação pode ser influenciada tanto por fatores externos, como as forças sociais, quanto por fatores internos, como as reações afetivas.[184] Significa saber lidar com as mudanças no trabalho, usando recursos internos para enfrentar os desafios. É uma habilidade importante para se manter motivado e progredir na carreira, mesmo diante de obstáculos.

AS DIMENSÕES DA ADAPTABILIDADE DE CARREIRA

A Teoria da Construção de Carreira configura os recursos psicossociais que constituem a metacompetência de adaptabilidade de carreira em um modelo multidimensional e hierárquico, consistindo em um nível que contempla atitudes, crenças e capacidades específicas, e em outro nível hierárquico, os quais estão agrupados em quatro dimensões de recursos de habilidades de adaptação. Essas quatro dimensões formam um indicador global de adaptabilidade de carreira.[185] Elas são: preocupação, controle, curiosidade e confiança.[186]

Preocupação: envolve um estado de alerta, considerando a vida por uma perspectiva temporal ancorada em esperança e otimismo, positivamente orientada para o futuro, inclinando-se a planejar esse futuro por sua ligação com o presente e levando em conta o passado.

CONTEXTUALIZANDO

João é um analista de sistemas altamente alerta em relação às mudanças na sua área de atuação em uma empresa de tecnologia. Ele sabe que o mercado desse segmento é altamente dinâmico e está em constante mudança, e entende a importância de estar sempre atualizado para enfrentar novas oportunidades e desafios. Por isso, João busca se atualizar, fazendo cursos, participando de eventos da área ou mantendo contato com colegas. Recentemente, João ficou sabendo que a empresa está passando por uma reestruturação e que algumas mudanças organizacionais estão por vir. Ao invés de entrar em pânico, João se manteve alerta e proativo em relação ao porvir. Ele começou a pesquisar sobre as mudanças que estavam sendo propostas e como elas poderiam afetar seu trabalho e sua carreira. Preparou-se para possíveis cenários futuros, fazendo planos para se adaptar às mudanças e manter-se relevante na empresa. João é uma pessoa que busca prosperar na carreira e, ao mesmo tempo, estar consciente das oportunidades que podem surgir no mercado. Ele mantém uma visão positiva para o futuro, tendo em mente seus objetivos profissionais e o que ele quer alcançar na carreira. Está sempre planejando e realizando ações para se aproximar desses objetivos, mesmo que isso signifique tomar decisões difíceis ou assumir riscos calculados. Para João, a preocupação com seu futuro profissional é uma motivação constante para continuar aprendendo e se desenvolvendo profissionalmente.

Controle: baseia-se na autorresponsabilidade de exercer algum tipo de influência e vigilância sobre o contexto, acreditando que o futuro é influenciável e que é importante assumir a responsabilidade pela sua construção, sendo proativo e persistente.

CONTEXTUALIZANDO

Márcio é um profissional de marketing que trabalha em uma agência de publicidade. Ele é extremamente proativo e assume a responsabilidade por sua própria carreira, agindo para criar oportunidades, em vez de simplesmente aguardar que as coisas aconteçam naturalmente. Está sempre buscando maneiras de se destacar na empresa, seja oferecendo ideias diferentes para os clientes, sugerindo projetos inovadores para a equipe ou buscando novas formas de se capacitar, por meio de cursos ou eventos na área de marketing. Márcio tem um forte senso de controle sobre sua carreira. Em vez de se sentir desencorajado pelas incertezas do mercado, ele as encara como oportunidades para aprender e crescer. Para se manter no comando de sua trajetória profissional, Márcio se mantém sempre avaliando suas habilidades e buscando maneiras de melhorá-las. Ele procura obter feedback constante de seus superiores e colegas de trabalho, para identificar áreas em que pode se desenvolver e aprimorar suas habilidades. Além disso, ele sabe que é importante ter uma visão clara de seus objetivos profissionais e trabalhar continuamente para alcançá-los.

Curiosidade: é a propensão a explorar o meio ambiente, buscando por informações sobre si mesmo e sobre o mundo exterior que possam identificar riscos e oportunidades, o que denota proatividade para a exploração, análise e, sobretudo, para maior compreensão das situações atuais e futuras.

CONTEXTUALIZANDO

Aline é analista de recursos humanos em uma rede de franquias que atua vendendo sapatos e acessórios em shopping centers. Ela é conhecida por sua curiosidade e capacidade de prever cenários e tendências, por estar bem informada sobre o que acontece e por pensar sobre isso. Aline está sempre em busca de informações a respeito do mercado de trabalho, das demandas da empresa e das tendências da área de recursos humanos. Mantém contato com colegas da mesma área, participa de eventos e workshops, lê artigos e livros relacionados ao seu campo de atuação e está sempre atualizada quanto às mudanças na legislação trabalhista. Graças à curiosidade, Aline tem um conhecimento abrangente sobre a empresa e sobre as pessoas que trabalham nela. Ela usa esse conhecimento para identificar oportunidades de melhorias e para implementar mudanças que aumentem a satisfação e a motivação dos colaboradores. A dimensão da curiosidade na adaptabilidade de carreira de Aline é uma habilidade valiosa que a ajuda a prever cenários e tendências, a buscar informações relevantes para a empresa e para os colaboradores e a implementar mudanças eficazes. A sua capacidade de explorar o meio ambiente e analisar informações com proatividade e pensamento crítico a tornam uma profissional diferenciada e valorizada na empresa.

Confiança: reside na crença em sua própria capacidade de enfrentar situações e conquistar suas aspirações e objetivos, mesmo diante de obstáculos e barreiras.

CONTEXTUALIZANDO

Maria Eduarda é uma mulher forte e confiante que atua como gerente em uma empresa de logística composta principalmente por homens. Ela se destaca por ser autoconfiante, encarando os desafios da empresa e seus desafios de carreira de frente, sem se deixar abalar por um ambiente machista. Maria Eduarda é franca e honesta em seus feedbacks, e conversa de igual para igual com qualquer pessoa, independentemente de sua posição na empresa. Sua confiança em si mesma faz com que suas ambições de carreira sejam altas, e ela está se preparando para assumir a posição de seu líder atual, que é o diretor-executivo da empresa. Ela acredita que possui as habilidades necessárias para alcançar esse objetivo, mesmo sabendo que o caminho requer dedicação e desenvolvimento de algumas competências que ainda não possui.

AUTORREGULAÇÃO

Essas quatro dimensões apoiam as estratégias de autorregulação da seguinte forma:

- *Preocupação:* ajuda os indivíduos a olhar à frente e se preparar para o que pode vir a seguir.
- *Controle:* permite que os indivíduos se tornem responsáveis por moldar a si mesmos e a seus ambientes para atender ao que vem no futuro, usando autodisciplina, esforço e persistência.
- *Curiosidade:* possibilidades e cenários alternativos que podem moldar são explorados quando a curiosidade leva uma pessoa a pensar sobre si mesma em várias situações e papéis.
- *Confiança:* as experiências de exploração e atividades de busca de informações produzem aspirações e constroem confiança de que a pessoa pode realizá-las para implementar seu projeto de vida.

Assim, podemos resumir: o indivíduo adaptável se *preocupa* com a sua evolução vocacional, assumindo o *controle* da preparação para o futuro profissional, demonstrando *curiosidade* ao explorar as possibilidades e os possíveis cenários à frente e fortalecendo a *confiança* para perseguir suas aspirações.[187]

Tal prontidão para lidar com as transformações de carreira pode, então, construir um círculo virtuoso que, ao fortalecer a confiança, fortalece a própria autorregulação. O comportamento humano é motivado amplamente por um exercício contínuo de autoinfluência.[188]

Ao apresentar uma forte autorregulação, as pessoas aprimoram suas competências, reforçando novamente todo o círculo virtuoso formado, ao ressaltar ainda mais a autorregulação. Esta se refere à capacidade de gerenciar e controlar o próprio comportamento, as emoções e os pensamentos. Pesquisas mostram que indivíduos que têm um alto nível de autorregulação são mais propensos a ter uma adaptabilidade de carreira eficaz.[189]

Os indivíduos com autorregulação fortalecida podem:[190]

- escolher melhores estratégias para responder às transições ocupacionais;
- reconhecer melhor suas emoções;
- recuperar-se mais rapidamente do sofrimento psicológico;
- apresentar maior motivação para desenvolver seus recursos de adaptabilidade.

Existem diversas maneiras pelas quais um indivíduo pode fortalecer sua autorregulação. Um exemplo é a prática regular de meditação *mindfulness*, que pode aumentar a autorregulação e reduzir o estresse, assim como o treinamento em habilidades de controle emocional pode melhorar a autorregulação em situações desafiadoras.[191]

Além disso, pesquisas indicam que a autoeficácia e a autodeterminação podem aumentar a autorregulação. Segundo estudos, indivíduos com maior grau de autodeterminação tendem a ter maior autorregulação.[192] Do mesmo modo, a autoeficácia – a crença de que se pode realizar uma tarefa com sucesso – também está associada a uma maior autorregulação.[193]

Outra maneira pela qual as pessoas podem aumentar sua autorregulação é por meio do estabelecimento de metas desafiadoras. Os pesquisadores norte-americanos Edwin A. Looke e Gary Latham, autores da Teoria do Estabelecimento de Metas, descobriram em estudo que o estabelecimento de metas desafiadoras, juntamente com o feedback regular, pode melhorar a autorregulação e a performance.[194]

É importante notar que a autorregulação é um processo contínuo, que pode ser fortalecido ao longo do tempo. Adotar hábitos saudáveis, tais como uma alimentação equilibrada, exercícios físicos regulares e uma boa qualidade de sono, também pode contribuir para o seu fortalecimento.

Além disso, a adaptabilidade de carreira é autorregulada pelas experiências, pelos resultados obtidos dessas experiências, pelas forças impulsionadoras e restritivas do ambiente e pela percepção do indivíduo sobre tais resultados, podendo esse círculo virtuoso ser reforçado ou fragilizado. Dessa maneira, os recursos de adaptabilidade se moldam ao autoexame no ambiente social, condicionando os comportamentos reais de adaptação, constituindo as funções de orientação, exploração, estabelecimento, gestão e desengajamento,[195] mesmo em indivíduos com forte autorregulação.

ADAPTABILIDADE E A EXTINÇÃO DA MATURIDADE PROFISSIONAL

A *maturidade profissional* é um nível da carreira no qual o trabalhador já vivenciou diversas experiências e situações e lidou com opiniões e pensamentos diferentes. O termo refere-se a um estágio em que o trabalhador adquiriu habilidades suficientes para solucionar conflitos e enfrentar desafios de forma inteligente.[196]

Como vimos, à medida em que as demandas de gestão e planejamento organizacional se alteram – em velocidade cada vez maior –, os trabalhadores são desafiados a adotar uma postura que agregue valor por meio de sua atualização constante, para manterem a sua capacidade de gerar trabalho e renda.[197] Nesse contexto, maturidade, no sentido clássico, passa a ser sinônimo de declínio, e não mais de manutenção, como o conceito sugeria.

O antigo ciclo de vida das carreiras continua existindo, pelo menos na grande maioria das organizações e profissões. No entanto, o espaço ocupado pela fase da manutenção está sendo substituído pelo crescimento ou pelo declínio. Ou o profissional está em constante desenvolvimento, reinvenção e crescimento, ou ele está diminuindo sua capacidade de manter-se no mercado de trabalho.

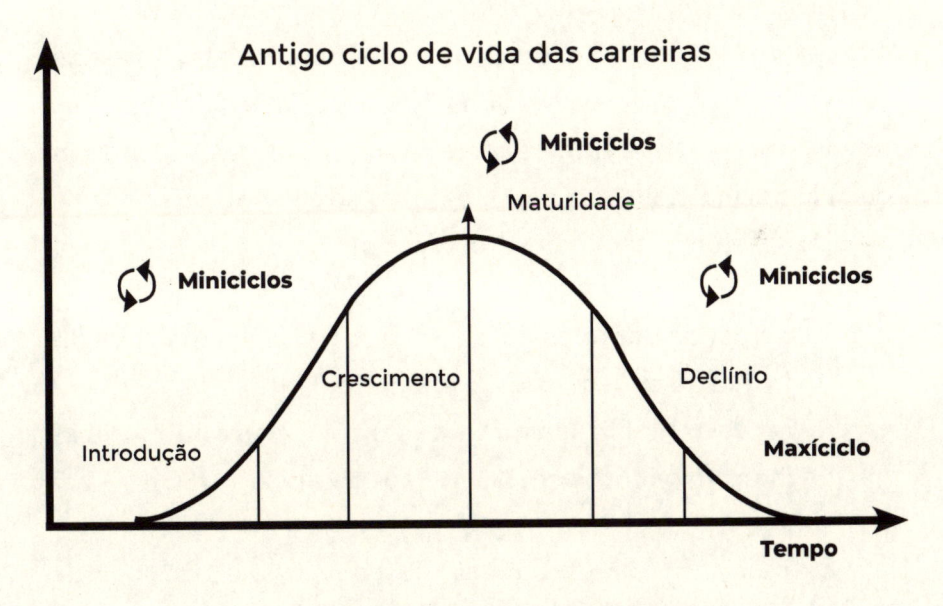

Figura 9 – Ciclo de vida das carreiras (antigo)

Extinção da maturidade de carreira

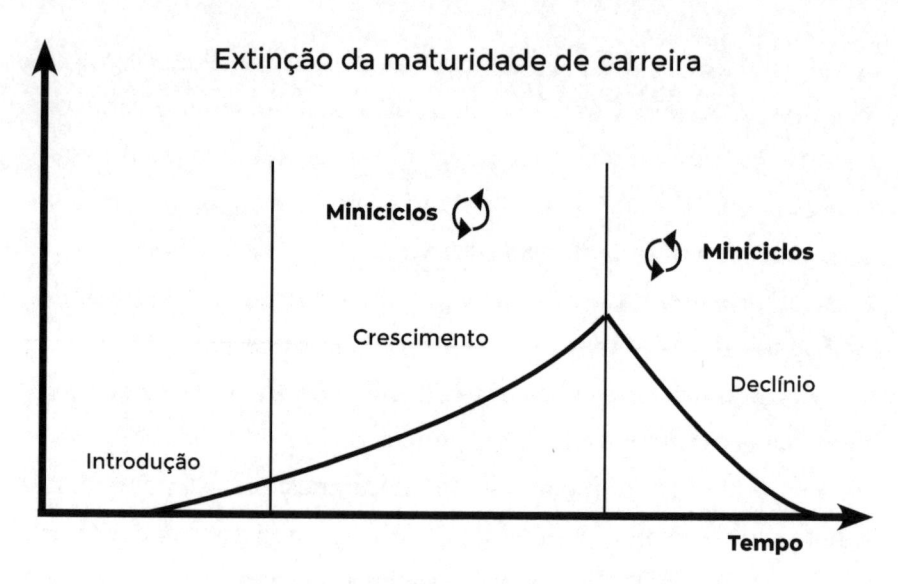

Figura 10 – Ciclo de vida das carreiras (atual)

O interessante é que a imensa maioria dos indivíduos não acha que esteja em declínio. Perguntei a mais de duas centenas de pessoas sobre *quem se considera na fase de declínio de carreira* e não obtive nenhuma resposta afirmativa. Foi necessário explicar como identificar quando um indivíduo está nessa fase, para só então se darem conta.

Dois sintomas são indicativos determinantes:

- demanda por trabalho: se deixar o trabalho atual, terá dificuldade de recolocação em outro;
- renda: terá dificuldade para se recolocar em outro trabalho com ganhos semelhante aos do atual.

Os indicativos de declínio são justamente a capacidade de promover trabalho e renda. Pessoas que estão com menor demanda por trabalho, ou que só conseguem essa demanda aceitando remunerações inferiores, estão na fase do declínio.

Carreira em crescimento (novo conceito) = **Desenvolvimento de competências** + **Preservação ou incremento de trabalhabilidade** + **Preservação ou incremento de renda**

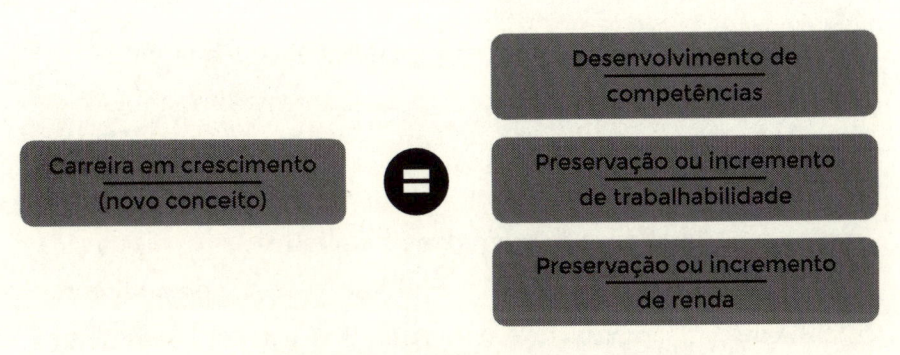

Figura 11 – Carreira em crescimento

A expressão *maturidade vocacional*, assim como a fase da maturidade profissional no ciclo de vida de carreira, também está deixando de existir. No início da década de 1980, tal expressão – até então utilizada por estudiosos da construção de carreira profissional para descrever os comportamentos de enfrentamento necessários para lidar com tarefas de desenvolvimento de carreira em qualquer fase da vida[198] – foi considerada inadequada para os novos tempos, sendo necessária uma nova abordagem que descrevesse os fatores psicológicos em desenvolvimento de carreira.[199] Descrever a prontidão de decisão de carreira na vida adulta como maturidade vocacional implicava considerar que ela é algo que aumentará com a idade até atingir um pico, e depois se manterá.[200]

Então, foi sugerida uma abordagem que melhor representasse tais fatores psicológicos no desenvolvimento de carreira sem as suposições desnecessariamente implícitas pelo termo "maturidade", sendo *adaptabilidade de carreira* um conceito que pode ser usado com essa finalidade, pois, além de evitar qualquer referência ao amadurecimento ou crescimento, é prospectivo, propondo uma conotação proativa para o indivíduo e considerando a interação entre o individual e o ambiental. A fim de gerenciar sua vida profissional do século XXI, os indivíduos devem desenvolver a adaptabilidade necessária para lidar com os desafios e mudanças apresentados pelos novos padrões de trabalho.[201]

A adaptabilidade de carreira é ampla o suficiente para considerar a prontidão em qualquer idade e em todos os papéis da vida, envolvendo atitudes planejadas, exploração de si e do ambiente e tomada de decisão baseada em informações; o sujeito pode, assim, antecipar suas escolhas e transições, explorar possibilidades e escolher direções que melhorem o ajuste e o seu desenvolvimento.[202]

Além disso, a adaptabilidade constitui um processo em direção ao reequilíbrio para acomodar as pressões propostas pelo mundo do trabalho, ou agindo na adaptação e modificação do ambiente, contemplando a ação e a reação, adaptar e adaptar-se, considerando a natureza dinâmica das tarefas de carreira e colocando maior ênfase nas competências e atitudes do indivíduo, em vez de enfatizar o processo ontogenético que o termo *maturidade vocacional* sugere.[203]

A seguir apresentaremos a Escala de Adaptabilidade de Carreira, para que possa ser conhecida na forma proposta originalmente. Todavia, para o Modelo Integrativo de Transformação Organizacional (Mitro), fizemos uma adequação, a qual atende melhor o nosso objetivo de diagnosticar os recursos de adaptabilidade que exigem maior atenção no ambiente organizacional em que está sendo aplicado (equipe, área, departamento, unidade de negócio, organização como um todo).

ESCALA DE ADAPTABILIDADE DE CARREIRA

A Escala de Adaptabilidade de Carreira (*Career Adapt-Abilities Scale – CAAS*) foi originalmente criada como parte do esforço internacional para entender e mensurar a adaptabilidade de carreira. Esse conceito, como vimos anteriormente, foi definido pelo renomado especialista em orientação e aconselhamento de carreira Mark Savickas, e descreve a adaptabilidade de carreira como um construto psicossocial que enfoca a prontidão e os recursos de um indivíduo para lidar com as tarefas atuais e iminentes de desenvolvimento de carreira, transições ocupacionais e traumas pessoais.

Para desenvolver a escala, um grupo de psicólogos vocacionais de 18 países – Alemanha, Austrália, África do Sul, Brasil, Bélgica, China, Coreia do Sul, Estados Unidos, França, Hong Kong, Inglaterra, Islândia, Itália, Japão, Países Baixos, Portugal, Suíça e Taiwan – colaboraram no âmbito do projeto *International Career Adaptability*.

O objetivo foi criar um instrumento internacional que pudesse ser traduzido e adaptado a diferentes contextos culturais e linguísticos, mantendo sua validade nos diversos países.[204]

A validação da Escala de Adaptabilidade de Carreira (EAC) para o português do Brasil envolveu a tradução e a adaptação cultural do instrumento, respeitando as particularidades linguísticas e culturais do país. Esse processo assegurou que a escala mantivesse sua eficácia e relevância para o contexto brasileiro, permitindo uma avaliação precisa e confiável da adaptabilidade de carreira de indivíduos no Brasil. A versão traduzida da EAC que apresentamos nesta obra foi validada pelos professores e doutores em psicologia Alyane Audibert e Marcos Antônio Pereira Teixeira, ambos brasileiros.[205]

ESCALA DE ADAPTABILIDADE DE CARREIRA

Diferentes pessoas usam diferentes pontos fortes para construir suas carreiras. Ninguém é bom em tudo, cada um de nós enfatiza alguns pontos mais do que outros.

Por favor, classifique o quão bem você desenvolveu cada uma das seguintes habilidades, usando a escala abaixo. Marque a resposta de acordo com o seu momento atual, ou seja, de acordo com como você vê, hoje, o quanto desenvolveu cada uma das habilidades listadas.

A chave de resposta utilizada é uma escala Likert de cinco pontos, com as seguintes âncoras descritivas:

1 – Desenvolvi pouco ou nada
2 – Desenvolvi mais ou menos
3 – Desenvolvi bem
4 – Desenvolvi muito bem
5 – Desenvolvi extremamente bem

	ESCALA DE ADAPTABILIDADE DE CARREIRA	AVALIAÇÃO
1	Pensar sobre como será o meu futuro	
2	Perceber que meu futuro depende das escolhas de hoje	
3	Preparar-me para o futuro	
4	Estar atento(a) às escolhas educacionais e profissionais que eu devo fazer	
5	Planejar como atingir meus objetivos	
6	Pensar com cuidado sobre minha carreira	
7	Manter-me entusiasmado(a) e otimista	
8	Tomar decisões por conta própria	

	ESCALA DE ADAPTABILIDADE DE CARREIRA	AVALIAÇÃO
9	Assumir responsabilidade pelos meus atos	
10	Manter-me fiel às minhas convicções	
11	Acreditar na minha capacidade de dirigir a própria vida	
12	Fazer o que eu considero certo para mim	
13	Explorar o ambiente ao meu redor	
14	Procurar por oportunidades de crescimento pessoal	
15	Explorar as opções antes de fazer uma escolha	
16	Observar diferentes maneiras de fazer as coisas	
17	Investigar a fundo as questões/dúvidas que eu tenho	
18	Ser curioso(a) com relação a novas oportunidades	
19	Realizar as tarefas de forma eficiente	
20	Ser cuidadoso(a) para fazer as coisas bem feitas	
21	Desenvolver novas habilidades	
22	Esforçar-me para fazer o melhor possível dentro das minhas habilidades	
23	Superar obstáculos	
24	Solucionar problemas	

Tabulação:

FATOR	AVALIAÇÃO
Preocupação (questões 1 a 6)	
Controle (questões 7 a 12)	
Curiosidade (questões 13 a 18)	
Confiança (questões 19 a 24)	

ASSESSMENT

Para o Modelo Integrativo de Transformação Organizacional (Mitro), fizemos uma adequação da escala, a qual atende melhor o nosso objetivo de diagnosticar os recursos de adaptabilidade que exigem maior atenção dentro do ambiente organizacional em que está sendo aplicado (equipe, área, departamento, unidade de negócio, organização como um todo).

Assim, o *Assessment* para Adaptabilidade de Carreira (AAC), em vez de apurar a intensidade de cada afirmativa isoladamente, confronta-as, levando o indivíduo a escolher entre as opções com as quais tem maior ou menor identificação. Assim, ao tabularmos os resultados, mapearemos a autopercepção sobre os fatores mais fortalecidos e mais frágeis, sendo um instrumento útil para as iniciativas de aprimoramento da adaptabilidade de carreira. Mesmo se todos os fatores possuírem uma pontuação alta, ainda assim existirá possibilidade de aprimoramento. Nesse ponto, adaptabilidade de carreira poderia ser comparada à saúde física e mental: por mais que esteja adequada, sempre haverá espaço para melhoria.

ASSESSMENT PARA ADAPTABILIDADE DE CARREIRA

Diferentes pessoas usam diferentes fatores para construir suas carreiras. Ninguém é bom em tudo, cada um de nós enfatiza alguns pontos mais do que outros. Por favor, avalie o quanto você desenvolveu cada uma das seguintes habilidades usando a escala a seguir, elegendo o ponto que você considera o mais e o menos desenvolvido em cada um dos seis conjuntos de quatro afirmações apresentados abaixo.

	Desenvolvimento de habilidades	Mais	Menos
BLOCO 1	Pensar sobre como será o meu futuro.		
	Manter-me entusiasmado(a) e otimista.		
	Explorar o ambiente ao meu redor.		
	Realizar as tarefas de forma eficiente.		

	Desenvolvimento de habilidades	Mais	Menos
BLOCO 2	Perceber que meu futuro depende das escolhas de hoje.		
	Tomar decisões por conta própria.		
	Procurar oportunidades de crescimento pessoal.		
	Ser cuidadoso(a) para fazer bem as coisas.		

	Desenvolvimento de habilidades	Mais	Menos
BLOCO 3	Preparar-me para o futuro.		
	Assumir responsabilidade por meus atos.		
	Explorar as opções antes de fazer uma escolha.		
	Aprender novas habilidades.		

	Desenvolvimento de habilidades	Mais	Menos
BLOCO 4	Estar atento(a) às escolhas educacionais e profissionais que eu devo fazer.		
	Manter-me fiel às minhas convicções.		
	Observar diferentes maneiras de fazer as coisas.		
	Esforçar-me para fazer o melhor possível dentro das minhas habilidades.		

BLOCO 5	Desenvolvimento de habilidades	Mais	Menos
	Planejar como atingir meus objetivos.		
	Investigar profundamente as **questões/dúvidas** que eu tenho.		
	Acreditar na minha capacidade de dirigir a própria vida.		
	Superar obstáculos.		

BLOCO 6	Desenvolvimento de habilidades	Mais	Menos
	Pensar com cuidado sobre minha carreira.		
	Fazer o que considero certo para mim.		
	Ser curioso(a) com relação a novas oportunidades.		
	Solucionar problemas.		

Tabulação

Informe o número total de vezes que a afirmação foi eleita como sendo a mais ou a menos desenvolvida:

Dimensões	Mais	Menos
Preocupação (afirmações 1, 5, 9, 13, 17 e 21)		
Controle (afirmações 2, 6, 10, 14, 18 e 22)		
Curiosidade (afirmações 3, 7, 11, 15, 18 e 23)		
Confiança (4, 8, 12, 16, 19 e 24)		

Para cálculo da pontuação em cada dimensão, utilize a fórmula:

Pontuação = (Ma x 2) – (Me x 2) + (6 – Ma – Me), onde:

Ma = Número de vezes que foi eleita como a mais desenvolvida
Me = Número de vezes que foi eleita como a menos desenvolvida

Veja o exemplo abaixo, considerando que a dimensão preocupação teve Ma = 3 e Me = 2:

Preocupação = $(3 \times 2) - (2 \times 2) + (6 - 3 - 2) = 3$

OBSOLESCÊNCIA LABORAL

Obsoleto é um termo que tem sua etimologia no latim *obsolētus*, e que indica algo antiquado e de pouco ou nenhum uso na atualidade, expressando o que teve determinado valor em algum momento e foi perdido, parcial ou totalmente, por deixar de ser adequado às circunstâncias. Por exemplo, os CD players, as câmeras fotográficas analógicas, os MP3 players, para citar alguns entre diversos.[206]

Convém ter em conta que a obsolescência (processo de tornar-se obsoleto) não surge necessariamente devido ao mau funcionamento de um objeto, mas porque o seu desempenho se tornou insuficiente em comparação com as novas tecnologias. Um smartphone de última geração adquirido recentemente pode apresentar um mau funcionamento, mas não será obsoleto, enquanto uma vitrola pode estar em perfeitas condições de funcionamento, mas tem um nível de obsolescência elevado.[207]

Sendo assim, podemos conceituar a *obsolescência laboral* como um processo de diminuição das oportunidades de trabalho e da importância de determinada atividade, função ou profissão, com impacto na diminuição da renda e/ou no tempo de recolocação em um novo trabalho. Esse processo é resultante de um desempenho que está se tornando insuficiente em comparação com novas qualificações profissionais ofertadas, denotando que uma determinada qualificação profissional – que em algum momento foi contemporânea – está se tornando defasada e antiquada frente às atuais demandas do mercado de trabalho.

Do ponto de vista do trabalhador, a obsolescência possui significados distintos. Mesmo a pergunta simples usada em muitos estudos – "Até que ponto você se sente atualizado em sua área de trabalho?" – pode significar coisas diferentes para diferentes trabalhadores.

Para cada sujeito, a formação do conceito de obsolescência laboral é peculiar. Os profissionais invocam diversos esquemas cognitivos sobre a natureza do avanço do conhecimento, sua relevância pessoal para eles e seus papéis em relação a esse avanço, a influência que sofrem de seus gestores e da cultura organizacional e, a partir disso, moldam seus comportamentos de enfrentamento, de passividade ou de negação da obsolescência.[208]

Como os profissionais percebem a obsolescência laboral

Em 1994, a psicóloga israelense Asya Pazy realizou um estudo que investigou como os profissionais entendem a ameaça da obsolescência e lidam com ela emocional, cognitiva e comportamentalmente. Esse estudo possui grande relevância para a elaboração de estratégias de fortalecimento da adaptabilidade, aprendizagem e, por consequência, de transformação organizacional. Desvendar como os trabalhadores lidam com os fatores que levam à perda da sua capacidade de promover trabalho e renda permite compreender suas motivações e desmotivações para o novo, o aprendizado e a busca pela reciclagem e reinvenção contínua.

Por isso, para o leitor que deseja ser um agente da transformação organizacional – como líder, educador corporativo, fazendo parte da área de gestão de pessoas ou simplesmente como colaborador – é recomendável aprofundar o entendimento sobre os 11 esquemas cognitivos validados nos estudos de Pazy. Cada esquema possui nas suas entrelinhas recados importantes sobre a receptividade e a disposição do trabalhador para engajar-se, além de orientações sobre como incrementar esse engajamento. Mapear os esquemas dentro da sua organização faz parte do diagnóstico do Modelo Integrativo de Transformação Organizacional (Mitro).

Conhecer e compreender os 11 esquemas cognitivos validados nos estudos de Pazy levará a entender como os trabalhadores assimilam, interpretam, interagem e se comportam em relação à obsolescência laboral. A partir disso, é possível implementar ações para o aprimoramento cultural que permitam incentivar os esquemas mais mobilizadores de adaptabilidade e aprendizado e restringir os menos mobilizadores.

Os esquemas mencionados são:

ESQUEMA 1: *Temporarily Unchanging Bubble* (TUB) – "Bolha Temporariamente Imutável", em tradução direta. Os adeptos desse esquema usam uma perspectiva de curto prazo. Eles não vivenciam o tempo de trabalho como uma dimensão contínua e aberta e, portanto, não vislumbram as possibilidades e problemas que podem potencialmente se desenvolver em um período de médio ou longo prazo. Eles estão preocupados com o que precisa ser feito "agora". A situação é vivenciada como imutável, isolada de implicações futuras. A atualização é interpretada como extrinsecamente acionada e guiada, como resposta a uma necessidade ditada pela organização. O conhecimento necessário para o trabalho é especificado e limitado; sendo assim, dominando esse corpo de conhecimento, não consideram necessário olhar para o conhecimento fora da sua bolha. O aprendizado contínuo e não direcionado para suas atividades atuais não é considerado essencial. A atualização é direcionada para requisitos atuais.

CONTEXTUALIZANDO

Edson é atendente de telemarketing em uma empresa de telecomunicações. Sua tarefa é resolver rapidamente as solicitações e reclamações dos clientes, seguindo um script padronizado. Ele está focado em atender o maior número possível de chamadas, sem levar em consideração as implicações futuras do seu trabalho. A empresa está implantando inteligência artificial, a qual modificará muito a forma como o trabalho é realizado hoje, porém Edson não tem nenhum interesse em conhecer a novidade. Ele acredita que, enquanto a empresa não oferecer um treinamento no novo sistema, não há nada que deva ser feito por ele. Edson não está preocupado em desenvolver habilidades ou conhecimentos que não estejam diretamente relacionados com suas atividades atuais. Ele acredita que seguir o script é suficiente para desempenhar bem o seu trabalho, e não busca outras fontes de conhecimento que possam melhorar sua capacidade de comunicação ou relacionamento com o cliente, por exemplo. A empresa ofereceu uma bolsa para uma graduação como tecnólogo em marketing, mas Edson não se interessou e não viu valor nessa oportunidade.

ESQUEMA 2: *Cyclical Two-Phase Process* (CTPP) – "Processo Cíclico Bifásico". Esse esquema interpreta o trabalho profissional em geral como um processo cíclico de duas fases. Uma fase intensiva de aprendizagem é seguida por uma fase dedicada exclusivamente ao trabalho, aplicando o que foi aprendido. Quando essa fase acaba, outra fase de aprendizado começa. Implícita nesse esquema está uma visão do trabalho e do aprendizado como duas atividades humanas alternadas e mutuamente exclusivas: ou se trabalha ou se aprende.

Marcela é uma pessoa que separa sua vida profissional em duas fases, uma de preparação e outra de trabalho. Dedicou-se a estudar em uma faculdade, frequentar cursos, estágios e workshops. Ela se esforçou para atualizar conhecimentos, habilidades e atitudes que acredita serem muito importantes para o seu trabalho e vida em geral. Quando concluiu a faculdade de Engenharia de Produção, empregou-se como assistente de PCP, atuando na programação e controle de produção em uma indústria alimentícia, onde transcreve informações em planilhas e faz lançamentos de dados de relatórios, obtendo, assim, os índices de produtividade, e elaborando gráficos de controle de qualidade e produtividade que dão suporte ao planejamento de produção da fábrica. Ela se manteve nessa função durante anos, concentrando-se em aplicar o que aprendeu em seus projetos e trabalhos. Para ela, é importante ser considerada uma boa profissional; no entanto, durante todo o período em que trabalhou para essa empresa, **não se preocupou em aprender novas habilidades ou conhecimentos que não estivessem diretamente relacionados** ao seu trabalho atual.

Marcela considera que o aprendizado é fundamental para o sucesso na sua vida em geral. Ela vê a fase de formação como um investimento em seu próprio desenvolvimento, e reconhece que isso é importante para sua carreira e vida pessoal; no entanto, para ela, trabalho e estudo são momentos distintos. Teve seu tempo de preparação, e, agora que concluiu os estudos, o importante é trabalhar e ganhar dinheiro!

ESQUEMA 3: *Incremental Evolution* (IE) – "Evolução Incremental". Esse esquema considera que o "objetivo" do desenvolvimento científico e tecnológico é um processo gradual e incremental de evolução. O conhecimento não muda em saltos repentinos – não há rupturas. Sua expansão é lenta, suave e previsível. A tarefa de atualização, portanto, envolve aprendizado casual, incidental e distribuído em outras atividades. Ao contrário dos esquemas TUB e CTPP, que se relacionam com formas pessoais de envolvimento com o trabalho e a aprendizagem, o esquema do IE enfatiza o processo impessoal de desenvolvimento do conhecimento.

CONTEXTUALIZANDO

Fábio é um jovem assistente administrativo que acredita que o desenvolvimento profissional é um processo gradual e constante. Durante seus anos trabalhando no escritório em uma rede de franquia de manutenção automotiva, se dedicou a aprimorar suas habilidades práticas. Ele não via a formação acadêmica como algo que, de fato, o prepararia para o trabalho. Entende aprendizado, trabalho e desenvolvimento de carreira como um processo integrado, ou seja, o desenvolvimento ocorre à medida que se executa novos trabalhos. Em seu ambiente de trabalho, ele encontrou muitos desafios e oportunidades de aprendizado. Dedicou-se a resolver problemas complexos e a desenvolver habilidades práticas, incorporando gradualmente o conhecimento adquirido. Ao longo dos anos, Fábio progrediu em sua carreira, assumindo novas responsabilidades e cargos de liderança.

ESQUEMA 4: *Knowing a Lot About a Little* (KLOTL) – "Saber Muito Sobre Pouco". Esse esquema consiste em uma separação do conhecimento profissional em figura e fundo. Um escopo específico fora do vasto corpo de conhecimento é marcado e colocado em foco, examinado de perto em seus detalhes. Nesse caso, o restante é um fundo relativamente indiferenciado sendo ignorado. Esse é o esquema típico da especialização. Seus adeptos veem sua área de atuação como o único espaço legítimo em que eles têm que se orientar e manter-se a par das inovações recentes. A tarefa de atualização resultante desse esquema é focada e limitada em escopo. Eles têm como objetivo estar constantemente familiarizados com os recentes desenvolvimentos nesta área de especialização, e não estão preocupados com os desenvolvimentos científicos e tecnológicos em outros campos.

CONTEXTUALIZANDO

Manuela é engenheira de produção e trabalha em uma empresa de grande porte na área de fabricação de peças automotivas. Seu trabalho consiste em desenvolver e aprimorar processos de produção, com o objetivo de otimizar a eficiência e a qualidade dos sistemas de frenagem. Ela tem uma vasta experiência na área e é reconhecida como uma referência técnica em sua empresa. Ninguém conhece mais sobre sistemas de frenagem do que Manuela! Ela faz questão de dizer que isso não veio sem esforço, pois dedica grande parte do seu tempo estudando e se atualizando sobre o assunto. Lê publicações especializadas, participa de congressos e workshops e mantém contato frequente com outros profissionais da área. Sua rotina de trabalho é dividida entre as atividades de desenvolvimento e aplicação de novos processos e a pesquisa e estudo de novas técnicas ou tecnologias que possam ser aplicadas em sua área. Devido ao seu alto nível de especialização, Dona Manu, como é chamada na empresa, mantém um foco bastante específico, concentrando-se em aprofundar e aprimorar cada vez mais o conhecimento em sistemas de frenagem, deixando de lado outros campos de conhecimento. Ela só se preocupa em buscar conhecimentos de outras áreas se tiverem alguma ligação direta com seu trabalho, ou para ficar a par das tendências ligadas às novas tecnologias de sistemas de frenagem. Seu objetivo é estar sempre atualizada com as últimas tendências e inovações, de modo a oferecer soluções cada vez mais eficientes e competitivas para sua empresa.

ESQUEMA 5: *Knowing Little About a Lot* (KLLOT) – "Saber Pouco Sobre Muito". Esse esquema percebe como relevante para o seu trabalho um amplo escopo do conhecimento, sem definir prioridades sobre qual parte desse escopo precisa ser trazida ao primeiro plano para ser mais dominada. O conhecimento amplo de temas grandes e diversos é central para esse esquema, pois não faz distinções de figura-fundo. Valoriza a visão geral ampla, embora superficial, na qual os detalhes são percebidos como confusos e insignificantes. A tarefa de atualização não é muito exigente. O entendimento geral compensa a falta de conhecimento completo de inovações específicas. Como tal, KLLOT representa a convicção oposta da KLOTL.

CONTEXTUALIZANDO

Clara é formada em Engenharia Mecânica pela Universidade Federal de Minas Gerais, e trabalha em uma empresa que é especializada na fabricação de equipamentos para a indústria alimentícia. Sua atividade na empresa é liderar a equipe de engenharia de projetos, responsável por desenvolver novos equipamentos e sistemas para atender às demandas dos clientes. Clara é uma ávida leitora e ama aprender. Devora livros sobre diversos temas, desde literatura clássica até física quântica. Ela gosta de saber de tudo um pouco, e busca entender como as diferentes áreas do conhecimento se relacionam. Acredita que essa visão ampla do mundo é fundamental para o seu trabalho, pois permite que ela crie soluções inovadoras para os desafios que enfrenta diariamente. Além de ler muito, Clara participa de diversos cursos relacionados ao seu trabalho, como treinamentos em softwares de modelagem 3D e cursos de especialização em automação industrial. Ela também se interessa por assuntos fora de sua área de atuação, como marketing e finanças, e faz cursos nessas áreas sempre que possível. Clara é vista pelos colegas de trabalho como uma referência em conhecimentos gerais. Ela é uma grande incentivadora do aprendizado contínuo, e muitos de seus colegas buscam seu conselho sobre cursos e livros para ampliar seus conhecimentos. Para ela, não faz sentido se especializar em apenas uma área do conhecimento, pois o mundo é complexo e as soluções para os desafios mais difíceis muitas vezes surgem de insights que vêm de outras áreas. Ela entende que, embora possa parecer que sua abordagem é superficial, a visão geral que tem do mundo é fundamental para sua carreira.

ESQUEMA 6: *Relying on Professional Background* (RPB) – "Contando com a Experiência Profissional". Nesse esquema, a experiência adquirida e o conhecimento acumulado ao longo dos anos são interpretados como os principais ativos e como recursos a partir dos quais o conhecimento adicional pode ser gerado. A base desse esquema é a suposição implícita de que nada é totalmente novo. O domínio do conhecimento anterior gera compreensão de novos conhecimentos, sem investimento adicional de energia. Devido ao grande valor que atribui à experiência passada e ao conhecimento já acumulado, a tarefa de atualização que resulta desse esquema é mínima.

CONTEXTUALIZANDO

Cláudio é um advogado trabalhista de renome em uma grande firma de advocacia no centro da cidade. Ele tem vários anos de experiência na área e confia muito em seu histórico profissional para se manter atualizado em relação aos novos desenvolvimentos em sua área de atuação. Acredita que sua vasta experiência em trabalhos anteriores e casos resolvidos é a principal base para se manter atualizado no presente. Para ele, o conhecimento adquirido por meio de sua experiência profissional passada é suficiente para mantê-lo atualizado em relação às inovações em seu campo de atuação. Ele acredita que, na área trabalhista, nada é realmente novo, e que o domínio que possui é o bastante para desenvolver novos conhecimentos, inclusive para contemplar a recente reforma trabalhista, sem investir muita energia. Sua vasta experiência profissional inclui trabalhos anteriores em diversas empresas de advocacia, nas quais construiu uma forte rede de contatos nessa área de atuação. Costuma conversar com colegas e juízes sobre seus casos e percebe que sua experiência faz toda a diferença. A experiência é a chave para manter-se em um patamar superior na sua carreira. Ao contrário de outras pessoas que buscam atualizações por meio de cursos, seminários ou workshops, Cláudio acredita que a experiência adquirida é a própria atualização. Cláudio tem orgulho de seu vasto conhecimento adquirido ao longo de anos atuando nos mais distintos casos do direito do trabalho e de sua capacidade de resolver processos complexos de forma rápida e eficiente. Considera sua experiência como seu principal ativo e sua maior vantagem competitiva em relação aos demais advogados trabalhistas em sua firma e na cidade.

ESQUEMA 7: *Keeping Abreast of the Market* (KAM) – "Manter--se Atualizado sobre o Mercado". Esse esquema delineia um escopo específico de conhecimento que deve ser dominado pelo mercado, enquanto o resto é praticamente ignorado. O objetivo da atualização é manter-se a par das tendências do mercado, não do estado de arte da ciência ou da tecnologia. Esse esquema consiste em uma convicção de que é muito mais importante saber o que os clientes podem precisar ou o que os concorrentes podem oferecer do que saber o que a ciência tem a oferecer. O esquema KAM pode ser considerado um caso especial do esquema KLOTL. Devido à sua ênfase exclusiva no mercado, é claramente distinguido da KLOTL, cujos diferentes escopos variam de acordo com a área de especialização de cada indivíduo.

CONTEXTUALIZANDO

Cláudia é gerente de marketing em uma empresa de alimentos saudáveis. Seu objetivo é se manter atualizada sobre esse mercado, sendo muito pragmática. Investe seu tempo analisando as tendências do mercado e o comportamento do consumidor. Ela está convencida de que é isso que faz, de fato, a diferença. Além disso, participa de feiras e eventos do setor para conhecer novos produtos e estratégias de marketing utilizadas pela concorrência. Outra forma que usa para se atualizar é mantendo contato com fornecedores e distribuidores para saber sobre as novidades do mercado. Cláudia acredita que é muito mais importante saber o que os clientes podem precisar ou o que os concorrentes podem oferecer do que saber sobre conhecimentos técnicos ou acadêmicos. Em vez de investir seu tempo em teoria, investe em estudar o mercado, pois acredita que o sucesso acontece quando entendemos e superamos as expectativas do cliente. Ela entende que conhecimento científico pode ser útil, mas que o mais importante é estar preparada para se adaptar rapidamente às mudanças.

Esquema 8: *The Vanishing Factor of Obsolescence* (VFO) – "O Fator de Desaparecimento da Obsolescência". "O produto" é o conceito central nesse esquema, sendo percebido em sua totalidade, assumindo-se que é impossível compreender a atualização do conhecimento a partir de outros fatores. Há resistência em tratar o problema da obsolescência de forma independente, às vezes até mesmo uma negação de que tal problema exista na organização. Ao contrário do esquema KAM, no qual o mercado desempenha um papel central, o esquema VFO não exclui nenhum fator específico, nem os analisa de forma separada. Seus adeptos insistem que os vários fatores se combinam para tornar-se um todo indiferenciado, "o produto". A questão da obsolescência é irrelevante, porque é considerada juntamente com todas as outras partes do processo.

CONTEXTUALIZANDO

Lucas é um confeiteiro apaixonado por seu trabalho. Ele trabalha em uma confeitaria localizada em um bairro nobre, conhecida pela qualidade de seus produtos e pela dedicação de sua equipe. Lucas é responsável por criar novos produtos e atualizar o cardápio da confeitaria. Ele é incansável em sua busca pela consistência e pelo sabor perfeito. Passa horas na cozinha, testando e modificando receitas até encontrar o ponto ideal. Para manter-se atualizado, Lucas dedica muito tempo à pesquisa de receitas e ao estudo da culinária. Ele se esforça para entender as técnicas utilizadas pelos melhores chefs e aplicá-las aos seus produtos. Ao analisar a concorrência, Lucas não procura entender a demanda do mercado, mas sim aprimorar suas técnicas e criar produtos ainda mais saborosos. Ele visita outras confeitarias, experimenta seus produtos e estuda suas receitas. Conversa com os fornecedores para entender melhor os ingredientes e aprimorar a qualidade dos produtos da empresa. Para Lucas, o importante é sempre buscar a perfeição em seus produtos. Ele se dedica integralmente a criar sabores e aprimorar as receitas já existentes, sempre mantendo o foco na qualidade e no sabor. Mesmo que o mercado mude, ele acredita que seus clientes sempre valorizarão um produto delicioso e bem-preparado.

ESQUEMA 9: *We Are All in the Same Boat* (WASB) – "Estamos Todos no Mesmo Barco". Nesse esquema, a obsolescência é considerada em grupo, e não um problema pessoal: "O que acontecer com eles acontecerá comigo". O indivíduo não é visto como um agente independente que toma suas próprias decisões no que diz respeito à atualização dos requisitos ou atividades. O agente é o grupo; o indivíduo somente age como parte de um todo coletivo. A ênfase desse esquema está na comunhão do destino do indivíduo com o do grupo. A tarefa de atualização deriva da divisão do trabalho no grupo, e é definida em relação às tarefas de cada membro dele.

CONTEXTUALIZANDO

Adalberto é um trabalhador comum na equipe de vendas de uma empresa de tecnologia. Ele percebe que muitos colegas estão ficando para trás na atualização de seus conhecimentos e habilidades, especialmente quando se trata de novas tecnologias, e que isso pode afetar os resultados da equipe a longo prazo. No entanto, Adalberto não se sente motivado a fazer um maior esforço para se manter atualizado, já que ele vê isso como um problema coletivo, e não individual. Ele acredita que, se alguns membros da equipe não estão atualizados, isso afetará a todos, e não apenas a ele. Adalberto entende que, em uma empresa, a atualização não é uma tarefa individual, mas uma tarefa coletiva, e que a responsabilidade é de todos os membros da equipe. Não adianta nada se esforçar sozinho. Ele até tentou incentivar seus colegas a se atualizarem, mas não se sente pessoalmente responsável por isso.

ESQUEMA 10: *Shifting Focus from Oneself to the Unit* (SFOU) – "Mudando o Foco de Si Mesmo para a Unidade". As exigências de atualização do sujeito são deliberadamente estendidas para a unidade como um todo. Os adeptos desse esquema acreditam que a quantidade total de conhecimento atualizado nas unidades de trabalho deve permanecer elevada, sendo menos importante quem domina qual parte desse conhecimento. A responsabilidade de uma pessoa (principalmente do supervisor) é garantir que uma certa porção do grupo (não necessariamente incluindo-o) se mantenha a par do desenvolvimento tecnológico, para que, juntos, todo o grupo mantenha sua atualização. O esquema SFOU significa uma mudança de foco mais ativa do que o WASB. No esquema WASB há um elemento de passividade, como se o indivíduo fosse absorvido pelo grupo e se tornasse parte dele. O SFOU representa a alocação deliberada de recursos.

CONTEXTUALIZANDO

Lucas acredita que, para manter a unidade atualizada, é importante que cada membro da equipe tenha pelo menos uma parte do conhecimento necessário, não sendo necessário ter alguém que saiba tudo, que concentre e domine tudo, mas, sim, que cada um contribua com sua parcela de conhecimento. Com essa crença, Lucas promove programas de treinamentos internos com os objetivos específicos para cada membro da sua equipe. Ele mesmo não se cobra em saber de tudo, sabe que domina mais algumas áreas e também que seu perfil comportamental facilita o desenvolvimento de algumas habilidades, enquanto dificulta o de outras. Afinal, é assim com todo mundo! Com esse olhar, Lucas sempre conseguiu garantir que cada membro da equipe tivesse acesso ao conhecimento necessário para realizar suas tarefas de forma eficiente e manter a unidade atualizada. Lucas também incentiva os membros da equipe a buscar conhecimento fora da empresa, participando de eventos da área e se mantendo alinhados com as últimas tendências do mercado, de acordo com os interesses específicos de cada um. Com essa abordagem, Lucas acredita conseguir manter a unidade sem depender especificamente de um único especialista ou da iniciativa de um único membro da equipe. Para Lucas, o importante é que cada membro contribua com seu conhecimento e habilidades, resultando em uma equipe coesa e bem-informada.

ESQUEMA 11: *Updating for Fun* (UF) – "Atualização por Prazer". Ao contrário de todos os outros esquemas, que representam formas de limitar o ônus de atualização ou evitá-lo completamente, o esquema da UF reside no lado prazeroso da atualização. A atualização contínua é vista como uma atividade intrinsecamente gratificante. A pessoa quer aprender por diversão; não é preciso aprender em resposta a um requisito imposto externamente. A atualização é a ampliação voluntária dos horizontes, não uma necessidade de sobrevivência. Dentro desse esquema, não há um prazo que precisa ser cumprido, nem um escopo que precisa ser coberto; o indivíduo está nele sozinho, estritamente por prazer.

CONTEXTUALIZANDO

Leandro é um consultor de empresas na área de mercado de capitais que adora estudar e aprofundar seus conhecimentos. Ele se considera um eterno aprendiz e gasta grande parte do seu tempo livre lendo artigos e livros, assistindo a webinars e aulas on-line e participando de fóruns e grupos de discussão em redes sociais. Embora Leandro precise se atualizar por exigência do seu trabalho, estudar é algo que lhe traz imensa satisfação pessoal. Um exemplo recente de sua atualização por diversão foi quando decidiu se aprofundar em governança. Começou sua pesquisa lendo artigos acadêmicos sobre o tema, e depois foi atrás de livros e materiais de estudo mais práticos. Ele também se inscreveu em um curso on-line de curta duração e participou de uma série de webinars organizados por especialistas na área. Durante sua pesquisa, interagiu com outros profissionais e discutiu ideias em um fórum virtual dedicado ao tema. Com essas informações preliminares, se entusiasmou ainda mais pelo assunto e resolveu fazer uma formação no Instituto Brasileiro de Governança Corporativa. Leandro sabe que essa atualização constante é fundamental para se manter relevante na sua carreira como consultor de empresas, mas faz isso principalmente porque é algo que o motiva e o faz feliz.

A frequência com que as indicações de esquema apareceram nos estudos da Dra. Pazy foi, em ordem decrescente:[209]

- KLLOT (47,5%);
- KLOTL (40%);
- IE (40%);
- TUB (37,5%);
- UF (35%);
- KAM (32,5%);
- RPB (32,5%);
- VFO (30%);
- WASB (20%);
- SFOU (20%);
- CTPP (7,5%).

Os esquemas são filtros cognitivos, por meio dos quais certos aspectos da realidade são enfatizados, enquanto outros são seletivamente ignorados. Por meio deles, os profissionais interpretam a ameaça potencial da obsolescência para si próprios, e, por consequência, a maneira como são motivados (ou não) para seu enfrentamento.

O principal ponto de atenção para o nosso Modelo Integrativo de Transformação Organizacional (Mitro) é que os esquemas eleitos pelos trabalhadores representam, de alguma forma e em algum grau, os valores e a cultura das organizações das quais eles fazem parte. A permanência em uma empresa promove convivência, debates, trocas de experiências e, por consequência, mensagens que sinalizam os comportamentos esperados. Essas mensagens sustentam o que acontece na organização e influenciam a maneira de pensar de seus membros, apesar de, provavelmente, as pessoas não estarem conscientes dessa relação.[210]

O PAPEL DA ORGANIZAÇÃO NA OBSOLESCÊNCIA LABORAL

Acredita-se comumente que a obsolescência é "uma questão de personalidade", ou seja, que o indivíduo é o principal responsável por seu grau de obsolescência. No entanto, reconhecer a natureza consensual do esquema e sua natureza social demanda um novo olhar sobre a questão da responsabilidade, pois sugere que a obsolescência laboral é determinada situacionalmente, e não pessoalmente. O protagonismo na manutenção e atualização dos conhecimentos e habilidades dos colaboradores, portanto, é também uma responsabilidade organizacional. Fugir dessa responsabilidade e deixá-la nas mãos do empregado resultará em uma força de trabalho cada vez mais obsoleta.[211]

As áreas de recursos humanos das organizações não só devem identificar, aceitar e respeitar os esquemas existentes, mas também ser capazes de criar mecanismos para modificá-los quando eles se tornam contraproducentes. É papel das lideranças a manutenção e atualização dos conhecimentos e habilidades dos colaboradores.

Lideranças e especialistas de recursos humanos devem estar familiarizados com os esquemas cognitivos que prevalecem nos grupos com os quais trabalham, já que essas cognições constituem a mediação entre seus objetivos, ações e respostas grupais.

Estamos em um momento histórico que será marcado pelo *desemprego estrutural*, no qual as mudanças, por exigirem habilidades diferentes, tornam trabalhadores qualificados em obsoletos,[212] aumentando ainda mais a responsabilidade das instituições pela manutenção da capacidade de trabalho de seus colaboradores.

Aqui reside um compromisso que vai além da necessidade de transformação organizacional. É irrefutável que a obsolescência laboral constitui uma ameaça potencial, sendo uma das consequências mais críticas do ritmo acelerado da mudança, porém, apesar de sua centralidade em nossas vidas, ela continua sendo um território desconhecido e negligenciado.[213]

Mede-se a capacidade de carga de uma ponte pela força de seu pilar mais fraco. A qualidade de uma organização deveria ser medida pela fragilidade da qualidade de vida de seus membros. E, desde que a essência de toda moralidade é a responsabilidade que as pessoas assumem pela humanidade dos outros, essa também deveria ser a medida do padrão ético.[214]

A OBSOLESCÊNCIA LABORAL E A EDUCAÇÃO 5.0

Os novos modelos de ensino e aprendizagem organizacional precisam estar aptos a atender as demandas por velocidade, flexibilidade e eficácia no desenvolvimento de competências dos trabalhadores, provendo a preparação necessária para mitigar a acelerada obsolescência de competências e identificar modelos viáveis de educação de qualidade.

A educação 5.0 traz uma aprendizagem mais humana e desenvolve habilidades sociais e emocionais, buscando promover poucos impactos ao meio ambiente e preservar a saúde e a segurança, com a promessa de um mundo mais justo, e tendo como propósito maior preparar para um ambiente mutante, combatendo, assim, a obsolescência laboral.

Conforme recomenda o Fórum Econômico Mundial,[215] a educação para uma sociedade 5.0[19] requer um repensar para incorporar quatro princípios fundamentais:

- **Aprendizagem personalizada e individualizada:** significa que cada indivíduo deve ter a oportunidade de aprender no seu próprio ritmo e de acordo com suas necessidades específicas;
- **Aprendizagem acessível e inclusiva:** deve ser acessível a todos sem discriminação, independentemente de sua origem social, econômica, étnica, religiosa ou de sua função ou posição hierárquica dentro da organização. As organizações devem fornecer as ferramentas e recursos necessários para garantir que todos tenham acesso ao conhecimento;
- **Aprendizagem colaborativa:** envolve diretamente o compartilhamento de conhecimento e a cooperação entre os indivíduos, com o objetivo de criar um ambiente de aprendizagem mais rico e diversificado;
- **Aprendizagem guiada:** o colaborador-aprendiz deve ter um papel ativo no seu próprio processo de aprendizagem,

---

19 Sociedade 5.0 é uma proposta de **modelo de organização social** em que tecnologias como *big data*, inteligência artificial e internet das coisas (IoT) são usadas para criar soluções com foco nas necessidades humanas. Esse modelo busca prover os serviços necessários para o bem-estar a qualquer hora, em qualquer lugar e para qualquer pessoa. Isso acontece graças ao planejamento de **cidades totalmente conectadas**, nas quais o ciberespaço se integra de maneira harmônica com o mundo físico. Trata-se de um projeto do governo japonês, que busca equilibrar o avanço econômico com a resolução de problemas sociais.

sendo incentivado a assumir responsabilidade pela sua própria formação e a tomar decisões sobre o que, como e quando aprender.

Além disso, a estrutura educacional 5.0 deve ser inserida em uma *cultura de aprendizagem*, que permita o olhar atento para a natureza do trabalho no futuro e as respectivas competências que as demandas de força de trabalho vão requerer.[216]

IDENTIFICANDO OS ESQUEMAS PREVALECENTES

Para identificação dos esquemas cognitivos prevalecentes em uma organização, departamento ou equipe, permitindo a elaboração de um mapa dos focos de obsolescência organizacional, propomos a utilização de uma metodologia baseada nos princípios utilizados pela Dra. Pazy quando da identificação dos esquemas.[217]

A metodologia é composta por uma parte qualitativa, que permite o levantamento geral dos dados, e outra quantitativa, que tem por finalidade o aprofundamento e refino das informações, conforme apresento a seguir:

ESTRUTURA DA ENTREVISTA QUANTITATIVA

A parte quantitativa do diagnóstico consiste na aplicação, tabulação e análise do Inventário dos Esquemas de Atualização (IEA).

Tal inventário deve ser preenchido pelos integrantes de equipes, departamentos, áreas ou organização que são objeto do levantamento.

Quando o grupo pesquisado (população) for pequeno (menos de 20), o IEA deve ser preenchido pela totalidade dos membros. Para grupos maiores, pode ser utilizada uma amostra da população, conforme os preceitos estatísticos que consideram o tamanho desta população e a margem de erro.

INVENTÁRIO DOS ESQUEMAS DE ATUALIZAÇÃO (IEA)

UNIDADE: _____

DEPARTAMENTO/ÁREA: _____

CARGO: _____

FUNÇÃO: _____

IDADE: _____

ESCOLARIDADE: _____

TEMPO DE PERMANÊNCIA NA ORGANIZAÇÃO: _____

ESTE INVENTÁRIO TEM COMO OBJETIVO IDENTIFICAR:
_____

IEA	Discordo				Concordo		
	1	2	3	4	5	6	7
1 – A atualização deve ser direcionada para requisitos atuais, em vez de pensarmos o futuro. O mais importante é o que precisa ser feito "agora". (E1)							
2 – O trabalho profissional, em geral, é como um processo cíclico de duas fases, em que você primeiro aprende e, depois, na fase seguinte, se dedica ao trabalho, aplicando o que foi aprendido. (E2)							

IEA	Discordo				Concordo		
	1	2	3	4	5	6	7
3 – O desenvolvimento para o trabalho é um processo gradual e incremental de evolução. (E3)							
4 – O aprendizado deve levar em consideração a especialização do profissional. O profissional deve ver sua área de atuação como o espaço legítimo em que ele tem que se orientar e manter-se a par das inovações recentes. (E4)							
5- Todo conhecimento parece valioso. É difícil definir qual parte do conhecimento é mais importante para ser mais dominado. (E5)							
6- A experiência adquirida e o conhecimento acumulado ao longo dos anos são os principais ativos. Isso é algo que ninguém nos tira. (E6)							
7- É importante delinear um escopo específico de conhecimento que deve ser dominado pelo mercado. (E7)							
8 – "O produto" e o "negócio" são os conceitos centrais, é difícil pensar a atualização do conhecimento a partir de outros fatores. (E8)							

IEA	Discordo				Concordo		
	1	2	3	4	5	6	7
9 – A desatualização profissional é mais bem analisada quando considerada em grupo, e não como um problema pessoal: "O que acontecer com eles acontecerá comigo". (E9)							
10 – As necessidades de atualização do profissional deveriam ser estendidas deliberadamente para a unidade como um todo. (E10)							
11- O conhecimento, o desenvolvimento e a atualização são prazerosos. Eu gosto de aprender por diversão; não é preciso aprender em resposta a um requisito imposto. (E11)							
12 – As atualizações profissionais necessárias devem ser ditadas e guiadas pela nossa organização (empresa). (E1)							
13 – Quando uma fase de trabalho acaba, outra fase de aprendizado começa. Dedicar um período da vida para aprender e outro para trabalhar é o mais correto a ser feito. (E2)							
14 – O conhecimento não muda em saltos repentinos – não há rupturas. Sua expansão é lenta, suave e previsível. (E3)							

IEA	Discordo				Concordo		
	1	2	3	4	5	6	7
15 – A tarefa de atualização deve ser focada e direcionada para a área de especialização. (E4)							
16 – É importante ter uma visão geral, às vezes os detalhes são confusos e insignificantes. (E5)							
17- É através da experiência adquirida e do conhecimento acumulado que temos as melhores formas de gerar um novo conhecimento. (E6)							
18 – O objetivo da atualização é manter-se a par das tendências do mercado, não do estado de arte da ciência ou da tecnologia. (E7)							
19 – Vários fatores se combinam para tornar-se um todo indiferenciado. (E8)							
20 – É muito mais produtivo se o indivíduo tomar decisões de aprendizado a partir do que for proposto pela organização. (E9)							
21 – A quantidade total de conhecimento atualizado nas unidades de trabalho precisa permanecer elevada, sendo menos importante quem domina qual parte desse conhecimento. (E10)							

I E A	Discordo				Concordo		
	1	2	3	4	5	6	7
22 – A atualização contínua é uma atividade gratificante. (E11)							
23 – As minhas rotinas quase não mudam. O conhecimento necessário para meu trabalho é específico; sendo assim, uma vez dominado esse corpo de conhecimento, não é muito necessário olhar para um conhecimento mais amplo. (E1)							
24 – O trabalho e o aprendizado são como duas atividades humanas que se alternam e são excludentes uma da outra: ou se trabalha ou se aprende. (E2)							
25- A tarefa de atualização envolve, principalmente, aprendizado incidental a partir da execução do trabalho, distribuído em outras atividades. (E3)							
26 – O aprendizado tem como principal objetivo manter-se completamente familiarizado com os novos desenvolvimentos na área de especialização. (E4)							
27 – O entendimento geral compensa a falta de conhecimento completo sobre inovações específicas. (E5)							

IEA	Discordo				Concordo		
	1	2	3	4	5	6	7
28 – Nada é totalmente novo. O domínio do conhecimento anterior gera compreensão de novos conhecimentos, com um investimento bem menor de energia. (E6)							
29 – É muito mais importante saber do que os clientes podem precisar, ou o que os concorrentes podem ofertar, do que saber o que a ciência tem a oferecer de novidade. (E7)							
30 – Isoladamente, a questão da desatualização é irrelevante, devendo ser considerada juntamente com todas as outras partes do processo. (E8)							
31 – A tarefa de atualização deriva da divisão do trabalho no grupo, e deve ser definida com relação às tarefas de cada membro da equipe. (E9)							
32- A responsabilidade de uma pessoa (principalmente do supervisor) é garantir que uma certa proporção do grupo (não necessariamente incluindo a mim) mantenha-se a par do desenvolvimento tecnológico, para que, juntos, todo o grupo mantenha sua atualização. (E10)							

I E A	Discordo				Concordo		
	1	2	3	4	5	6	7
33 – A atualização é a ampliação voluntária dos horizontes, não uma necessidade de sobrevivência. Independente de uma necessidade ou um prazo que precisa ser cumprido, a motivação para a atualização é estritamente por prazer. (E11)							

TABULAÇÃO	PONTOS
Esquema 1 = Soma das questões 1, 12 e 23	
Esquema 2 = Soma das questões 2, 13 e 24	
Esquema 3 = Soma das questões 3, 14 e 25	
Esquema 4 = Soma das questões 4, 15 e 26	
Esquema 5 = Soma das questões 5, 16 e 27	
Esquema 6 = Soma das questões 6, 17 e 28	
Esquema 7 = Soma das questões 7, 18 e 29	
Esquema 8 = Soma das questões 8, 1 e 30	
Esquema 9 = Soma das questões 9, 20 e 31	
Esquema 10 = Soma das questões 10, 21 e 32	
Esquema 11 = Soma das questões 11, 22 e 33	

Os esquemas cognitivos de maior pontuação indicam os esquemas eleitos. Cada esquema pode ter, no máximo, 21 pontos, e, no mínimo, 3 pontos. É comum a prevalência de mais de um esquema, devendo ser levadas em consideração todas as pontuações acima de 14 ou as três mais altas – neste caso, mesmo que menores ou iguais a 14.

O diagnóstico qualitativo dos esquemas cognitivos de obsolescência laboral consiste na realização de uma série de entrevistas em profundidade, todas conduzidas por pares ou trios de entrevistadores experientes, com questões abertas, exploratórias e vagamente estruturadas, buscando linhas de discussão inesperadas e interessantes.

São abordados dois grandes temas:

- percepção pessoal: como os participantes experimentam e lidam com a obsolescência, e que significado eles atribuem a ela a partir de sua própria perspectiva;
- percepção do outro: como os participantes percebem a obsolescência e a atualização das pessoas na organização – mais jovens ou mais velhas, de nível semelhante, inferior ou superior.

Para esse segundo tópico, os participantes são considerados principalmente como informantes, pois são solicitados a descrever a experiência de outros, embora, naturalmente, ao falar sobre classificações mais baixas ou anos anteriores (como veremos a seguir), eles muitas vezes falem sobre sua própria história.

O objetivo dessa parte da entrevista é obter uma imagem mais ampla da obsolescência e atualização em diferentes níveis organizacionais e em diferentes estágios da carreira.

Os entrevistadores devem manter diários no decorrer da coleta de dados, para comentários contínuos, observações e conclusões provisórias, realizando reuniões de equipe ao longo do caminho, nas quais impressões e ideias emergentes são compartilhadas e discutidas.

A sobreposição da análise de dados com a coleta de dados, que é, talvez, o traço mais característico da teoria da construção a partir da pesquisa qualitativa, é um fator significativo, trazendo a possibilidade de fazer ajustes na estratégia de pesquisa.

Além das entrevistas, são utilizados como instrumentos adicionais um painel e duas sessões de grupo focal.

O objetivo do painel é justapor e cruzar pontos de vista divergentes. Três temas são discutidos no painel com maior profundidade:

1. em que extensão a obsolescência é um problema de preocupação proeminente na organização;
2. obsolescência laboral e organizacional e o papel gerencial;
3. determinantes da obsolescência laboral e organizacional.

O painel tem como objetivo secundário, além do levantamento e refinamento das informações, iniciar o processo de nivelamento e sensibilização para o tema obsolescência, atualização e aprendizagem laboral e organizacional. Mesmo sem o diagnóstico ter sido concluído, é uma oportunidade de iniciarmos as ações para desenvolvimento.

As reuniões do grupo focal nos permitem destacar os aspectos em comum das perspectivas de cada uma das pessoas durante as entrevistas individuais, e esclarecem algumas camadas ocultas dos tópicos discutidos.

Quando a coleta de dados termina, cada entrevista deve ser revisada e analisada considerando dois componentes: o que eu (ou outros) pensamos sobre obsolescência e o que eu faço a respeito disso.

Os dados devem indicar distintas visões sobre obsolescência e atualização, mostrando situações de maneiras diversas, exibindo diferentes crenças subjacentes à sua compreensão. Essas visões distintas são os esquemas cognitivos e, a partir delas, é possível classificar os dados obtidos dentro dos esquemas propostos anteriormente.

Além disso, os dados levantados durante a pesquisa qualitativa servirão para confrontar e validar os dados apurados durante a pesquisa quantitativa, ou seja, a confrontação com o resultado do IEA.

Destaca-se que a impressão de uma visão de mundo defendida nem sempre emerge da descrição da situação atual pelo entrevistado. Os entrevistados falam sobre sua experiência atual, mas também sobre a experiência de colegas acima e abaixo deles – em idade ou nível. Às vezes, eles descrevem um esquema ao qual aderiam em seu passado, ou um esquema que acreditavam ser mantido por outros; por isso, é necessário revisar cada uma das entrevistas e resumir o esquema (ou esquemas) que nela era(m) defendido(s). Os membros da equipe de avaliação trabalham de forma independente nessa tarefa, sendo recomendada a participação de, no mínimo, dois entrevistadores, a fim de minimizar o risco de possíveis vieses de interpretação.

Para fins de verificação, deve ser feita uma tabulação de todas as vezes que um esquema foi relatado, e se a pessoa aderiu a ele no presente, no passado, ou relatou que outros aderiram a ele.

PRIMEIRA PARTE DA ENTREVISTA:

Explicar ao entrevistado que o objetivo da entrevista é entender como a organização (empresa) está se atualizando, e o quanto isso é necessário. Comunicar que as informações obtidas somente serão apresentadas de forma compilada, ou seja, nenhum dado será divulgado individualmente, preservando a identidade de quem repassou qualquer informação. Informar também que a entrevista visa complementar e validar as informações obtidas pelo Inventário dos Esquemas de Aprendizagem.

Perguntar ao entrevistado:
Perguntas de conceituação
1. O que é ser um trabalhador (profissional) atualizado?
2. Como identificar o quanto um trabalhador (profissional) *considera importante estar atualizado*?
3. Como você reconhece quando um trabalhador (profissional) *está, de fato, atualizado*?
4. A atualização para o trabalho é um processo individual ou coletivo? Depende mais de cada um ou da organização? Justifique a resposta.
5. Cite um exemplo de um trabalhador (profissional) que você considera atualizado(a) – da organização (empresa) ou de fora dela.

Perguntas de avaliação
6. De zero a dez, quanto as pessoas aqui na organização (empresa) estão preocupadas em se manter profissionalmente atualizadas?
7. De zero a dez, o quanto a organização (empresa) investe e incentiva os trabalhadores a se manterem atualizados profissionalmente?

8. De zero a dez, o quanto esta organização (empresa) é moderna e está atualizada frente ao mercado?
9. Na sua opinião, quem é mais preocupado em manter-se atualizado, os subordinados, os pares ou as lideranças? Justifique sua resposta.
10. Na sua opinião, o que você poderia fazer para estar mais atualizado com relação às atividades que realiza atualmente?

Segunda parte da entrevista:

Explicar ao entrevistado que o significado da expressão *obsolescência laboral* é estar ultrapassado para o trabalho. Para explicar o significado de obsoleto, usar exemplos como o do CD player ou da máquina fotográfica com filme, reforçando que o processo de se tornar obsoleto não surge necessariamente devido ao mau funcionamento de um objeto, mas porque o seu desempenho se tornou insuficiente em comparação com as novas tecnologias. Um smartphone de última geração e adquirido recentemente pode apresentar um mau funcionamento, mas não será obsoleto, enquanto uma vitrola pode estar em perfeitas condições de funcionamento, mas tem um nível de obsolescência elevado.[218] Então, estar obsoleto para o trabalho não significa que o trabalhador não tenha mais condições de realizar o seu trabalho, mas, sim, que o seu desempenho está se tornando insuficiente em comparação às expectativas da organização e em relação a outros trabalhadores.

Perguntar ao entrevistado:

Perguntas de conceituação

1. O que é, para você, uma pessoa que está ultrapassada/obsoleta para o trabalho?

2. Quando/em que circunstâncias é provável que isso ocorra?
3. Aqui na organização (empresa), é possível perceber quando uma pessoa está ficando ultrapassada/obsoleta?
4. Caso positivo, quais indícios/indicativos podem ser observados?
5. Quais as consequências de ter pessoas ultrapassadas/obsoletas trabalhando na organização? Que tipo de problema pode acontecer?
6. Qual a diferença entre obsolescência e atualização?
7. Na sua atividade, quais são os principais indicadores de que você está ficando ultrapassado/obsoleto?

Perguntas de avaliação
8. De zero a dez, o quão comuns são, nesta organização (empresa), trabalhadores que podem ser considerados dentro do grupo dos ultrapassados (maior grau de obsolescência)?
9. Que tipo de problema já pode ser observado nesta organização (empresa) atualmente, como fruto da desatualização/obsolescência?
10. Como você lida com a obsolescência/desatualização em sua vida profissional?
11. De zero a dez, o quanto se *manter atualizado* representa um problema para você?
12. Você pode me citar exemplos de ações que tenha feito recentemente para se manter atualizado?
13. De zero a dez, o quanto a *ameaça de ficar ultrapassado/obsoleto* representa um problema para você?
14. O que você tem feito para evitar ficar ultrapassado/obsoleto?

Cultura da aprendizagem

Coisas óbvias, muitas vezes, precisam ser ditas. Uma delas pode ser que a aprendizagem organizacional é um processo baseado na aprendizagem do indivíduo. Menos óbvio, talvez, seja se dar conta de que esse aprendizado, mesmo sendo individualizado, se dá em três níveis: individual, grupal e organizacional.[219] A integração sistêmica e compartilhada dos três níveis é a forma pela qual a organização adquire ou cria conhecimento, com o propósito de se adaptar às condições mutáveis de seu ambiente ou transformá-lo, dependendo de seu estágio de desenvolvimento.[220] Ou seja, embora em uma organização cada trabalhador aprenda por meio de diferentes mecanismos, o aprendizado somente é considerado organizacional quando o conhecimento é institucionalizado.

Além disso, outra obviedade que talvez precise ser dita é que esse processo não é automático, sendo necessário haver certas condições organizacionais para que ocorra.[221] Um dos principais fatores de incentivo à aprendizagem dentro de uma instituição é a existência de uma cultura propícia a isso, uma cultura de aprendizagem organizacional.

ESTÍMULO À APRENDIZAGEM

Uma "organização que aprende" é, antes de mais nada, uma organização que tem no seu DNA uma cultura de estímulo aos fatores que favorecem a aprendizagem organizacional e de restrição aos fatores que a desfavorecem.

ALÉM DESSA CONDIÇÃO, UMA CULTURA DA APRENDIZAGEM ORGANIZACIONAL EFETIVA ESTIMULA:
a participação ativa dos trabalhadores;[222]
a colaboração[223] e confiança,[224] contribuindo para que o intercâmbio de conhecimento aconteça;[225]
o apoio explícito das principais lideranças;[226]
que sejam contempladas e incentivadas iniciativas para aproveitar os conhecimentos dos colaboradores;[227]
que haja oferta e estímulo ao treinamento e desenvolvimento. Ter a compreensão de que investir em aprendizagem e desenvolvimento faz parte da sustentabilidade do negócio. Quando um trabalhador adquire conhecimentos e desenvolve habilidades, contribui para o desempenho e para o alcance dos objetivos organizacionais.[228] As organizações que promovem processos de formação apresentam melhores indicadores de capital intelectual do que aquelas que não o fazem. O treinamento é, portanto, uma maneira de manter as organizações atualizadas por meio de seus trabalhadores.[229]
que os sistemas de recompensa e reconhecimento apoiem o compartilhamento de conhecimento;[230]
que as abordagens, as ferramentas e as estruturas para apoiar o compartilhamento de conhecimento correspondam ao estilo geral da organização;[231]
que haja clareza estratégica.[232] Para que as iniciativas baseadas no conhecimento sejam bem-sucedidas, os trabalhadores devem saber qual conhecimento contribui para o alcance dos objetivos institucionais.[233] Além disso, quando eles conhecem a estratégia organizacional, sua motivação aumenta, porque sabem como contribuir para sua realização.[234]

Quadro 9 – Requisitos da cultura da aprendizagem

Dentre os principais fatores que favorecem a cultura da aprendizagem organizacional estão a conexão entre *compartilhar conhecimento* e a *solução de problemas práticos* de uma instituição;[235] ou seja, a aprendizagem deve ser prática e direcionada a problemas reais. Afinal, como mencionamos, ela só será considerada aprendizagem organizacional quando o conhecimento estiver institucionalizado e tiver aplicação útil no universo da organização.

Outra obviedade que é negligenciada por diversas vezes é o fato de que é impossível mudar a cultura de uma organização se a mudança não começar pela própria liderança. As crenças, os valores e a forma de agir da liderança são os maiores influenciadores na formação cultural.[236]

A mudança cultural em organizações requer uma mudança nos valores e nas crenças dos líderes. Quando os valores das lideranças são modificados, suas ações e comportamento mudam, levando à mudança da cultura da organização. Assim, a cultura de uma organização é reflexo do desenvolvimento e conscientização das lideranças.[237]

IMPERATIVOS ESTRATÉGICOS

A gestão da cultura organizacional deve ser estruturada a partir dos imperativos estratégicos. As estratégias representam o que é importante e prioritário para as principais lideranças. Não faz sentido uma estratégia se ela não estiver a serviço de algo que as lideranças desejam alcançar como organização; caso contrário, por mais simpática que ela seja, será muito difícil reunir a organização em torno dela. Projetos que estejam alinhados com as estratégias tendem a possuir maior apoio das lideranças.[238]

Além disso, a grande maioria das lideranças sabe que, enquanto temos seres humanos entregando resultados, a cultura é crítica para entregar a estratégia. A famosa frase do escritor austríaco Peter Drucker – "a cultura come a estratégia no café da manhã" – é consenso entre os dirigentes organizacionais. Uma cultura equivocada tem o poder de transformar pessoas extraordinárias em medíocres.

APRENDIZAGEM COMO PRIORIDADE

Toda empresa tem sua cultura, cabendo aos líderes decidirem se querem influenciá-la, se deixam a cultura de sua organização ser definida ao acaso ou se desejam construir uma cultura que favoreça os objetivos.[239]

É impossível transformar a cultura de uma organização se a mudança não começar legitimamente pela liderança. As atitudes da liderança legitimam a mudança e são seus maiores fatores influenciadores. Gestão dessa cultura é gerenciamento de mensagens, que precisam ser legítimas, constantes e demonstrar o que é realmente valorizado, por meio do alinhamento entre o discurso e a prática.

Aliás, a cultura atual da organização tende a ser reflexo dos comportamentos atuais das lideranças, e, se elas pretendem criar algo, terão de iniciar a mudança em si mesmas. As lideranças devem ser modelo daquilo que pretendem criar.[240] A cultura corporativa não é construída com palavras de ordem, nem com uma declaração de visão, missão e valores gravada em uma placa e pendurada na recepção da empresa.

Cultura é uma obra erguida com atitudes, grandes e pequenas, de todos na organização, diariamente. Além disso, uma cultura pode ser construída com o que se deixa de fazer, não apenas com o que se faz, sendo mantida por meio da troca de mensagens que sinalizam os comportamentos esperados (e os repudiados), vindas de várias fontes – muitas delas não verbais.²⁴¹

São os sistemas de valores e crenças compartilhados pela organização que formam a sua cultura e se manifestam nessas atitudes. Valores e crenças são "o que é importante para nós e no que acreditamos", por isso se expressam nos comportamentos. Sendo assim, o processo de mudança cultural passa, necessariamente, pela mudança de prioridade do que valorizamos, ou uma transformação do que acreditamos.²⁴²

Esses valores e crenças se materializam por meio dos padrões de comportamentos que são encorajados, desencorajados e tolerados por pessoas e sistemas ao longo do tempo. E isso diz tudo que precisa ser feito para uma boa gestão cultural: definir a cultura desejada (cultura-alvo), desenhar os atributos que nos permitirão mensurá-la, encontrar as principais lacunas entre o estágio atual e o desejado e, então, encorajar, desencorajar e tolerar padrões de comportamentos por meio das decisões que as lideranças tomam, da forma e conteúdo que comunicam, e mediante o alinhamento e redesenho dos símbolos, sistemas e processos dentro da organização.²⁴³

O que talvez não seja tão óbvio – e muito negligenciado por diversas empresas – é o fato de existir uma hierarquia de valores e crenças. É nessa priorização que residem as maiores ciladas da gestão cultural. Ao realizar uma enquete sobre a importância da aprendizagem organizacional para a sustentabilidade do negócio, é muito provável que os líderes da sua organização respondam que é algo *muito importante*. Todos concordamos que aprendizagem é algo indispensável. No entanto, frente a outras prioridades, ao excesso de demandas e à necessidade de entregar bons resultados, essa *boa intenção* pode sucumbir. As ações de fomento à aprendizagem dependerão de quão clara, valorizada e percebida como estratégica ela de fato é. O importante e não urgente pode perder prioridade, até virar um problema tangível e subir na hierarquia, se não estiver na linha de frente dos valores prioritários. Tempo e dinheiro são recursos finitos, e uma boa gestão é aquela que os usa naquilo que acredita ser o mais importante para a organização. O problema é que, diversas vezes, as coisas que são realmente importantes não são as mais urgentes.

Durante a jornada da transformação, um passo a ser dado é descobrir quais são os valores reais e praticados pelas lideranças e pelos colaboradores. Muitas pessoas pensam possuir valores que, no entanto, não são priorizados frente a outros, e nem sequer se dão conta disso.

Uma maneira rápida e prática de verificar o que é realmente valorizado é saber como a empresa gasta o seu tempo e seus recursos, e o que acontece quando a situação força a escolha de um valor em detrimento de outro. É possível que o leitor já tenha tido que fazer sacrifícios para concluir a sua educação ou a dos filhos. Isso aconteceu porque, naquele momento, estudar foi considerado mais importante que outras coisas como lazer, horas de sono, reserva financeira, convivência com a família e amigos, entre outras tantas. É sobre isso que estamos falando.

O que realmente valorizamos e no que acreditamos é validado na disposição em fazer sacrifício, ao invés de abrir mão. Fazemos sacrifícios por algo porque o consideramos importante. Valor e crença são sinônimos de importância e de necessidade (falta). Se acreditamos e valorizamos a aprendizagem, priorizamos e sentimos necessidade de estar aprendendo (sentimos falta de estar aprendendo).

Os seus valores e crenças sustentam suas atitudes, e o mesmo acontece na sua organização, apesar de, provavelmente, as pessoas não estarem conscientes dessa relação de causa e efeito.

A materialização dos valores e crenças conscientes, subliminares ou inconscientes vêm de três áreas principais: comportamentos, símbolos e sistemas.[244]

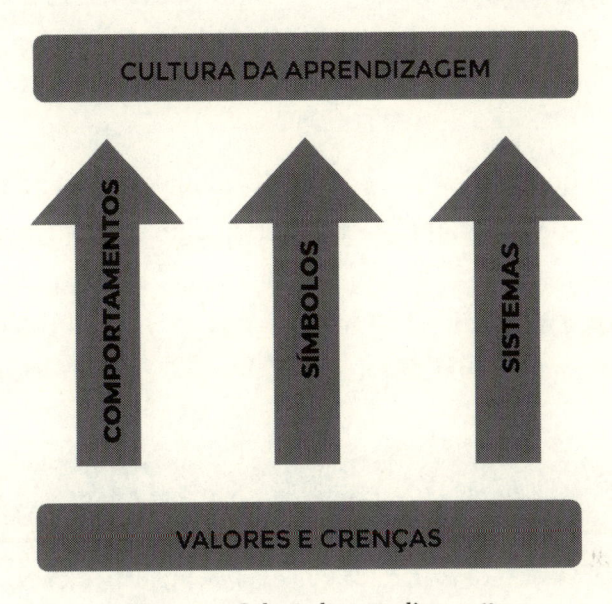

Figura 12 – Cultura da aprendizagem[20]

Comportamentos – Comportamento é a maneira de proceder, que pode ser observado nos outros e tido como referência, especialmente em relação àqueles que nos parecem importantes.

Como vimos, o comportamento espontâneo de cada indivíduo é reflexo dos seus valores e crenças. Constitui o seu filtro cognitivo, que governa as decisões, motivando ou inibindo a ação. Nesse sentido, comportamento é o *fazer* – mas também o *deixar de fazer*.

---

20 Adaptado de TAYLOR, Carolyn. *Walking the Talk* (2022).

Durante o processo de construção da cultura do aprendizado, teremos de trabalhar intensamente as mudanças comportamentais. Isso se dará, inicialmente, por meio do estímulo a comportamentos adaptados, ou seja, estímulo à realização de ações intencionais que estejam vinculadas à cultura da aprendizagem. Estimulando comportamentos adaptados e processando o entendimento por meio do Ciclo de Aprendizagem Comportamental (CA), conforme trataremos na seção 3 deste livro, é que conseguimos a reformulação dos valores e crenças e, por consequência, a transformação cultural.

Vale reforçar que o comportamento do líder master tem um impacto muito maior, levando ao credenciamento ou descredenciamento de todo o trabalho para aprimoramento cultural. É preciso ter em mente a força mobilizadora que têm os comportamentos dos líderes. Como diz o dito popular, "a palavra educa, o exemplo arrasta".

EXEMPLOS DE COMPORTAMENTOS DA LIDERANÇA COM IMPACTO NA CULTURA DA APRENDIZAGEM (INCLUSIVE PARA EQUIPES *OFFICELESS*)
Dê feedback aos integrantes de sua equipe, indicando os pontos de desenvolvimento e apoiando na busca de caminhos para o aprimoramento de competências: o feedback ajuda a aumentar a consciência dos indivíduos sobre suas fortalezas e oportunidades de melhoria, incentivando a reflexão e o aprimoramento contínuo.
Mostre interesse pelas capacitações realizadas pelos colaboradores e acompanhe os planos de desenvolvimento individual (PDI). Isso ajuda a demonstrar para a equipe que a liderança está comprometida em apoiar o desenvolvimento de suas habilidades e competências. Ao acompanhar os PDIs, é possível identificar necessidades de treinamento e desenvolvimento, oportunidades de crescimento e aprimoramento, bem como alinhar as expectativas e objetivos individuais com os da empresa.

EXEMPLOS DE COMPORTAMENTOS DA LIDERANÇA COM IMPACTO NA CULTURA DA APRENDIZAGEM (INCLUSIVE PARA EQUIPES *OFFICELESS*)
Busque sugestões da equipe: ao permitir que os colaboradores tenham voz ativa na tomada de decisões e na busca por soluções, a liderança demonstra que valoriza as contribuições de todos, independentemente do cargo ou posição hierárquica. Além disso, a prática de buscar sugestões da equipe pode resultar em ideias inovadoras e soluções criativas para os desafios enfrentados pela empresa, contribuindo para o seu crescimento e sucesso.
Dê espaço de fala nas reuniões: quando a liderança permite que todos os membros da equipe tenham a oportunidade de se expressar e compartilhar suas ideias, opiniões e sugestões, contribui para a construção de uma cultura de participação e engajamento. Isso resulta em uma maior diversidade de perspectivas e soluções, melhorando a tomada de decisão e aprimorando os processos internos da empresa.
Busque feedback e atue para o seu próprio desenvolvimento: ao buscar feedback, a liderança demonstra humildade e abertura para ouvir e aprender com as críticas construtivas, o que contribui para aprimorar a comunicação e a qualidade das relações com a equipe. Além disso, a liderança que busca feedback está mais preparada para identificar oportunidades de melhoria e definir um plano de ação para o seu próprio desenvolvimento. Essa prática também pode inspirar a equipe a seguir o exemplo.
Encoraje a aprendizagem a partir de diferentes perspectivas:[245] quando se trata de aprendizagem, muitas vezes tendemos a focar apenas aprimorar as habilidades técnicas necessárias para o trabalho. No entanto, a aprendizagem a partir de diferentes perspectivas, como filosofia, arte e literatura, pode desbloquear a criatividade e inovação em nossa equipe. Incentive seus colaboradores a explorar áreas que estão fora de sua zona de conforto e que possam expandir sua compreensão do mundo e das pessoas.
Estimule a troca de feedbacks construtivos:[246] como líder, você é responsável por fornecer feedbacks constantes para sua equipe, mas a verdadeira cultura da aprendizagem é aquela em que os próprios colaboradores fornecem feedbacks construtivos uns aos outros. Isso só é possível se você criar um ambiente seguro e acolhedor para eles. Encoraje a troca de feedbacks regulares e respeitosos, não apenas para melhorar o desempenho, mas para construir um ambiente colaborativo e que estimule o crescimento individual.

EXEMPLOS DE COMPORTAMENTOS DA LIDERANÇA COM IMPACTO NA CULTURA DA APRENDIZAGEM (INCLUSIVE PARA EQUIPES *OFFICELESS*)
Promova o aprendizado através do erro:[247] na posição de líder, você pode ajudar sua equipe a ver os erros como oportunidades de aprendizado, em vez de falhas. Ao invés de punir ou envergonhar seus colaboradores quando eles cometem um erro, tente abordá-los de forma positiva. Encoraje-os a analisar o que deu errado e o que poderiam ter feito de forma diferente, a fim de crescerem e evoluírem em sua função.
Adote uma abordagem personalizada para a aprendizagem:[248] como cada colaborador possui habilidades e preferências únicas, uma abordagem assim pode ser mais efetiva. Faça uma pesquisa com seus colaboradores para entender suas necessidades e interesses individuais em relação à aprendizagem. A partir disso, crie planos personalizados de desenvolvimento profissional. Além disso, monitore o progresso de seus colaboradores e ajuste os planos conforme as suas necessidades e desejos.
Utilize a tecnologia a seu favor:[249] em especial para um ambiente *officeless*, a tecnologia pode ser uma grande aliada para fomentar a cultura da aprendizagem. Além das plataformas de aprendizagem on-line, há muitas ferramentas que podem ajudar a conectar sua equipe e promover a colaboração, como videoconferências, fóruns e chats. Considere também o uso de tecnologias de inteligência artificial para personalizar a aprendizagem e torná-la mais eficiente e efetiva para cada colaborador.
Promova a diversidade e a inclusão:[250] a diversidade e a inclusão podem ser muito importantes para fomentar a cultura da aprendizagem em sua equipe. Ter colaboradores de diferentes origens, gêneros, idades e experiências pode trazer uma riqueza de perspectivas e ideias. Crie uma equipe que valorize a diversidade e a inclusão e promova um ambiente acolhedor e respeitoso para que todos os colaboradores se sintam seguros em compartilhar suas opiniões.

Quadro 10 – Comportamento da liderança com impacto na cultura da aprendizagem

Símbolos – os símbolos são os eventos observados, os artefatos e as decisões aos quais as pessoas atribuem significados. São representações sociais que podem ser decodificadas e percebidas como manifestações dos valores. O orçamento disponível para projetos de aprendizagem organizacional é um importante símbolo, porque identifica as escolhas feitas dentro de uma sempre limitada disponibilidade de recursos. A decisão por um layout aberto, com a disposição de móveis e espaços que facilitem uma maior interação, por exemplo, também é um simbolismo que exercerá sua influência.

Os rituais também são poderosos símbolos. Assim, uma análise dos que existem atualmente dirá muita coisa sobre os comportamentos e o senso de identidade do grupo. Numa organização, os momentos ritualizados ocorrem mais frequentemente do que imaginamos, e sua contribuição para a formação da identidade e da imagem do grupo é tão mais intensa quanto mais impregnadas de simbolismos forem as cerimônias institucionais.[251] Podemos observá-los quando, por exemplo, da assinatura de convênios, parcerias, lançamento de novos produtos, nas reuniões, na apresentação dos resultados financeiros, nas comemorações de datas importantes para a organização, na abertura e encerramento de treinamentos e capacitações etc.

David McClelland, em sua pesquisa sobre as motivações dos empreendedores, investigou contos de fadas e histórias infantis de diferentes culturas ao redor do mundo. Ele observou que as narrativas refletiam os valores centrais de cada sociedade, especialmente no que tange à motivação para realização pessoal e o desenvolvimento econômico. Por exemplo, em sociedades onde os heróis dessas histórias superavam desafios por meio de persistência e competência, McClelland encontrou uma correlação com economias mais dinâmicas e focadas no mérito individual. Isso acontece da mesma maneira nas organizações, ilustrando como os valores culturais se manifestam simbolicamente e se relacionam com a forma como essas organizações percebem e se comportam. Assim como nos contos de fadas, as empresas usam símbolos – tais como histórias de sucesso, rituais e ícones – para reforçar e comunicar os valores organizacionais, moldando a cultura interna.[252]

Outro exemplo emblemático de símbolo são as leis da simplicidade nas Lojas Renner. José Galló, executivo que liderou o crescimento da empresa por quase três décadas, procurava a simplicidade em sua vida pessoal e profissional, e considera que esse foi um dos segredos do crescimento da empresa. A partir de 2010, passou a estudar empresas de varejo que eram eficientes e duradouras, e identificou a simplicidade como o maior diferencial competitivo delas. Baseado no que aprendeu, José Galló passou a simplificar as operações da Renner, o que melhorou consideravelmente seus resultados. Para apoiar a cultura da simplicidade foram criadas, como símbolo, as 5 Leis da Simplicidade.[253] Elas são mais do que um conjunto de normas, pois materializam, por meio de um símbolo, o desejo de que todos estejam conscientes da importância do pensar e agir simples, criando direcionadores práticos e abrangentes, traduzindo o que isso significa.

Figura 13 – Leis da Simplicidade das Lojas Renner

Sistemas – São os sistemas, de forma ampla, que apoiam e suportam a organização, abrangendo os mecanismos gerenciais que controlam, planejam, avaliam e recompensam a ela e aos seus colaboradores. Sistemas são os resultados de decisões históricas. É o legado que foi deixado para permitir realizar e gerenciar o negócio.

Os sistemas são herdados, e podem ter sido construídos em momentos nos quais os valores e as crenças eram outros, atravancando o progresso cultural ou sendo usados como justificativa para a lenta progressão no processo de transformação. Ao criar uma cultura de aprendizagem, talvez seja necessário redesenhar processos, desenvolver ou incorporar metodologias e modificar procedimentos e sistemas a fim de facilitar a execução dos comportamentos e símbolos desta nova cultura. Esse talvez seja o papel mais importante dos sistemas: dar fluidez às manifestações comportamentais e simbólicas dos valores e crenças. O sistema viabiliza o _como_.

DESAFIOS DA CRIAÇÃO DE UMA CULTURA DE APRENDIZAGEM

- Como criar tempo e oportunidades para as pessoas aprenderem?
- Como fazer os times perceberem que o aprendizado acontece a todo momento, e não só no do treinamento?
- Como o RH pode abrir mão do controle dessa cultura e passar a ser um facilitador e conector?
- Como conquistar o apoio das lideranças?
- Que jornadas construir para as pessoas aprenderem juntas?
- De que maneira derrubamos silos de conhecimento, para que as informações sejam compartilhadas?

Figura 14 – Desafios da criação de uma cultura de aprendizagem – Escola Conquer (2022)[254]

VALORES INVISÍVEIS

A maioria das organizações tem um conjunto tácito de valores fundamentais que orientam tanto o que as pessoas fazem quanto como elas dão sentido às ações umas das outras. Quando resumidos à sua essência, eles são muitas vezes preceitos simples como "Faça um bom trabalho técnico", "Seja perfeccionista", "Não diga nada de ruim diretamente aos outros", "Tenha cuidado para evitar riscos" ou "Não vale a pena falar o que você pensa".[255]

Esses valores se tornam o pano de fundo "percebido, mas não dito" da organização. Embora qualquer liderança na organização possa reconhecê-los, eles geralmente são difíceis de ser modificados.

Tais valores fundamentais invisíveis tendem a não ser comunicados por meio de programas de orientação, mas se manifestam na forma como os membros organizacionais estabelecidos agem, falam e interpretam a organização ao seu redor. Por exemplo, em uma empresa que valoriza fortemente o trabalho técnico completo, as pessoas rotineiramente realizam extensas análises técnicas, perguntam umas às outras sobre a base técnica para uma conclusão ou decisão, criticam ou elogiam a qualidade técnica do trabalho umas das outras e discutem o histórico técnico de outras pessoas. Seu comportamento reflete uma forte crença compartilhada no valor de um bom trabalho técnico.

Outro ponto a observar é que os comportamentos, símbolos e sistemas tendem a andar próximos; quando um se distancia um pouco dos outros, a cultura se encarrega de trazê-lo de volta. Tudo isso pode operar em um nível não consciente – ou, pelo menos, não completamente consciente.

Mesmo que a organização não tenha clareza da sua cultura, ela está presente e atuante. Aliás, assim como uma pessoa fica mais submissa a suas emoções, seus valores e suas crenças por não possuir autoconhecimento – que permite um melhor manejo –, as organizações são mais sujeitas aos efeitos danosos de uma cultura que atua subliminarmente. Por isso, é importante um projeto cultural bem estruturado para evitar que o modelo atual traga gradualmente tudo de volta ao equilíbrio anterior.

REDES DE TRABALHO

Frequentemente, os valores da organização são carregados por pequenos grupos de pessoas que têm contato regular, trabalhando juntas ou compartilhando ideias e experiências. Essas equipes e grupos de pares são os veículos por meio dos quais as expectativas são comunicadas.

Uma pesquisa realizada pelo doutor em psicologia social norte-americano Richard McDermott e colegas[256] constatou que o compartilhamento de conhecimento e a utilização das redes existentes (redes de trabalho) estão intimamente ligados a um valor central pré-existente na organização, ou seja, são elementos da cultura organizacional. Além disso, os autores descobriram que pares e supervisores imediatos dos trabalhadores que estão ativamente envolvidos no compartilhamento de apoio ao conhecimento tendem a se sentir à vontade para exercer pressão a fim de que haja compartilhamento. A cultura organizacional pode permitir e até mesmo ter a expectativa de um nível adequado de envolvimento e tensionamento por parte das lideranças e da alta administração.

PRAZO PARA A MUDANÇA

O tempo necessário para que esse aprimoramento cultural aconteça dependerá do nível de prioridade e dedicação. É notório que mudança cultural não acontece da noite para o dia, porém foco é o melhor elemento para acelerar a mudança.

A resposta para quanto tempo será necessário para mudar uma cultura sempre será "depende de quão focada sua organização está". Quanto mais focada estiver, mais acelerado esse processo poderá ficar.[257]

TEORIA DE CAMPO: CULTURA E APRENDIZAGEM

Conhecer a *teoria de campo* proposta pelo psicólogo alemão **Kurt Lewin, considerado o pai da psicologia** social, ajudará a entender como uma cultura organizacional é formada, como se dá sua influência no comportamento do indivíduo e, por consequência, quais os caminhos para a gestão de um campo de força que permita o aprimoramento da cultura da aprendizagem.

Com o objetivo de examinar o comportamento humano, Lewin apresentou um conjunto de realidades físicas e psicológicas em mútua interdependência, em que considera os comportamentos a partir do contexto em que aconteceram – a teoria de campo.

Seus experimentos giraram em torno da psicologia dos grupos, as dinâmicas de mudança organizacional e a liderança e, partindo das ideias propostas pela teoria de campo da física, ele estabeleceu as condições básicas da sua teoria ao explicar que os fatores ambientais influenciam o comportamento humano.[258]

O comportamento não depende só das características do indivíduo e, sim, dos fatos e acontecimentos atuais e de como o sujeito os percebe. Os fatos estão interconectados e constituem um campo de forças dinâmico. Por isso, o campo psicológico de forças é o ambiente que engloba a pessoa e sua percepção da realidade próxima. É um espaço subjetivo, próprio, que guarda a forma como olhamos o mundo, com nossas aspirações, possibilidades, medos, experiências e expectativas. A influência do campo psicológico sobre o comportamento é tal que chega a determiná-lo: se não existirem mudanças no campo, não haverá mudanças no comportamento.[259]

Experimentos mostraram que a reação emocional ao fracasso, por exemplo, pode ser alterada em grande parte por elogios apropriados ou mudanças na atmosfera social. Isso fundamenta a tese geral de que o gerenciamento da tensão pelo indivíduo depende de seu ambiente social e cultural particular.[260]

É um erro focar o estudo do comportamento da pessoa e o ambiente como se fossem duas peças a serem analisadas de forma separada; o correto é observar o modo como se afetam mutuamente, em tempo real. Como em um campo de forças, todas as partes se afetam tanto a nível individual quanto a nível grupal.

Qualquer mudança de pertencimento de um grupo para outro é de grande importância para o comportamento da pessoa; quanto mais central para ela esse pertencimento for, mais importante é a mudança.

Uma mudança no pertencimento ao grupo é uma "locomoção social". Isso significa que muda a posição da pessoa em causa.[261]

O campo inclui assuntos e eventos do passado, presente e futuro, concretos e abstratos, reais e imaginários, todos interpretados como aspectos simultâneos de uma situação. Cada pessoa existe dentro de um campo de forças ao qual o indivíduo responde ou reage, denominado seu espaço vital. O ambiente deve ser considerado como uma parte desse campo interdependente, o espaço de vida, cuja outra parte é a pessoa. Esse fato fundamental é a tônica da abordagem teórica de campo.[262]

Um espaço vital na teoria de campo contém o próprio indivíduo, os objetivos que ele busca (valência positiva) ou evita (valência negativa), as barreiras que restringem seus movimentos e o caminho que ele deve seguir para alcançar seu objetivo. É o espaço vital que leva indivíduos diferentes a reagirem de forma diferente ao mesmo tipo de estímulo. A influência das forças ambientais sobre o indivíduo dependeria das próprias necessidades, atitudes, sentimentos e expectativas.

O conhecimento do campo de forças, que nas organizações se manifesta pela cultura e clima organizacional, nos permite predizer razoavelmente ou explicar o que a pessoa fará ou fez, sendo, no entanto, necessário contemplar as características comportamentais do próprio indivíduo que, somadas às características do ambiente, poderão antever os comportamentos esperados.

Nossas ações podem ser explicadas a partir dos seguintes fatos:

- percebemos caminhos e meios particulares para descarregar determinadas tensões;

- nos atraem aquelas atividades que vemos como meios para liberar a tensão. Estas atividades possuem uma valência positiva, e, por isso, experimentamos uma força que nos impulsiona a realizá-las. Outras atividades teriam o efeito oposto: aumentariam a tensão e, por isso, teriam um efeito repulsivo.[263]

A teoria de campo diz que o comportamento do ser humano deriva de dois fatores fundamentais, que nos ajudam a entender a importância da cultura e a forma de aprimorá-la:

- **o comportamento deriva da soma total dos fatos ocorridos e coexistentes em determinada situação, e a situação total criada é o que gera o comportamento nas pessoas.**
- **esses fatos ocorrem de maneira dinâmica e interativa, e cada fato influencia e é influenciado pelos outros e pelo todo. Esse campo dinâmico é o conhecido campo psicológico da pessoa, e é o que ajusta e modifica o modo de ver e entender as coisas ao seu redor.**

O comportamento humano não depende somente do passado ou do futuro, mas do campo dinâmico atual e presente. Esse campo dinâmico é o espaço de vida que contém a pessoa e o seu ambiente psicológico.

Para resumir, apresentamos a seguinte equação, que explica o comportamento de um indivíduo em uma determinada situação:

$$C = f(P, A)$$

Onde o comportamento (C) é função (f) ou resultado da interação entre a pessoa (P) e o meio ambiente (A) que a rodeia.

A teoria de campo considera a aprendizagem como um processo relativístico, pelo qual o indivíduo desenvolve novos insights ou altera os antigos. Aprendizagem não é um processo mecanicista de conectar estímulos e respostas dentro de um organismo biológico. O desenvolvimento do insight é uma mudança na estrutura cognitiva do espaço vital.[264]

Sendo assim, a aprendizagem se dá nas seguintes categorias (inclusive a comportamental):

- Aprender é uma mudança na estrutura cognitiva.
- Aprender é uma mudança na motivação, ou seja, nas valências e valores.
- Aprender é a aquisição de habilidades.
- Aprender é uma mudança no pertencimento ao grupo.

Sendo que:
- Aprendizagem, de todos os tipos, envolve mudança na percepção.
- As mudanças na estrutura cognitiva são causadas pelas forças do campo psicológico – necessidades, aspirações e valências.
- O nível de aspiração depende das potencialidades de um indivíduo e das influências do grupo ao qual ele pertence.
- Um nível de aspiração muito alto ou muito baixo desencoraja o aprendizado.
- A repetição de uma atividade traz mudanças tanto na estrutura cognitiva quanto nos sistemas de necessidade-tensão.
- Como resultado desse objetivo, a atratividade muda. Lewin chama a atratividade de meta de valência e

mudança de valência. A valência pode mudar de qualquer uma das seguintes maneiras:
- Metas atraentes podem deixar de chamar a atenção se a atividade relacionada a elas for repetida até os pontos de saciedade.
- A escolha de metas é influenciada por experiências anteriores de sucesso e fracasso.

- Memória:
  - Tarefas que não têm sentido para ser concluídas não são lembradas.
  - Tarefas não concluídas são lembradas melhor do que tarefas concluídas devido à tensão psicológica.
  - Tarefas que levam à satisfação de muitas necessidades são lembradas melhor do que tarefas que levam à satisfação de uma única necessidade.

A verdadeira Cultura da Aprendizagem acontece no cotidiano: quando o erro vira conversa, o feedback vira hábito e o saber circula com liberdade entre todos os níveis da organização.

SEÇÃO 1

Segurança psicológica

A EXPRESSÃO *SEGURANÇA PSICOLÓGICA*, EMBORA ESTEJA OCUPANDO LUGAR NO ranking das expressões mais utilizadas pelas organizações na atualidade, ainda tem entendimento insuficiente quando o assunto atinge um nível mais aprofundado de discussão. As duas palavras que constituem a expressão, quando unidas, dão margem a interpretações distintas, fazendo com que o "leitor de manchetes" tenha a falsa sensação de que entendeu perfeitamente o seu sentido, mesmo sem ter lido quase nada a respeito.

Então, nossa primeira contribuição para esse tema é ajudar as organizações no sentido de ajustarem a aplicabilidade do tema ao papel que ele tem na aprendizagem organizacional e, por consequência, nas transformações em curso.

Segurança psicológica tem, sim, relação com saúde mental e bem-estar, mas as principais descobertas científicas referentes a ela estão no campo da aprendizagem organizacional. Foram o psicólogo suíço Edgar Schein, Ph.D. em psicologia social e referência na área da gestão de pessoas, juntamente com seu colega Warren Bennis, professor norte-americano de administração de empresas, que utilizaram a expressão pela primeira vez, em 1965. Naquele momento, já apontaram a correlação entre o desenvolvimento do sentimento de segurança e a confiança dos indivíduos em sua capacidade de gerenciar mudanças, argumentando que a segurança psicológica ajuda as pessoas a superar a atitude defensiva, ou ansiedade de aprendizagem, e deixa os indivíduos livres para se concentrarem em objetivos coletivos e prevenção de problemas, em vez da autoproteção.[265]

Destaco aqui a palavra autoproteção. Criar um ambiente onde as pessoas estejam à vontade, a ponto de não se sentirem vulneráveis ao se expressar, sendo-lhes permitido dizer o que sentem e pensam a respeito de qualquer tema é, para mim, o significado nuclear de segurança psicológica.

Atualmente, é ponto pacífico entre os especialistas que a segurança psicológica propicia um ambiente que permite e estimula *comportamentos de aprendizagem em equipes*, e que esses comportamentos promovem um melhor desempenho dessas equipes. Estudos indicam a existência de relações claras e significativas entre segurança psicológica, aprendizagem coletiva e desempenho.[266]

É consenso entre os autores a promoção de melhores resultados graças à segurança psicológica, por ser eficaz para o desempenho, especialmente quando há incertezas e a demanda por criatividade ou colaboração, dada uma menor necessidade de confrontar e de se preservar. Além disso, a segurança psicológica é relevante para a compreensão da aprendizagem organizacional (individual, grupal e institucional), mitigando os riscos interpessoais inerentes à aprendizagem em hierarquias, tornando as pessoas mais propensas a contribuir com suas ideias, admitir erros, pedir ajuda ou dar feedback. Quando um ambiente com segurança psicológica acontece, como consequência há um aumento em comportamentos de aprendizagem e incremento da adaptabilidade de carreira.[267]

Outro ponto a considerar é que a segurança psicológica tem sido apontada como um fator que facilita a gestão e a integração de equipes que atuam em múltiplas regiões. Quando as pessoas falam abertamente, fazem perguntas e conseguem a ajuda de que precisam para resolver seus problemas, existem menores barreiras ao trabalho remoto e às diferenças culturais.[268]

Os estudos mostram, ainda, que a segurança psicológica, por estar correlacionada com a probabilidade de falar abertamente no trabalho, permite que os funcionários desafiem o *status quo*, identificando problemas ou oportunidade de melhoria e oferecendo ideias para melhorar o bem-estar.[269]

Provavelmente esses são os principais motivos pelos quais o conceito vem mantendo um alto e crescente nível de atenção dos pesquisadores e também dos profissionais de gestão de pessoas, que, ao considerarem o aumento da complexidade e as rápidas mudanças no mundo contemporâneo, percebem a segurança psicológica como o melhor instrumento para permitir e incentivar comportamentos de aprendizagem e mudança, favorecendo a inovação e o pensamento complexo, o crítico e o lateral, ao atuar na redução dos riscos interpessoais que acompanham as incertezas nesse cenário.[270]

A título de exemplo, cito um estudo que examina a relação entre a segurança psicológica, sentimentos de vitalidade dos funcionários e o envolvimento criativo no trabalho, realizado pela psicóloga organizacional Ronit Kark e pelo professor de estratégia e gestão Abraham Carmeli, ambos israelenses. O estudo explica que a percepção de segurança de um indivíduo está relacionada com a criatividade de seu trabalho, demonstrando que isso acontece a partir do aumento da vontade de pensar em novas ideias, explorar novas direções e se comportar criativamente, que surge quando há amenização dos riscos pelo incremento na segurança psicológica.[271] Ou seja, é importante promover um ambiente onde a tomada de risco é incentivada e a incerteza não é evitada, de modo que a culpa ou punição não sejam atribuídas às novas ideias ou à tentativa de romper com o *status quo*, e os indivíduos sentem-se apoiados. Isso se aplica à forma como os líderes, colegas de trabalho, membros da equipe e até mesmo outros fora do trabalho, mas com ele relacionados, interagem uns com os outros, oferecendo segurança psicológica.[272]

Outro estudo conduzido pelo doutor em psicologia Markus Bauer e colegas caminha nesse mesmo sentido, ao demonstrar que inovação e o desempenho da organização se relacionam. A segurança psicológica está relacionada com pelo menos duas medidas ligadas à inovação e ao desempenho organizacional: a) financeiro: com melhoria consistente e perene no retorno sobre os ativos da empresa e maior cumprimento das metas do negócio; b) processos: organizações com maior segurança psicológica produzem maior quantidade, qualidade e consistência nas inovações de processos.[273]

Por fim, não poderia deixar de destacar que, nos estudos que embasaram minha tese de doutorado sobre obsolescência laboral, ficou evidenciado que todas as medidas da Escala de Adaptabilidade de Carreira se relacionaram significativa e positivamente com o escore de segurança psicológica, indicando que, quanto maior a segurança psicológica percebida, maior a adaptabilidade da carreira referida.[274]

Esses estudos, entre muitos outros, deixam claro que não basta as empresas estarem comprometidas com os processos de inovação para terem alto desempenho, pois tal só ocorre se houver um ambiente onde isso seja, ao menos, possível, e a falta de segurança psicológica é um fator de restrição decisivo. Mesmo as metodologias e processos de inovação consagrados serão considerados um mau investimento, por não serem capazes de estimular o desempenho em uma organização, departamento, área ou equipe que não possua segurança psicológica.[275]

CONFORTO, ESTÍMULO E ESPAÇO

Mas o que é, de fato, segurança psicológica?

É a crença compartilhada de que a equipe está segura para assumir riscos interpessoais de exposição, pela expressão autêntica do modo de pensar e de ser dos indivíduos de uma equipe e pela liberdade de contrapor o senso comum. Isso é representado por respeito e confiança mútuos entre os membros, num ambiente onde não há risco de ser envergonhado, rejeitado ou punido por discordar, com todos constituindo de fato uma equipe, não apenas membros individuais, sendo tal ambiente percebido dessa forma pelos seus integrantes. Nesse ambiente, as pessoas sentem-se confortáveis em ser elas mesmas, aliviando a preocupação excessiva com as reações que os outros tenham frente a ações suas que possam causar constrangimento ou ameaça.

Os indivíduos de uma equipe psicologicamente segura respeitam e se sentem respeitados pelos outros membros da equipe.[276] De modo resumido, podemos dizer que existe segurança psicológica quando se percebe *conforto*, *estímulo* e *espaço* para ser autêntico, sem receio da vulnerabilidade:

- Conforto significa a ausência de constrangimento. É quando os membros de uma equipe conseguem trazer suas ideias e opiniões sem se preocupar com julgamentos e repercussões negativas: *"Me sinto aceito, reconhecido e respeitado neste grupo. Sei que as pessoas consideram o que eu digo e que, se disser algo com que não estejam de acordo, ou até mesmo algo que não agregue muito valor, isso não afetará minha reputação junto à equipe. Estamos todos no mesmo time, ninguém preocupado em descredenciar o outro, e o objetivo comum é mais relevante que o status e os méritos individuais".*

- **Estímulo** é a manifestação das lideranças e dos colegas sobre a importância que dão à opinião ou ideia alheia. Quando, de fato, consideramos importante a opinião do outro, para que possamos conquistar um melhor resultado manifestamos esse desejo instigando e permitindo a ele verbalizar suas contribuições: *"Queremos e precisamos te ouvir, pois sabemos que refletir e considerar sua opinião e suas ideias fará com que tenhamos um resultado final melhor do que se não o fizermos".*

- **Espaço** é o ambiente onde a segurança psicológica pode se materializar, ou seja, são os encontros informais, as reuniões rotineiras, o livre trânsito hierárquico com acesso a pessoas em posições superiores ou de áreas distintas: *"Aqui na organização temos muito espaço para que isso aconteça. Da mesma forma que opinamos nas reuniões e somos estimulados para isso, é bem-vista a troca de ideias com colegas e superiores, ou, até mesmo, convidar um colega ou líder de outra área para tomar um café e trocar opiniões para a resolução de um problema comum. Estamos todos no mesmo barco; ser* *hierarquicamente superior ou inferior, ou pertencer a outra equipe, departamento ou unidade de negócio, não é uma barreira. É normal e confortável trocarmos opiniões entre pessoas de hierarquia e áreas distintas".*

Esses três fatores, de maneira muito simples e objetiva, nos dão um bom direcionamento sobre onde e como diagnosticar e aprimorar a segurança psicológica de uma equipe.

Todavia, ainda percebo um espaço para refinarmos um pouco mais esse conceito. Salientando o que é (e o que não é) segurança psicológica, podemos desenhar as quatro linhas que delimitam seu campo de atuação, restringindo a margem para a distorção, que atualmente é ampla e comum. Para alguns, quase tudo que tem a ver com bem-estar e relacionamento interpessoal é segurança psicológica.

PARECIDO, MAS DIFERENTE

Para exemplificar, vale apontarmos a distinção entre segurança psicológica e coesão de grupo: a primeira não inibe a vontade de discordar e desafiar opiniões alheias, o que ocorre na coesão. Na coesão, os membros do grupo buscam um modo de pensar unânime, no qual todos compartilham um forte "sentido de nós", buscando o relacionamento fortalecido e, com isso, dando maior importância à manutenção da harmonia, colocando-a acima de outros fatores, fazendo com que seja diminuída a capacidade para avaliar de forma realista as situações e suas alternativas.[277]

De outro lado, o conceito de segurança psicológica não contempla essa permissividade, nem uma positividade excessiva, mas, ao contrário, colaboradores sentem que seus colegas respeitam a competência uns dos outros, se interessam uns pelos outros como pessoas, possuem intenções positivas uns com os outros, sendo capazes de se envolver em conflitos ou confrontos construtivos – quando entenderem necessário –, sentindo que é seguro experimentar e assumir riscos.[278]

Segurança psicológica não é a imunidade às consequências, tampouco um estado de autoestima elevado. É possível, sim, falar, mas também podem ser recebidos comentários relativos a baixo desempenho, e é possível até mesmo a perda do emprego devido a mudanças no cenário econômico ou falta de competência na função. No entanto, as pessoas não são impedidas pelo medo interpessoal, elas se sentem dispostas e capazes de aceitar os riscos inerentes à franqueza. Aliás, franqueza imperante é um termômetro para a segurança psicológica. Onde existe a franqueza, as pessoas preferem compartilhar suas ideias – mesmo que potencialmente sensíveis, ameaçadoras ou erradas – do que restringir-se e sentir-se em omissão. Erros são reportados rapidamente para que a correção aconteça, existe uma coordenação integrada dos grupos para buscar alternativas na resolução de problemas e ideias revolucionárias para a inovação são compartilhadas.[279]

Falar abertamente descreve bem uma característica de um ambiente no qual a segurança psicológica habita. Isso inclui, por exemplo, a comunicação eletrônica por e-mail ou WhatsApp pedindo a um colega ou liderança que esclareça um ponto em particular ou pedindo apoio para um projeto, e exclui, também a título de exemplo, as microdinâmicas para se manterem as aparências.[280]

Isso demonstra que não devemos confundir uma *organização onde o medo interpessoal é minimizado* com uma organização onde não exista uma ansiedade sobre o futuro. As incertezas quanto ao futuro são atributos de locais de trabalho modernos. Essa distinção é determinante a fim de não levantarmos a bandeira da segurança psicológica para denunciar atos que são necessários para uma gestão saudável.[281]

Definitivamente segurança psicológica não é:

- Ser gentil – embora a gentileza tenda a aparecer em ambientes onde há segurança psicológica, o ponto determinante é a franqueza.
- Um aspecto de personalidade – não está relacionada a introversão ou extroversão.
- Sinônimo de confiança – embora tenham muito em comum, a diferença é que, na segurança psicológica, existe uma integração para um objetivo comum, que são os desafios organizacionais, enquanto a confiança pode existir mesmo na inação.
- Aumentar os níveis de desempenho – adaptando-se a padrões pré-estabelecidos e cumprindo prazos. No entanto, favorece o estabelecimento de objetivos ambiciosos e o trabalho em conjunto para realizá-los, levando os colaboradores a uma zona de aprendizagem e crescimento profissional.
- Algo "bom de se ter" – não é um benefício ao funcionário, como um vale-refeição ou uma sala de descompressão, com objetivo de promover remuneração, benefícios ou bem-estar no trabalho.

Segurança psicológica é, sim, um requisito para o sucesso organizacional e o desenvolvimento profissional. Ela pode ser um momento de "vai ou racha" na habilidade do colaborador em contribuir, crescer, aprender e colaborar.[282]

A tão falada *vulnerabilidade*, que entrou de forma intensa no vocabulário organizacional a partir dos estudos e livros da pesquisadora e escritora norte-americana Brené Brown, esconde nas suas entrelinhas a coragem necessária para vencer a epidemia de silêncio que está espalhada por equipes e organizações onde a segurança psicológica não existe. Ter coragem para ser vulnerável pressupõe a existência de um ambiente onde você está vulnerável. O que a segurança psicológica propõe é, justamente, criar um ambiente onde a vulnerabilidade seja reduzida, necessitando menos coragem para se manifestar.[283]

Não estou minimizando a importância da vulnerabilidade das lideranças e equipes na busca por um resultado melhor, mas estou, sim, apontando um caminho menos individualizado, mais seguro e consistente.

A seguir, transcrevo os dez comportamentos e questões culturais que líderes identificaram como obstáculos em organizações por todo o mundo, para os quais a segurança psicológica pode ser um remédio menos perigoso e mais fácil de ser aceito do que a vulnerabilidade, por atuar de forma coletiva (na equipe ou na organização) como antídoto aos desafios individuais:[284]

1. **Evitamos conversas difíceis, até mesmo dar feedbacks honestos e produtivos.**
   Segundo estudos de Brené Brown, mais da metade das pessoas entrevistadas mencionou uma norma cultural de "ser simpático e educado", usada como desculpa para evitar conversas difíceis. Elas preferem conviver com a falta

de clareza, redução da confiança e do comprometimento, aumento de comportamentos problemáticos – como a postura passivo-agressiva –, pessoas falando pelas costas, excesso de comunicação extraoficial e de reuniões improdutivas, fofocas e o "sim desonesto" do que arriscarem-se dando a sua real opinião. A vulnerabilidade de Brown pode até contribuir aqui; no entanto, seria muito melhor essa conversa ser fluida, sem necessidade de buscar uma coragem que pode conter uma exposição que confronta a cultura e põe, de fato, em ameaça a harmonia e a posição. Será que precisamos de coragem para liderar, ou, em vez disso, de um ambiente que facilite e incentive o trânsito livre e fluido da *autenticidade* e da *franqueza*?

2. Dedicamos um tempo razoável para reconhecer e lidar com os medos e sentimentos que surgem durante as mudanças e momentos de turbulência, gastamos um tempo excessivo gerenciando comportamentos indesejáveis.
3. A confiança está reduzida devido à falta de vínculo e empatia.
4. Não há pessoas suficientes assumindo riscos inteligentes, criando e compartilhando ideias ousadas para atender a transformação constante e a infinita necessidade de inovação. Quando as pessoas têm medo de ser criticadas ou ridicularizadas por tentar algo e fracassar, ou mesmo por apresentar uma ideia inovadora, o melhor que se pode esperar é que haja manutenção do *status quo* e prevalência do pensamento da maioria.
5. Gastamos tempo demais acalmando os membros da equipe que questionam sua contribuição e o seu valor, o que empaca e limita nossa capacidade de execução. E

isso nos fragiliza enquanto equipe, produzindo mais decepções e fracassos.
6. Há vergonha e culpabilização demais, porém responsabilidade e aprendizado de menos.
7. As pessoas estão se esquivando de conversas vitais sobre diversidade e inclusão, por medo de fazerem algo errado ou de estarem erradas. Não se sentir seguro para se expressar e preferir a conformidade, evitando conversas difíceis, desgasta a confiança e afasta da transformação significativa e duradoura.
8. Quando algo dá errado, os indivíduos e as equipes agem com pressa e adotam soluções muitas vezes ineficazes ou insustentáveis, em vez de cuidadosamente identificar e atacar a causa raiz. Isso é dispendioso e desanimador, e, muito provavelmente, é ocasionado pelo medo da crítica ou das punições.
9. Os valores organizacionais pretendidos não se fortalecem, e são avaliados em termos de aspirações, e não de comportamentos reais, que podem ser ensinados e avaliados. Os reais valores acabam se sobressaindo aos desejáveis. Por mais que os colaboradores sejam bem intencionados, manter o *status quo* é um caminho menos heroico e menos tortuoso.
10. O perfeccionismo e o medo impedem as pessoas de aprender e crescer.

Esses obstáculos podem se manifestar em toda ou em alguma parte da organização. Estudos indicam que existe uma variação significativa na segurança psicológica entre os diversos grupos dentro das instituições, apoiando a ideia de que a mensuração da segurança psicológica pode ser considerada um fenômeno que ocorre em nível de grupo, e não de organização, da mesma forma que os sintomas pertinentes.[285] Porém, isso não significa dizer que ela não possa ocorrer de forma generalizada por toda a empresa, principalmente em se tratando de empresas de menor porte.[286]

Outra conclusão importante é que, para que a segurança psicológica possa disseminar todo o seu potencial, se fazem necessários alguns ingredientes essenciais (por exemplo, estratégia, visão, objetivos, liderança de apoio, entre outros), não sendo ela, isoladamente, uma panaceia para enfrentar todos os desafios de colaboração, criatividade, engajamento e aprendizagem organizacional. Existe uma perigosa armadilha ao cultuar a segurança psicológica como a fórmula que resolve todos os dilemas e mazelas que envolvem a gestão de pessoas, principalmente quando seus benefícios são ampliados indiscriminadamente.

Além disso, quando mal interpretada ou mal conduzida pela liderança, a criação de segurança psicológica também pode ter efeitos negativos, levando as equipes a experimentar perda de tempo e de motivação devido ao excesso de divagação. É necessário que os gestores exerçam um manejo equilibrado entre incentivar a comunicação aberta relacionada à tarefa e fornecer feedback construtivo, para limitar perguntas, comentários ou discussões ao que é realmente relevante. Há um limiar importante a ser observado, que separa a criação de um ambiente seguro para a abertura do que seja apenas uma enfadonha verborragia.[287] O primeiro passo é aprofundar o entendimento, o escopo de atuação, os benefícios que a segurança psicológica pode trazer, os fatores que podem levar ao seu aprimoramento, bem como as suas limitações. Se bem conduzido, o incremento da segurança psicológica poderá auxiliar os líderes na concepção de ambientes de trabalho que maximizem os resultados benéficos para suas organizações.[288]

DESENVOLVENDO A SEGURANÇA PSICOLÓGICA

A forma como a equipe trabalha importa mais do que quem faz parte dela. Essa é a crença "número 1" a ser cultivada por quem está à frente de uma iniciativa para desenvolver a segurança psicológica. Acreditar que a construção de um time é mais importante que os talentos individuais é premissa para essa empreitada. A coragem de ser vulnerável é uma competência individual, enquanto a segurança psicológica só poderá ser desenvolvida coletivamente. Precisamos nos livrar do mito de que um time campeão é um time em que existem superastros. Com segurança psicológica podemos tomar uma equipe de pessoas medianas e, oferecendo o espaço que permita a interação, elas farão coisas que nenhum superastro conseguiria realizar.[289]

Outro fator primordial no desenvolvimento da segurança psicológica é o entendimento sobre qual é o estilo de liderança que comunica com autenticidade essa crença. A criação da segurança psicológica em uma equipe ou organização passa, necessariamente, pelo estilo de gestão e de liderança adotado. Entre todos os estilos, o da gestão solidária, resiliente e esclarecedora é o que se mostra mais eficaz para o incremento da segurança psicológica, em conjunto com um estilo de liderança que encaminha as demandas didaticamente e reforça os comportamentos dos membros, possibilitando diferentes graus de apoio e abertura, que se traduzem em oportunidades de experimentar o novo (iniciativas, técnicas, processos, entre outros).[290]

As pessoas se sentem mais seguras quando possuem algum grau de autonomia e controle sobre seu trabalho, sendo que um estilo de liderança mais centralizador (comando e controle) envia uma mensagem de desconfiança, indicando à equipe que os membros devem reconhecer e preservar seus limites. Este medo é agravado quando há imprevisibilidade, ambivalência, inconsistência, sarcasmo ou hipocrisia por parte da liderança. Tons rudes, cruéis ou soberbos minam a segurança psicológica e inibem a espontaneidade.

Faz parte do estilo de gestão a forma como as *normas organizacionais* estão estabelecidas. As mais adequadas são aquelas nas quais as pessoas percebem congruência das regras de trabalho e de comportamento, estando relacionadas a garantias de previsibilidade. A estabilidade e o alinhamento do discurso com as práticas promovem um sentimento de segurança e proteção, contribuindo para a criação de um ambiente que reforça e incentiva a autenticidade.[291] Por outro lado, os desvios das normas – e a possibilidade de fazê-lo – podem promover ansiedade e frustração, particularmente para pessoas com posições hierarquicamente inferiores.

As normas vão além das expressas e comunicadas deliberadamente. Muitas vezes são tácitas, como no exemplo a seguir, em que os parâmetros de design, definidos pelo presidente de uma empresa de arquitetura de forma implícita pelas suas aprovações e desaprovações, passaram a ser conhecidos e reforçados em toda a empresa e se constituíram em um limitador da criatividade e inovação:

"O quão ousado você está sendo cria uma certa ansiedade. Se você está fazendo algo que é um pouco afastado dos parâmetros que você pensa ou suspeita que deveria estar trabalhando, você fica um pouco nervoso. Quando isso acontece, eu busco por alguém para verificar se o que estou fazendo vai atender às expectativas do presidente. O limite de criatividade que me permito é esse. Quando um colega acredita que estou sendo ousado, retrocedo."[292]

O QUE AS LIDERANÇAS, EQUIPES E AS NORMAS ORGANIZACIONAIS DEVEM CONTER PARA QUE A SEGURANÇA PSICOLÓGICA SE FORTALEÇA:
1. Comunicar a importância de cada trabalho. É a partir dessa necessidade que é construída nossa autoestima. O trabalho é um dos principais mecanismos contemporâneos para a construção de autoestima e autoconfiança saudáveis. Quando o trabalho permite ao indivíduo sentir-se útil e contribuir para um todo maior, ele desenvolve naturalmente um incremento no sentimento de pertencimento e, por consequência, engajamento, promovendo também satisfação e motivação.
2. As equipes precisam sentir que seu trabalho é pessoalmente significativo.
3. As equipes precisam de objetivos claros e funções definidas.
4. Os integrantes precisam saber que podem confiar uns nos outros.
5. Os integrantes não devem interromper colegas durante a conversa, senão isso vai estabelecer uma norma de interrupção.
6. Devem demonstrar atenção, resumindo o que as pessoas dizem logo depois que elas acabam de falar.
7. Devem admitir quando não sabem algo.
8. Só devem encerrar uma reunião depois de todos os integrantes da equipe falarem pelo menos uma vez.
9. Devem encorajar as pessoas que estiverem chateadas a expressar suas frustrações, e incentivar os colegas a reagir sem críticas.

O QUE AS LIDERANÇAS, EQUIPES E AS NORMAS ORGANIZACIONAIS DEVEM CONTER PARA QUE A SEGURANÇA PSICOLÓGICA SE FORTALEÇA:
10. Devem chamar a atenção para conflitos no grupo, e resolvê-los por meio de conversa franca.
11. Devem ser tolerantes a erros.

Quadro II – Elementos para a segurança psicológica

ENGAJAMENTO E SEGURANÇA PSICOLÓGICA

Em 1990,[293] em um estudo sobre as condições psicológicas para promover o engajamento ou o desengajamento no trabalho, o professor de comportamento organizacional norte-americano Willian A. Kahn, da Questrom School of Business, da Boston University, ao propor pela primeira vez uma definição formal de engajamento pessoal, concluiu que devem existir três condições psicológicas para o engajamento do trabalhador: significado, segurança e disponibilidade. Os dois grupos observados durante o estudo pareciam se fazer, de forma inconsciente, três perguntas: 1) Quão significativa é esta atividade? 2) É seguro fazer isso? 3) Quão disponível estou para fazer isso?

TRABALHO SIGNIFICATIVO

Em relação à primeira questão, o conceito de trabalho significativo é caracterizado pelo sentimento de retorno que o indivíduo experimenta ao se sentir valorizado, útil e capaz de fazer a diferença. Esse retorno pode se manifestar de diversas formas, como financeira, cognitiva ou emocional, e deve ser conquistado pelo indivíduo, em vez de ser garantido.

Um trabalho com sentido ocorre quando o profissional se percebe capaz de contribuir com os outros e com o resultado da empresa, sentindo-se valorizado e útil. Em contrapartida, a falta de sentido está relacionada ao sentimento de menos valia, quando o indivíduo percebe que seu esforço ou resultado pouco contribui, e não há espaço adequado para conquistar uma boa performance na função.[294]

Para a construção do sentido de significado do trabalho, os dados indicaram a influência de três fatores principais: as características da tarefa, as características do papel exercido e as interações no ambiente de trabalho.

No que se refere às *características da tarefa*, é importante destacar que um trabalho desafiador, claramente definido, variado, criativo e com autonomia tende a proporcionar um maior significado psicológico. Projetos desafiadores, que exigem tanto as competências pré-existentes quanto o desenvolvimento de novas habilidades, proporcionam uma sensação de domínio e pertencimento à rotina, além de um senso de crescimento e aprendizado ao realizar algo novo.

Quanto às *características do papel*, dois componentes foram identificados como influenciadores do significado psicológico do trabalho. O primeiro é o sentimento de valor, ou seja, que os membros da organização são necessários e importantes. O segundo componente está relacionado ao status ou influência que o papel carrega. Quando as pessoas ocupam posições valiosas e influentes em seus sistemas, experimentam um senso de significado.

No que diz respeito às *interações no ambiente de trabalho*, os dados analisados demonstram que interações significativas promovem a dignidade, autoestima e um senso de valor. São uma fonte de significado na vida das pessoas, envolvendo elementos pessoais e profissionais e uma flexibilização desses limites. As interações significativas permitem que as pessoas se sintam valiosas e valorizadas, com apreciação mútua, respeito e feedback positivo, influenciando consideravelmente o sentido de significado do trabalho.[295]

SEGURANÇA

Quando as pessoas se sentem seguras, elas são mais propensas a se envolver e se comprometer com seu trabalho.

Em estudos sobre engajamento e desengajamento no trabalho, as pessoas engajadas sentiam que não seriam criticadas por suas ideias e opiniões. Isso ocorreu em situações que eram previsíveis, claras e não ameaçadoras. Os trabalhadores sabiam exatamente o que era permitido e o que não era, e quais seriam as consequências de seus comportamentos. Quando as situações eram imprevisíveis, ameaçadoras ou confusas, as pessoas se sentiam inseguras e menos comprometidas com o trabalho.

DISPONIBILIDADE

A disponibilidade psicológica é a sensação de estar pronto e ter os recursos necessários para se engajar em determinada situação. Quando nos sentimos disponíveis psicologicamente, estamos mais propensos a nos envolver e sermos engajados[296]. Essa conclusão é apoiada pelo psicólogo canadense Albert Bandura,[297] que argumenta que nossas expectativas futuras moldam nosso comportamento presente, e que a percepção de nossa eficácia pessoal e coletiva é um fator importante na maneira como lidamos com a vida.

Um estudo sobre estratégias de enfrentamento indicou que há quatro tipos de distrações que afetam a disponibilidade psicológica:

- esgotamento físico;
- esgotamento emocional;
- insegurança; e
- compromissos pessoais.

Quando nos sentimos esgotados física ou emocionalmente, inseguros ou sobrecarregados com compromissos pessoais, temos menos probabilidade de nos envolver e sermos engajados.

ESCALA DE SEGURANÇA PSICOLÓGICA DA EQUIPE

A Escala de Segurança Psicológica da Equipe (ESPE) que apresentamos a seguir foi validada, para aplicação em português no Brasil, pela brasileira mestre em psicologia social, organizacional e do trabalho Maria Célia Koehne Ramalho, que realizou uma adaptação da versão em inglês proposta pela Dra. Edmonson,[298] o *Team Learning and Psychological Safety Survey*. Embora o gênero masculino não tenha sido contemplado pelos estudos realizados por Maria Ramalho, que teve uma amostra de 8[310] mulheres, ao utilizá-la em minha tese de doutorado em Psicologia Social encontramos validade e consistência semelhante, permitindo recomendá-la como instrumento para mensuração da segurança psicológica da equipe em organizações.

ESCALA DE SEGURANÇA PSICOLÓGICA DA EQUIPE – ESPE

Você está sendo convidado a avaliar a segurança psicológica da equipe que integra. Destacamos que não desejamos encontrar uma resposta certa, simplesmente porque ela não existe. O objetivo deste instrumento é identificar o nível atual de segurança psicológica existente nas equipes desta organização, nos permitindo obter maior precisão nas iniciativas de gestão de pessoas.

Este instrumento é composto por 6 questões em uma escala de conformidade de 1 a 5, a saber:

1. Não concordo, isso nunca acontece.
2. Não concordo, isso acontece poucas vezes.
3. Concordo, isso acontece.
4. Concordo, isso acontece na maioria das vezes.
5. Concordo plenamente, isso sempre acontece.

DESCRIÇÃO	AVALIAÇÃO
Nesta equipe, quando alguém comete um erro, é comum isso ser usado contra ela no futuro.	
É fácil discutir problemas ou questões difíceis nesta equipe.	
Nesta equipe, as pessoas são rejeitadas por serem diferentes.	
Assumir riscos é totalmente seguro nesta equipe.	
É difícil pedir ajuda a outros membros desta equipe.	
Membros desta equipe respeitam e valorizam as contribuições uns dos outros.	

UPSKILLING ORGANIZACIONAL

Upskilling é um termo em inglês que entrou no dicionário organizacional recentemente. Derivado de *upskill*, está relacionado à junção de duas palavras: *skill*, que significa ferramenta ou competência, e o prefixo *up* que, no contexto deste tema, tem o sentido de melhoria e crescimento.[299]

Definimos, então, *upskilling* como o processo de desenvolvimento de novos conhecimentos, habilidades e atitudes que permitem aos trabalhadores qualificação para fazer frente aos desafios e às exigências do mercado. É um termo que se refere ao processo de aprendizado para combater a obsolescência dos trabalhadores, originada nos avanços e modificações do universo laboral.

Enquanto a difundida expressão *lifelong learning* tem no seu núcleo o despertar e a convocação para uma aprendizagem continuada, automotivada e autorresponsável, o *upskilling* enfoca o direcionamento desse processo educacional para seu objetivo, qual seja, o desenvolvimento e aprimoramento das competências necessárias à manutenção e ao incremento da trabalhabilidade.

Lifelong learning → Upskilling → Trabalhabilidade

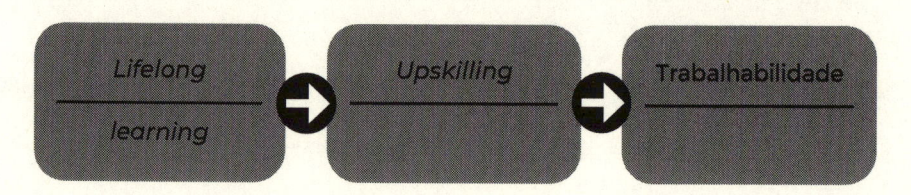

Figura 15 – Objetivo da aprendizagem continuada – dimensão do indivíduo

Esse mesmo processo pode ser transposto para a organização. Em um mundo exponencial, uma organização que aprende não é apenas uma organização que produz e gerencia conhecimento sistemicamente.

Então, podemos dizer que *upskilling organizacional* são as novas habilidades organizacionais adquiridas para manter-se atualizado e dentro das novas tendências e capacidades requeridas em função das mudanças constantes impostas pelo mercado (avanços tecnológicos, mudanças nos modelos de negócios, comportamento do consumidor etc.).

A verdadeira aprendizagem organizacional é direcionada para o combate à obsolescência e à entropia, dando sustentabilidade à ação de preparar-se para os novos desafios. A organização que aprende é aquela que empreende esforços de aprimoramento em um *pipeline* construído a partir do mapeamento estratégico das competências organizacionais, ou seja, da identificação dos conhecimentos, habilidades e do "jeito de ser" que será exigido para suportar a visão de futuro, produzindo sincronismo entre as metas e objetivos estratégicos (desafios) e as condições para enfrentá-los (competências).

Lifelong learning ➡ *Upskilling* organizacional ➡ Visão de futuro

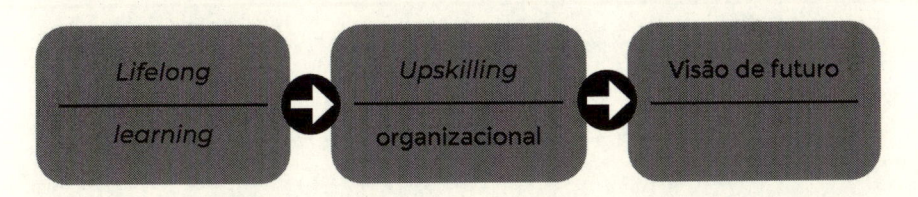

Figura 16 – Objetivo da aprendizagem continuada – dimensão organizacional

PIPELINE DA PROSPERIDADE

Em um horizonte de cinco anos, quais são as novas atitudes e habilidades que serão requeridas pelo mercado no qual sua organização atua?

A construção de um *pipeline* que permita a aquisição das competências estratégicas começa pela identificação das lacunas existentes na organização, ou seja, as diferenças entre as competências necessárias e as competências existentes. Quanto maior a clareza dos pontos de partida (onde estamos) e de chegada (objetivo), maior consistência terá o *pipeline*. Ações de transformação organizacional que não contemplem esses fatores tendem a desperdiçar muito mais tempo e esforço.

Para identificar previamente as competências que serão necessárias futuramente, é importante que as organizações realizem, a partir da sua visão estratégica de futuro, uma detalhada análise das tendências e mudanças do mercado, levando em consideração fatores como avanços tecnológicos, mudanças nos modelos de negócios, comportamento do consumidor, entre outros.

Além disso, é importante que as organizações invistam em programas de desenvolvimento de lideranças, para que essas possam antecipar as necessidades futuras e desenvolver nos colaboradores, de forma estratégica, as competências necessárias. Vale reforçar que nenhum programa de transformação será bem-sucedido se as lideranças não estiverem envolvidas e preparadas. Lideranças desengajadas ou despreparadas para buscar atingir os objetivos da transformação organizacional tendem a boicotar o processo; na maioria das vezes, de forma velada.

COMPETÊNCIAS PARA O FUTURO

Uma excelente fonte de informações que servem de orientação para entendermos quais serão as principais competências exigidas dos profissionais e das organizações no futuro é o Fórum Econômico Mundial (WEF, na sigla em inglês).

Tendo emergido como uma importante referência na análise das tendências e no planejamento para o futuro do trabalho, por realizar pesquisas inovadoras e abrangentes para identificar as competências cruciais que serão necessárias no ambiente em constante transformação, o WEF é uma organização internacional independente, fundada em 1971, com a missão de engajar líderes globais na busca de soluções para os desafios da humanidade, e tem sede em Genebra, Suíça. É reconhecido mundialmente por seu Fórum Anual em Davos, reunindo líderes políticos, empresariais e acadêmicos para discutir questões econômicas, sociais e políticas.

Por meio de suas pesquisas, o WEF identificou competências-chave que serão altamente demandadas no futuro, ajudando a orientar indivíduos, organizações e governos na preparação para os desafios e oportunidades que surgem com a rápida evolução tecnológica e as mudanças no mercado de trabalho. Essas pesquisas abrangem uma ampla gama de setores, e consideram fatores como avanços tecnológicos, automação, mudanças demográficas e necessidades emergentes dos empregadores.

Exploraremos aqui as mais recentes pesquisas do Fórum Econômico Mundial sobre as competências essenciais para o futuro do trabalho e, por consequência, das organizações.

A edição da Pesquisa sobre o Futuro do Emprego realizada em 2023 é a que possui a cobertura mais abrangente entre as quatro edições realizadas até o momento, abordando temas, geografias e setores diversos. A pesquisa traz a perspectiva de 803 empresas, as quais, juntas, empregam mais de 11,3 milhões de trabalhadores, em 27 *clusters* industriais e 45 economias de todas as regiões do mundo.

Ela explora questões relacionadas a macrotendências, tendências tecnológicas e o impacto delas nos empregos, às habilidades e às estratégias de transformação da força de trabalho que as empresas planejam adotar ao longo do período de 2023-2027.[300]

FATORES CONTEXTUAIS

Adoção de tecnologia

Entre suas constatações está a de que, nos próximos cinco anos, a adoção de novas tecnologias continuará sendo um dos principais motores a impulsionar a transformação dos negócios. Os resultados da pesquisa revelam que mais de 85% das organizações pesquisadas identificam o *aumento da adoção de tecnologias novas*, juntamente com a *ampliação do acesso digital*, como as tendências com maior probabilidade de impulsionar a transformação em suas operações.

Essa crescente adoção tecnológica abrange uma ampla gama de áreas, incluindo inteligência artificial, automação, internet das coisas, análise de dados avançada e tecnologias disruptivas. As organizações estão reconhecendo, cada vez mais, o valor e o impacto positivo que essas tecnologias podem trazer para seus modelos de negócios, desde melhorias operacionais até a criação de novos produtos e serviços inovadores.

De forma específica, o relatório 2023 do WEF sobre o futuro do emprego indicou uma alta probabilidade de adoção das tecnologias de *big data*, computação em nuvem e inteligência artificial. Mais de 75% das empresas planejam incorporar essas tecnologias em suas operações nos próximos cinco anos. Os dados também revelam o impacto da digitalização no comércio e nas transações comerciais.

Outra área de destaque é a adoção de tecnologias relacionadas à educação e à força de trabalho. Cerca de 81% das empresas estão buscando adotar essas tecnologias até 2027.

Essas tendências indicam uma crescente conscientização das empresas com relação aos benefícios que as tecnologias emergentes podem trazer para suas operações. A adoção dessas tecnologias pode impulsionar a eficiência, a produtividade e a competitividade no mercado atual. É importante que as empresas estejam preparadas para enfrentar as mudanças e aproveitar as oportunidades oferecidas pela rápida evolução do mundo digital.

PADRÕES DE ESG

A pesquisa destaca que a aplicação mais ampla dos padrões Ambientais, Sociais e de Governança (ESG, na sigla em inglês) dentro das organizações também terá um impacto significativo na transformação dos negócios.

Os líderes empresariais estão reconhecendo a importância de incorporar considerações ambientais, sociais e de governança em suas estratégias e operações, para atender às demandas crescentes da sociedade por sustentabilidade e responsabilidade corporativa.

O impacto dos investimentos para impulsionar a transição verde foi considerado a sexta macrotendência mais significativa, confirmando o fato de que as organizações estão cada vez mais cientes da importância de adotar práticas sustentáveis e ambientalmente responsáveis como parte de suas estratégias de negócios.

A escassez de oferta e as expectativas dos consumidores em relação a questões sociais e ambientais é um desafio confirmado pela pesquisa. As organizações estão sendo desafiadas a encontrar maneiras de atender às demandas dos consumidores por produtos e serviços alinhados a valores sociais e ambientais, além de lidar com a crescente escassez de recursos e talentos qualificados que possam apoiar a implementação desse direcionamento estratégico.

As transformações no mercado de trabalho são impulsionadas por diversas tendências que geram efeitos tanto de criação quanto de destruição de empregos. Entre as macrotendências identificadas, os investimentos voltados para a transição verde das empresas, a ampliação dos padrões ESG e a localização das cadeias de suprimentos são considerados os principais impulsionadores de criação líquida de empregos, embora haja um deslocamento parcial de empregos em cada um desses casos.

ECONOMIA E GEOPOLÍTICA GLOBAL

Outras tendências macroeconômicas com impacto relevante incluem o aumento do custo de vida e o crescimento econômico lento. Esses fatores podem criar desafios para as organizações, exigindo uma adaptação cuidadosa para lidar com questões como inflação, aumento dos custos operacionais e volatilidade econômica.

As tensões comerciais, a volatilidade das políticas internacionais e as mudanças nas relações globais afetam as estratégias de expansão internacional, a cadeia de suprimentos e a colaboração entre empresas de diferentes países. As incertezas em torno da recuperação econômica, a necessidade de adaptação a novas formas de trabalho remoto e a implantação de medidas rígidas de saúde e segurança têm influenciado diretamente as estratégias das organizações. O impacto continuado da pandemia de covid-19, o aumento das divisões geopolíticas e os dividendos demográficos nas economias em desenvolvimento e emergentes também foram destacados como motores de evolução dos negócios pelos entrevistados.

Três principais fatores são apontados como motores da destruição líquida esperada de empregos. O crescimento econômico mais lento, a escassez de oferta e o aumento dos custos de insumos, assim como o aumento do custo de vida para os consumidores, são desafios que as empresas enfrentam e que podem levar à redução líquida de postos de trabalho.

Diante desse cenário, é fundamental que as organizações estejam preparadas para se adaptar às mudanças e desafios que surgem. Esses fatores podem influenciar a forma como elas operam, interagem globalmente e respondem às necessidades e expectativas em constante mudança dos clientes e *stakeholders*. A capacidade de se adaptar a essas mudanças, inovar e promover a resiliência é fundamental para a evolução dos negócios nesse contexto desafiador.

ROTATIVIDADE ESTRUTURAL

De acordo com as projeções dos empregadores, espera-se uma significativa transformação no mercado de trabalho nos próximos cinco anos, com uma rotatividade estrutural de aproximadamente 23% dos empregos. Essa mudança pode ser entendida como um indicador geral de disrupção, resultante de uma combinação de novos empregos surgindo e empregos em declínio sendo eliminados.

Com base nos dados coletados na pesquisa do WEF de 2023, os entrevistados identificaram setores que provavelmente terão uma taxa de *churn*[21] acima da média, tais como *supply chain* e transporte, assim como mídia, entretenimento e esportes. Por outro lado, espera-se que os setores de manufatura, varejo e atacado de bens de consumo tenham uma taxa de *churn* abaixo da média.

Ao analisar o conjunto de dados dessa pesquisa, que reflete um total de 673 milhões de empregos, os entrevistados antecipam um crescimento estrutural de 69 milhões e uma diminuição de 83 milhões de empregos. Isso resulta em uma diminuição líquida de 14 milhões de postos de trabalho, representando aproximadamente 2% do total existente.

Como especialista em futuro do trabalho, observo que houve uma mudança na fronteira entre humanos e máquinas, com as empresas adotando a automação em suas operações a um ritmo mais lento do que o previsto anteriormente. De acordo com estimativas atuais, cerca de 34% de todas as tarefas relacionadas aos negócios são realizadas por máquinas, enquanto os 66% restantes são realizados por seres humanos. Isso representa um aumento marginal de apenas 1% no nível de automação em comparação com as projeções dos entrevistados da Pesquisa Futuro do Emprego de 2020.

Essa taxa de automação vai contra as expectativas, que previam que quase metade (47%) das tarefas de negócios seriam automatizadas nos cinco anos seguintes. Na pesquisa mais atual, os entrevistados revisaram suas expectativas e preveem que 42% das

---

21 A taxa de churn refere-se à proporção de clientes ou usuários que deixam de utilizar um serviço ou produto durante um determinado período. É um importante indicador de fidelidade e satisfação do cliente, além de ser crucial para entender a saúde e sustentabilidade de um negócio.

tarefas de negócios serão automatizadas até 2027. É importante destacar que a automação das tarefas em 2027 será variável, abrangendo desde 35% de raciocínio e tomada de decisão até 65% de informações e processamento de dados.

As projeções de substituição do trabalho físico e manual por máquinas diminuíram; por outro lado, espera-se que habilidades tais como raciocínio, comunicação e coordenação – todas com vantagem comparativa para os humanos – sejam cada vez mais automatizadas no futuro.

Espera-se que a inteligência artificial, como um dos principais impulsionadores do potencial de automação algorítmica, seja adotada por quase 75% das empresas pesquisadas. Isso pode levar a uma alta taxa de *churn*, com 50% das organizações esperando que a adoção de IA resulte em crescimento de empregos, enquanto 25% esperam perdas de empregos.

A combinação de macrotendências e adoção de tecnologia terá um impacto significativo no mercado de trabalho, impulsionando áreas específicas de crescimento e declínio do emprego. Aqui estão os pontos principais:

- Os empregos que vêm experimentando um crescimento mais rápido estão diretamente ligados à tecnologia, digitalização e sustentabilidade. Especialistas em IA e aprendizado de máquina lideram a lista dos empregos em rápido crescimento, seguidos por especialistas em sustentabilidade, analistas de inteligência de negócios e analistas de segurança da informação. À medida que as economias se voltam para as energias renováveis, também há um crescimento bastante significativo nas

funções de engenheiros de energia renovável e engenheiros de instalação de sistemas de energia solar.
- Por outro lado, os empregos que vêm declinando rapidamente estão fortemente relacionados à digitalização e tecnologia de automação. As maiores perdas de emprego são esperadas em funções administrativas e em setores tradicionais de segurança, fábrica e comércio. As organizações pesquisadas preveem uma diminuição de 26 milhões de empregos até 2027 em funções de manutenção de registros e administrativas, incluindo caixas, atendentes bancários, atendentes de bilheteria, entrada de dados, escriturários de serviços postais, contabilidade, escrituração contábil e folha de pagamento, assim como secretários administrativos e executivos.
- Setores como educação, agricultura e comércio digital têm previsão para um crescimento significativo do emprego. Espera-se um aumento de aproximadamente 10% nos empregos no segmento da educação, o que resultará em 3 milhões de empregos adicionais para professores do ensino profissional e professores do ensino universitário e superior. A profissão de operador de equipamentos agrícolas terá um crescimento de cerca de 30%, o que significa mais 3 milhões de empregos. Além disso, há uma previsão de crescimento de aproximadamente 4 milhões de empregos em funções habilitadas digitalmente, como especialistas em e-commerce, em transformação digital e em marketing digital e estratégia.

Essas mudanças indicam a importância de uma abordagem equilibrada no uso da automação e da inteligência artificial no local de trabalho. Embora algumas tarefas possam ser automatizadas, é essencial reconhecer o valor das habilidades humanas únicas e promover uma integração harmoniosa entre humanos e máquinas para impulsionar o crescimento e a produtividade das organizações.

COMPETÊNCIAS-CHAVE

No cenário atual, é importante destacar que o *pensamento analítico* e o *pensamento criativo* continuam sendo as competências mais importantes para os trabalhadores.

O pensamento analítico é considerado uma habilidade essencial por uma proporção significativamente maior de empresas em comparação a qualquer outra habilidade, representando, em média, 9% das habilidades essenciais relatadas.

Em segundo lugar, o pensamento criativo, outra habilidade cognitiva, é reconhecido como fundamental, superando três habilidades de autoeficácia: resiliência, flexibilidade e agilidade; motivação e autoconhecimento; e curiosidade e aprendizagem ao longo da vida. Isso reflete o reconhecimento da importância dos trabalhadores em se *adaptarem* a ambientes de trabalho em constante transformação.

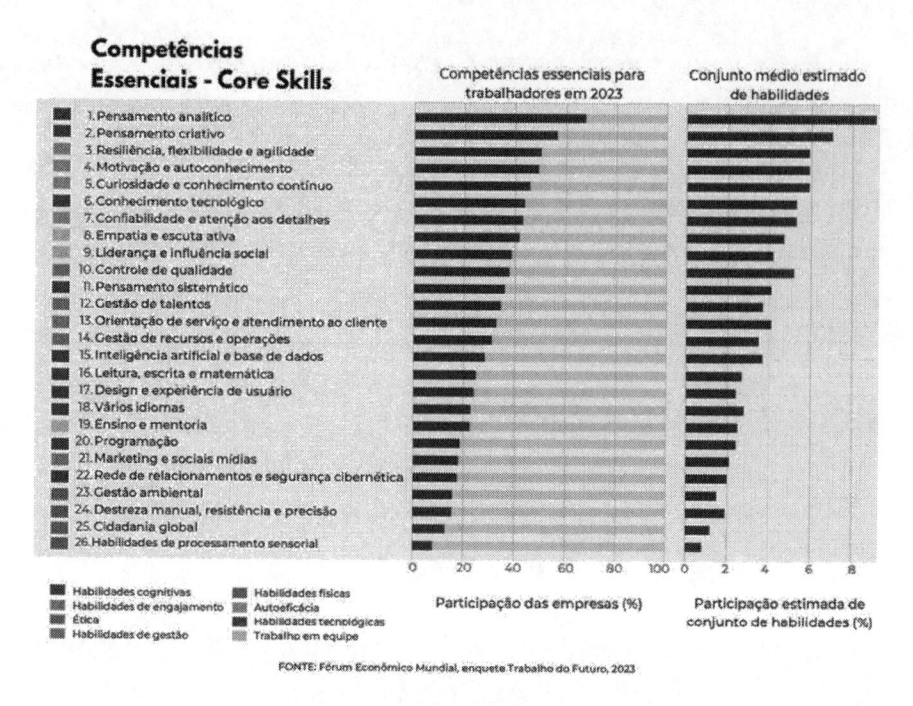

Figura 17 – Competências-chave em 2023

Outras habilidades essenciais incluem confiabilidade e atenção aos detalhes, que ocupa a sétima posição, logo atrás da alfabetização tecnológica. O top 10 de habilidades essenciais é complementado por duas atitudes relacionadas ao trabalho com outras pessoas: empatia e escuta ativa, bem como liderança e influência social.

Além disso, o controle de qualidade também é destacado como uma habilidade crucial.

EVOLUÇÃO DAS HABILIDADES

Os empregadores estão prevendo que 44% das competências dos trabalhadores serão interrompidas nos próximos cinco anos. É importante ressaltar que as habilidades cognitivas estão ganhando importância de forma acelerada, refletindo a crescente necessidade de solucionar problemas complexos no ambiente de trabalho.

De acordo com as empresas pesquisadas, o pensamento criativo está aumentando em importância ligeiramente mais rápido do que o pensamento analítico. A alfabetização tecnológica é a terceira habilidade que mais está crescendo. As competências de autoeficácia têm um aumento de importância superior às competências relacionadas ao trabalho com outras pessoas, conforme relatado pelas empresas. No que diz respeito às atitudes socioemocionais, a curiosidade e a aprendizagem ao longo da vida, resiliência, flexibilidade e agilidade, motivação e autoconhecimento são consideradas as que estão crescendo em importância mais rapidamente.

O pensamento sistêmico, a inteligência artificial e o *big data*, a gestão de talentos e a orientação a serviços e atendimento ao cliente completam as 10 principais habilidades em crescimento.

Essa lista reforça a importância de habilidades cognitivas, socioemocionais e tecnológicas para os trabalhadores no ambiente atual. As empresas reconhecem que as capacidades de análise, criatividade e adaptação são fundamentais para lidar com as mudanças e perturbações do local de trabalho, juntamente com habilidades interpessoais e competências relacionadas à qualidade e à eficiência.

PRIORIDADES DE MELHORIA DA QUALIFICAÇÃO

Estima-se que seis em cada dez trabalhadores precisarão de treinamento para requalificação antes de 2027, porém apenas metade deles tem acesso adequado a oportunidades de treinamento, atualmente.

Segundo a pesquisa realizada pelo WEF (2023), a principal prioridade para o desenvolvimento de competências no período de 2023 a 2027 é o pensamento analítico, que será abordado em 10% das iniciativas de treinamento, em média. Em seguida, temos o pensamento criativo, com 8% das iniciativas de requalificação. O treinamento para o uso de IA e *big data* ocupa o terceiro lugar entre as prioridades de treinamento, com 42% das empresas pesquisadas planejando priorizá-lo.

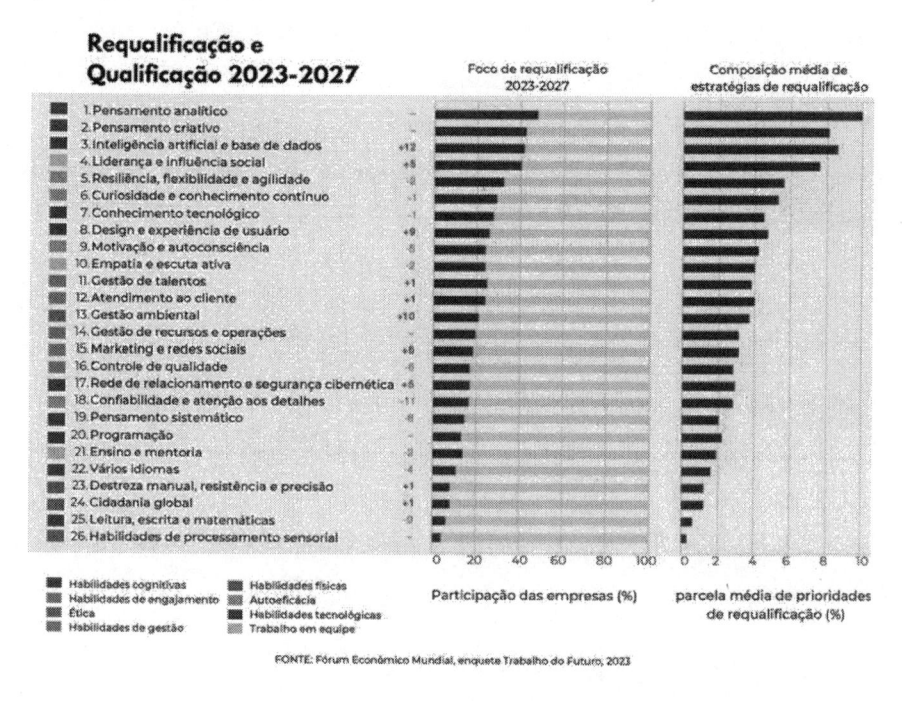

Figura 18 – Competências-chave projetadas até 2027

Os empregadores também planejam focar o desenvolvimento das habilidades de liderança e influência social (40% das empresas), resiliência, flexibilidade e agilidade (32%) e curiosidade e aprendizagem ao longo da vida (30%).

Dois terços das empresas esperam obter retorno do investimento em treinamento de competências dentro de um ano, seja na forma de maior mobilidade entre funções, maior satisfação dos trabalhadores ou maior produtividade.

É importante destacar que as habilidades que as empresas consideram estar aumentando em importância rapidamente nem sempre se refletem nas estratégias de aprimoramento corporativo. Além das habilidades cognitivas mais valorizadas, existem duas habilidades que as empresas priorizam muito mais do que seria esperado, com base em sua importância atual para a força de trabalho: IA e *big data*, e liderança e influência social.

IA e *big data* estão classificadas doze posições acima nas estratégias de habilidades pelas empresas, em comparação com sua avaliação de habilidades essenciais, e essas relatam que investirão cerca de 9% de seus esforços de requalificação nessa área – uma proporção maior do que para o pensamento criativo, indicando que a IA e o *big data*, embora estejam presentes em menos estratégias, tendem a ser considerados mais importantes quando incluídos. A liderança e influência social estão classificadas cinco posições acima do esperado em termos de importância atual.

Outras habilidades estrategicamente enfatizadas pelas empresas incluem design e experiência do usuário (nove posições acima), gestão ambiental (dez posições acima), marketing e mídia (seis posições acima) e redes e segurança cibernética (cinco posições acima).

Embora os entrevistados tenham avaliado que nenhuma habilidade está em declínio líquido, uma parcela significativa de empresas considera que as habilidades de leitura, escrita e matemática, cidadania global, habilidades de processamento sensorial, além de destreza, resistência e precisão manuais, estão se tornando menos importantes para seus trabalhadores.

Os entrevistados demonstram confiança no desenvolvimento de sua força de trabalho atual, porém são menos otimistas em relação à disponibilidade de talentos nos próximos cinco anos.

As organizações identificam lacunas de habilidades e dificuldade em atrair talentos como as principais barreiras para a transformação do setor. Como resposta, 48% das empresas veem a melhoria dos processos de progressão e promoção de talentos como uma prática fundamental, que pode aumentar a disponibilidade de talentos em suas organizações, superando a opção de oferecer salários mais altos (36%) e a oferta de requalificação e aprimoramento de habilidades eficazes (34%).

As empresas pesquisadas relatam que investir em aprendizado e treinamento no trabalho, além de automatizar processos, são as estratégias mais comuns adotadas para alcançar os objetivos de negócios de suas organizações. Quatro em cada cinco entrevistados esperam implementar essas estratégias nos próximos cinco anos.

SEÇÃO 1

Gestão, disseminação e renovação do conhecimento

O MANEJO DO CONHECIMENTO É O *MODO DE PREPARO* DA INOVAÇÃO. À MEDIDA que as organizações buscam se adaptar rapidamente às mudanças e se manter relevantes, o conhecimento emerge como um recurso estratégico fundamental, exigindo uma abordagem especializada e avançada.

Nesse contexto, a gestão, disseminação e renovação do conhecimento envolve a organização e a conexão dos aspectos estratégicos de diferentes áreas, identificando como cada um contribui para os objetivos do negócio. Abrangendo uma série de processos e práticas destinados a identificar, capturar, armazenar, organizar, compartilhar e atualizar os saberes existentes dentro de uma organização, ela vai além da simples criação de bancos de dados e sistemas de gestão do conhecimento. Envolve, também, a compreensão das dinâmicas do conhecimento tácito e explícito, bem como a identificação dos seus fluxos, codificação e classificação eficiente, requerendo um olhar holístico, que considera tanto os aspectos tecnológicos como os humanos, promovendo a colaboração e a conexão entre as pessoas para maximizar a criação, a renovação e o compartilhamento de conhecimento.

Sendo assim, toda a metodologia utilizada para garantir o funcionamento da empresa deve fazer parte desse manejo. Esses processos, incorporados, otimizados e personalizados pela experiência pessoal de cada colaborador – quando integrados e harmonizados – representam o capital intelectual da organização, que não apenas agrega valor à empresa, mas também impulsiona a inovação, a resolução de problemas e a tomada de decisões estratégicas.

A gestão do conhecimento contempla, da mesma forma, a sua disseminação, sendo um elemento crítico para garantir que o saber esteja disponível e acessível a todos os membros do grupo. Isso vai além da simples criação de plataformas e ferramentas de compartilhamento de informações. É necessário desenvolver uma cultura organizacional que valorize a distribuição de conhecimento, estabelecendo incentivos e reconhecimentos adequados para aqueles que contribuem ativamente com suas experiências e aprendizados. A partilha efetiva do conhecimento promove a aprendizagem contínua, estimula a troca de ideias e insights e permite que os colaboradores estejam preparados para enfrentar os desafios em um ambiente de negócios em constante evolução.

Outro aspecto relevante no impulsionamento da transformação organizacional de maneira significativa é a renovação do conhecimento (aprender e reaprender). Essa renovação é um aspecto essencial para garantir a adaptação e a inovação contínuas. Isso envolve um conjunto de abordagens voltadas para o aprendizado ativo, a experimentação e a busca por novas perspectivas.

As organizações que melhores resultados obtêm com o manejo do saber são aquelas que fomentam a curiosidade intelectual, incentivam o pensamento crítico e estimulam a colaboração interdisciplinar. Além disso, a renovação do conhecimento requer a disposição de questionar práticas estabelecidas e desafiar suposições preconcebidas. Isso implica uma abertura para diferentes perspectivas, a valorização da diversidade de pensamento e a aceitação do fracasso como uma oportunidade de aprendizado e melhoria (o mindset de crescimento anteriormente mencionado neste livro).

ESPIRAL DO CONHECIMENTO

Por meio da *espiral do conhecimento*, é possível explorar a dinâmica do saber e do aprendizado dentro das organizações.

A Teoria da Espiral do Conhecimento (TEC) foi apresentada pelos professores japoneses Ikujiro Nonaka e Hirotaka Takeuchi, autores do livro *A empresa criadora de conhecimento* (*The Knowledge-Creating Company*),[301] tendo como princípio o entendimento de que as organizações não se limitam a processar informações obtidas no ambiente externo (de fora para dentro), com o intuito de resolver os problemas existentes e se adaptar ao ambiente em transformação. Elas também criam conhecimentos e informações, de dentro para fora, a fim de redefinir tanto os problemas quanto as soluções, recriando seu meio e inovando.

Na TEC, a "gestão do conhecimento" contempla o conhecimento tácito e o que está por ser concebido (aprendizado), criando um espaço de exploração dos insights subjetivos, intuições, palpites coletivos ou individuais, disponibilizando-os para testes e uso pela organização como um todo. A interação, a experiência e o compartilhamento oferecem um campo fértil para o repensar e para a transformação das práticas e do saber.

A chave para esse processo reside no fortalecimento do comprometimento pessoal e do senso de identidade e de identificação com a organização, sua cultura e sua missão. Uma empresa é um organismo vivo que demanda um sentido e um significado – um propósito fundamental e compartilhado do que a empresa representa, para onde está indo, que tipo de mundo vislumbra e, principalmente, como tornar esse mundo uma realidade. Além disso, a TEC reconhece a qualidade casual da inovação, gerenciando essa serendipidade[22] para o benefício da empresa, seus funcionários e clientes.

O conhecimento é criado e ampliado por meio de uma espiral contínua de interação entre o conhecimento tácito e o explícito, cuja integração e conversão podem acontecer de quatro maneiras dentro da espiral do conhecimento:

- **Socialização:** é a troca e a conversão do conhecimento mutuamente tácito, por meio de interações sociais, compartilhamento de experiências e observação direta. Para ilustrar essa transformação do saber, imagine que você é um iniciante em uma nova profissão e está trabalhando em uma equipe experiente. Durante o seu trabalho diário, você tem a oportunidade de observar e interagir

---

22 A serendipidade significa uma descoberta não prevista e cujo resultado se deu por meio do acaso, mediante incidentes que criam oportunidades ou que fazem surgir ideias e inovações incríveis. Contudo, não se trata apenas de uma casualidade ou de boa sorte: a serendipidade é a soma do acaso com o conhecimento adquirido.

com colegas mais experimentados, aprender com eles e absorver conhecimento tácito valioso. Por exemplo, você pode aprender as melhores práticas, técnicas e dicas que não são formalmente documentadas. Esse é um exemplo de socialização, em que o conhecimento tácito é compartilhado por meio da observação, interação social e experiências compartilhadas.

- **Externalização:** é o intercâmbio e a conversão do conhecimento tácito para explícito, quando o conhecimento pessoal é articulado em conceitos, metáforas ou modelos que podem ser comunicados a outros. Dando continuidade ao exemplo anterior para melhor apresentar o processo de externalização, imagine que, agora, após absorver conhecimento tácito por meio da socialização, você deseja compartilhá-lo com outras pessoas da equipe. Você decide criar um documento, uma apresentação ou mesmo uma demonstração prática para expressar e explicar esse conhecimento implícito em termos mais claros e explícitos. Por exemplo, você pode escrever um guia passo a passo detalhado sobre determinada tarefa, ou criar um vídeo explicativo para compartilhar com seus colegas. Externalização, então, é o processo de transformar o conhecimento tácito em conhecimento explícito.

- **Combinação:** é a troca e a conversão do conhecimento explícito, por meio da combinação de diferentes formas de conhecimento explícito existentes, como documentos, informações etc. Continuando o exemplo anterior, considere, agora, que você já criou conhecimento explícito por meio da externalização, e que você compartilhou esse material com a equipe ou disponibilizou em um repositório de conhecimento compartilhado. Outros membros da equipe também podem contribuir com seu próprio conhecimento explícito, adicionando informações, exemplos ou comentários. Em seguida, acontece a combinação, na qual diferentes formas de conhecimento explícito são combinadas para criar um conjunto ainda mais completo e diversificado de conhecimento explícito. Isso pode acontecer durante reuniões, fóruns de discussão ou mesmo em uma plataforma on-line por meio da qual a equipe colabora.

- **Internalização:** é a conversão do conhecimento explícito em tácito, em que o conhecimento explícito é internalizado e incorporado nas práticas e experiências pessoais. Imaginando a sequência dos exemplos anteriores, na internalização os membros da equipe têm acesso a esse conhecimento explícito combinado, e cada um deles tem a oportunidade de assimilá-lo e incorporá-lo em suas próprias práticas e experiências pessoais. Por exemplo, um membro da equipe pode ler o documento que você criou, entender as etapas e conceitos apresentados e, em seguida, aplicá-los em seu próprio trabalho diário. A experimentação oportuniza novos aprendizados, tornando o conhecimento novamente tácito para esse indivíduo.

Esse ciclo contínuo de socialização, externalização, combinação e internalização forma a espiral do conhecimento. Cada etapa alimenta a próxima, resultando em um aumento do conhecimento organizacional e individual ao longo do tempo.

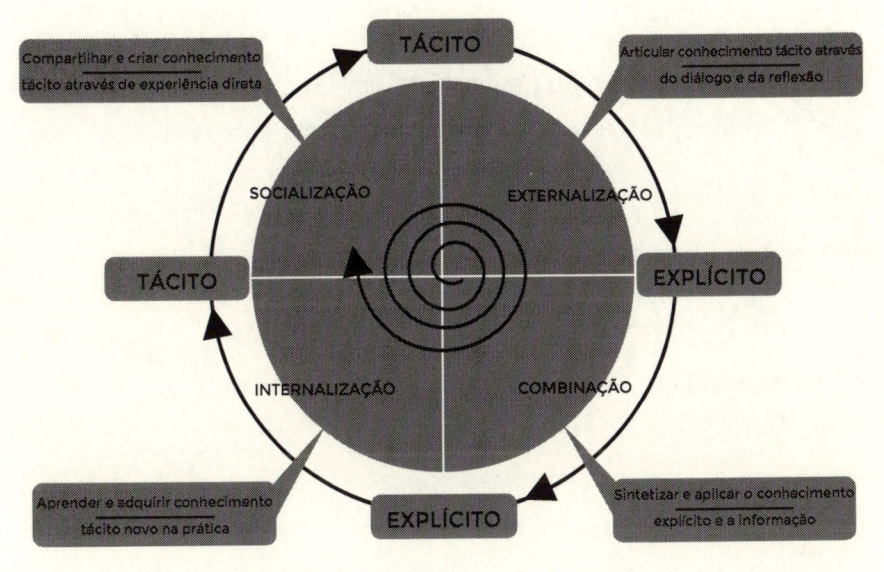

Figura 19 – Espiral do conhecimento

A espiral do conhecimento é uma abordagem que promove a aprendizagem coletiva, a inovação e a vantagem competitiva das organizações, permitindo a criação e transferência efetiva de conhecimento. É, portanto, uma demonstração de como o conhecimento organizacional se constitui, evolui e se transforma, integrando o saber formal (explícito) ao informal (tácito), e o saber individual ao coletivo em um entrelaçar contínuo que constrói, reconstrói e inova a maneira de compreender e de agir organizacionalmente, em um sistêmico círculo virtuoso de gestão, disseminação e renovação do conhecimento.

Além disso, é importante reforçar que a TEC nos oferece pistas para a estruturação de um processo de aprendizado contínuo, ao destacar a existência de duas dimensões do conhecimento (tácito e explícito) em dois níveis (individual e coletivo) e a possibilidade de uma interação contínua entre esses quatro elementos. Essa interação evolutiva do saber deve ser cuidadosa e metodologicamente pensada e fomentada. Portanto, a Espiral do Conhecimento não é apenas um conceito abstrato, mas um processo prático que ocorre no cotidiano, e que é melhor aproveitado quando estruturado e gerenciado.

AMBIENTE DE APRENDIZAGEM - *BA*

A Teoria da Espiral do Conhecimento sugere a construção e o aproveitamento do ambiente de aprendizagem, que conceitua como *ba*.

Ba é uma palavra japonesa que pode ser traduzida como "espaço" ou "contexto", identificando o ambiente físico ou mental no qual ocorrem as interações sociais e a criação de conhecimento dentro de uma organização.

Uma sala de reuniões em uma empresa, onde os membros da equipe se reúnem para discutir um novo projeto, é um exemplo de *ba* físico. É um espaço concreto específico onde as interações e discussões ocorrem. Dentro desse *ba* físico, a equipe compartilha suas ideias, experiências e conhecimentos. Cada membro da equipe traz consigo seu conhecimento tácito, baseado em suas experiências, habilidades e perspectivas únicas. Durante a reunião, eles podem trocar informações, debater diferentes pontos de vista, fazer perguntas e colaborar para chegar a soluções inovadoras. Esse ambiente facilita a socialização, que é uma das etapas da espiral do conhecimento. Por meio da interação social, os membros da equipe podem compartilhar conhecimentos tácitos uns com os outros, aprendendo com suas experiências e perspectivas individuais.

Além do *ba* físico, também podemos ter um *ba* virtual, que é um ambiente digital no qual ocorrem interações e colaboração

– por exemplo, uma plataforma on-line de compartilhamento de conhecimento, como uma intranet da empresa, ou uma plataforma de colaboração em equipe. Nele, os membros da equipe conseguem trocar informações, compartilhar documentos, fazer perguntas e fornecer feedback mútuo, independentemente da localização física de cada um.

Outro exemplo de *ba* virtual pode ser evidenciado nas equipes que trabalham remotamente e se comunicam principalmente por meio de videoconferências e chats on-line. Mesmo sem terem um espaço físico compartilhado, eles podem criar um *ba* virtual, onde a interação e a troca de conhecimento ocorrem. Por meio dessas interações virtuais, eles podem compartilhar conhecimentos tácitos e explícitos, discutir ideias e criar novo conhecimento coletivamente.

É importante ressaltar que o *ba* não é apenas o ambiente físico ou virtual em si, mas também o clima, a cultura e o contexto em que as interações ocorrem. Esse contexto é conceituado pela TEC como *ba* mental. O *ba* mental refere-se, então, ao contexto (campo) propício para a criação de conhecimento, que favorece a confiança, a abertura, o respeito mútuo e a colaboração. Fazem parte dele a cultura do aprendizado e a segurança psicológica.

O *ba* contempla o espaço (físico ou virtual) e o contexto (campo) propício para a socialização, a externalização, a combinação e a internalização do conhecimento, impulsionando a espiral. Neste sentido, não há como falarmos em uma boa gestão, disseminação ou renovação do conhecimento que não contemple o manejo adequado do *ba*.

Para isso, destacamos o papel crucial da liderança no funcionamento da espiral do conhecimento. É a partir das lideranças que acontece a promoção da cultura do aprendizado e o fortalecimento da segurança psicológica, incentivando e oportunizando contextos para a participação ativa dos membros da equipe, estimulando a reflexão, fornecendo suporte e eliminando os obstáculos para a transformação do conhecimento em valor organizacional.

MEDINDO O CAPITAL INTELECTUAL

A medição do capital intelectual tem se mostrado uma área de crescente importância para as organizações nos últimos anos. Enquanto os ativos tangíveis, como equipamentos e instalações, eram tradicionalmente considerados os principais impulsionadores do valor organizacional, cada vez mais empresas reconhecem que o conhecimento e a expertise de seus colaboradores são ativos igualmente valiosos.

A gestão do capital intelectual envolve não apenas reconhecer a importância do conhecimento organizacional, mas também mensurar e gerenciar esse recurso estratégico de forma eficaz. Afinal, como diz o famoso adágio: "quem não mede não gerencia". Ao medir o capital intelectual, as empresas podem obter uma visão clara de seus ativos intangíveis e identificar áreas de força e fraqueza, além de tomar decisões embasadas para maximizar o valor e a utilização desses ativos.

Os indicadores fornecem medidas quantitativas e qualitativas que permitem avaliar e acompanhar o desempenho, o crescimento e o potencial de desenvolvimento do capital intelectual de uma organização. Esses indicadores podem abranger diferentes aspectos do capital intelectual, como o capital humano, o capital estrutural e o capital do cliente.

INDICADORES DO CAPITAL HUMANO

Indicadores de capital humano estão relacionados às habilidades, conhecimentos e experiências dos colaboradores. Esses indicadores podem variar, dependendo de quais sejam os objetivos e as necessidades específicas da organização. Como exemplos, podemos citar: índice de competências, taxa de retenção de talentos, taxa de absorção de conhecimento, índice de colaboração, índice de satisfação do cliente e retorno sobre investimento em capacitação.

Índice de competências

Esse indicador mede o nível de competências e habilidades dos colaboradores da organização. Pode ser calculado a partir de avaliações individuais de competências, feedback dos gestores ou resultados de treinamentos e capacitações realizados, de acordo com a abordagem adotada.

Segue um exemplo simplificado de como calcular o índice de competências usando uma abordagem baseada em avaliações individuais de competências:

- Passo 1: Definir as competências a serem avaliadas – por exemplo, suponha que a organização queira avaliar as competências de comunicação, liderança e habilidades técnicas.
- Passo 2: Estabelecer uma escala de avaliação – definir uma escala numérica ou descritiva para cada competência. Por exemplo, uma escala de 1 a 5, em que 1 representa baixo nível de competência e 5 representa alto nível de competência.

- **Passo 3:** Realizar as avaliações individuais – os gestores ou avaliadores designados avaliam cada funcionário nas competências estabelecidas. Cada uma delas recebe uma pontuação com base na escala pré-definida.

Exemplo:
Funcionário A:
- Competência em comunicação: 4
- Competência em liderança: 3
- Competência em habilidades técnicas: 5

Funcionário B:
- Competência em comunicação: 3
- Competência em liderança: 4
- Competência em habilidades técnicas: 4

- **Passo 4:** Calcular o índice de competências – para obter o índice de competências de cada funcionário, pode-se calcular a média das pontuações atribuídas a todas as competências avaliadas.

Exemplo:
Funcionário A: $(4 + 3 + 5) / 3 = 4$
Funcionário B: $(3 + 4 + 4) / 3 = 3{,}67$

Nesse exemplo, o Funcionário A obteve um índice de competências de 4, enquanto o Funcionário B obteve um de 3,67.

Reforçamos que essa é apenas uma abordagem simplificada e ilustrativa de como calcular o índice de competências. Cabe ressaltar que a definição das competências, a escala e a metodologia de avaliação podem variar de acordo com as necessidades e a cultura organizacional de cada empresa.

Taxa de retenção de talentos

Esse indicador mede a capacidade da organização de reter seus colaboradores-chave. Uma alta taxa de retenção indica que a empresa está conseguindo manter o conhecimento e a experiência dentro de seus quadros.

Para calcular a taxa de retenção de talentos, é preciso obter alguns dados específicos sobre os colaboradores da organização.

A seguir um exemplo simplificado de cálculo:

- Passo 1: Obtenha o número de colaboradores no início e no final do período de análise. Vamos chamar esses números de "C1" (número de colaboradores no início) e "C2" (número de colaboradores no final).
- Passo 2: Calcule o número de colaboradores que deixaram a empresa durante o período de análise. Vamos chamar esse número de "D" (número de colaboradores que deixaram).
- Passo 3: Calcule a taxa de retenção de talentos usando a fórmula:

$$\text{TAXA DE RETENÇÃO DE TALENTOS} = (C_2 / C_1) \times 100$$

Exemplo:

Suponha que, no início do ano, a empresa tivesse 1.000 colaboradores (C_1) e, ao final do ano, restaram 900 (C_2). Portanto, durante o ano, 100 colaboradores deixaram a empresa, sendo ou não substituídos (D).

Taxa de retenção de talentos = (900 / 1000) x 100 = 90%

Nesse exemplo, a taxa de retenção de talentos seria de 90%, o que indica que a empresa conseguiu reter 90% dos seus colaboradores-chave ao longo do período de análise.

Reforçamos que esse é um exemplo simplificado, e que a medição da taxa de retenção de talentos pode ser refinada de acordo com as particularidades da organização, sendo possível segmentá-la por departamentos ou níveis hierárquicos para obter uma visão mais detalhada. Além disso, é importante considerar o contexto da empresa e comparar sua taxa de retenção com *benchmarks* do setor para avaliar o desempenho em relação a seus pares.

Taxa de absorção de conhecimento

Esse indicador mede a velocidade e eficácia com que a organização é capaz de absorver e aplicar novos conhecimentos. Pode ser medido utilizando-se indicadores de aprendizado organizacional, como o tempo de implementação de novas práticas ou adoção de novas tecnologias.

A seguir um exemplo utilizando a métrica de adoção de novas práticas pelos colaboradores:

- Passo 1: Determine o número total de funcionários da organização no período de análise. Vamos chamar esse número de "NC_total" (número total de colaboradores).
- Passo 2: Identifique o número de funcionários que adotaram efetivamente as novas práticas ou conhecimentos no período de análise. Vamos chamar esse número de "NC_adotaram" (número de colaboradores que as adotaram).
- Passo 3: Calcule a taxa de absorção do conhecimento usando a fórmula:

$$\text{TAXA DE ABSORÇÃO DO CONHECIMENTO} = (NC\_ADOTARAM / NC\_TOTAL) \times 100$$

Exemplo:
Suponha que a organização possui um total de 5.000 funcionários (NC_total) e, após a implementação de um programa de treinamento em novas práticas, 3.500 destes adotaram efetivamente essas práticas (NC_adotaram).

Taxa de absorção do conhecimento = (3500 / 5000) x 100 = 70%

Nesse exemplo, a taxa de absorção do conhecimento seria de 70%, indicando que 70% dos funcionários da organização adotaram as novas práticas em seu trabalho.

Na prática, a taxa de absorção pode ser medida de diferentes maneiras, levando em consideração métricas mais detalhadas, como o grau de implementação efetiva, a adoção pelos funcionários e o impacto nos resultados da organização. Cada organização pode adaptar o cálculo às suas necessidades e às métricas que considera relevantes para medir a absorção do conhecimento de maneira mais precisa.

Índice de colaboração

Esse indicador mede o nível de colaboração e compartilhamento de conhecimento entre os funcionários. Pode ser medido por meio de indicadores tais como o uso de plataformas colaborativas, participação em comunidades de prática ou o número de projetos colaborativos.

Apresentamos, a seguir, exemplos de cálculo:

- Uso de plataformas colaborativas:
    - Determine o número total de colaboradores da organização (NC).

- Identifique o número de colaboradores que utilizam regularmente plataformas colaborativas, como intranet, ferramentas de compartilhamento de documentos ou redes sociais corporativas (NUC).
- Calcule o índice de colaboração utilizando a fórmula:

$$\text{ÍNDICE DE COLABORAÇÃO} = (NUC / NC) \times 100$$

Exemplo:

Suponha que a organização tenha 2.000 funcionários no total (NC) e 1.500 desses utilizem regularmente as plataformas colaborativas (NUC).

Índice de colaboração = (1500 / 2000) x 100 = 75%

Nesse exemplo, o índice de colaboração seria de 75%, indicando um alto nível de adoção das plataformas colaborativas pelos trabalhadores.

- Participação em comunidades de prática:
  - Identifique o número total de colaboradores da organização (NC).
  - Levante o número de colaboradores que participam ativamente de pelo menos uma comunidade de prática (NPC).
  - Calcule o índice de colaboração utilizando a fórmula:

$$\text{ÍNDICE DE COLABORAÇÃO} = (NPC / NC) \times 100$$

Exemplo:
Suponha que a organização tenha um total de 2.000 funcionários (NC), e que 400 deles participem ativamente de pelo menos uma comunidade de prática (NPC).

$$\text{Índice de colaboração} = (400 / 2000) \times 100 = 20\%$$

Nesse exemplo, o índice de colaboração seria de 20%, indicando que 20% dos colaboradores estão engajados nas comunidades de prática.

- **Número de projetos colaborativos:**
    - Identifique o número total de colaboradores da organização (NC).
    - Determine o número de colaboradores que estão envolvidos em projetos colaborativos (NPC).
- Calcule o índice de colaboração utilizando a fórmula:

$$\text{Índice de colaboração} = (NPC / NC) \times 100$$

Exemplo:
Suponha que a organização tenha 2.000 colaboradores no total (NC), e 600 desses estejam envolvidos em projetos colaborativos (NPC).

Índice de colaboração = $(600 / 2000) \times 100 = 30\%$

Nesse exemplo, o índice de colaboração seria de 30%, indicando que 30% dos colaboradores estão participando de projetos colaborativos.

Esses exemplos fornecem uma visão geral de como calcular o índice de colaboração por meio de diferentes indicadores comumente utilizados pelas organizações, sendo necessário adaptar a metodologia às necessidades específicas da empresa e aos indicadores relevantes para medir a colaboração e o compartilhamento de conhecimento de maneira eficaz.

Índice de satisfação do cliente

Esse indicador mede o nível de satisfação dos clientes em relação aos produtos, serviços e experiência oferecidos pela organização. Pode ser medido por meio de pesquisas de satisfação, feedback dos clientes ou índices de lealdade.

Atualmente, o *Net Promoter Score* (NPS) é um dos indicadores mais amplamente utilizados para medir a satisfação e lealdade dos clientes em relação a uma empresa, produto ou serviço. O cálculo do NPS é baseado em uma pergunta-chave: "Em uma escala de 0 a 10, qual a probabilidade de você recomendar nossa empresa/produto/serviço a um amigo ou colega?". Com base nas respostas, os clientes são classificados em três categorias: detratores, neutros e promotores.

A seguir, apresentamos o cálculo do NPS usando esse método: Pesquisa do Net Promoter Score (NPS):

- **Passo 1 – Realize uma pesquisa com os clientes, utilizando a pergunta-chave: "Em uma escala de 0 a 10, qual a probabilidade de você recomendar nossa empresa/produto/serviço a um amigo ou colega?".**
- **Passo 2 – Classifique as respostas em três categorias:**

- **Detratores:** clientes que deram notas de 0 a 6. Eles não estão satisfeitos e podem transmitir uma imagem negativa da empresa.
- **Neutros:** clientes que deram notas de 7 a 8. Eles estão satisfeitos, mas não são entusiastas e podem ser facilmente influenciados por concorrentes.
- **Promotores:** clientes que deram notas de 9 a 10. Eles estão altamente satisfeitos e propensos a recomendar a empresa/produto/serviço para outras pessoas.
- Passo 3 – Calcule o percentual de clientes em cada categoria.
- Passo 4 – Subtraia a porcentagem de detratores da porcentagem de promotores para obter o NPS.

Exemplo:

Suponha que, em uma pesquisa do NPS, 100 clientes tenham respondido à pergunta-chave da seguinte forma:

- Detratores (notas de 0 a 6): 20 clientes (20%)
- Neutros (notas de 7 a 8): 30 clientes (30%)
- Promotores (notas de 9 a 10): 50 clientes (50%)

Para calcular o NPS, subtraia a porcentagem de detratores (20%) da porcentagem de promotores (50%):

NPS = 50% − 20% = 30%

Nesse exemplo, o NPS seria de 30, indicando um saldo positivo entre os promotores e detratores.

Lembrando que o NPS pode variar de -100 a +100, e o resultado pode ser interpretado de acordo com os padrões estabelecidos para cada indústria e organização.

Retorno sobre investimento em capacitação

Como o próprio nome indica, esse indicador avalia o impacto dos investimentos em capacitação e treinamento de colaboradores. Pode ser medido comparando os resultados obtidos antes e depois da capacitação, como aumento de produtividade, redução de erros ou melhoria da qualidade do trabalho. Todavia, seu cálculo pode ser um pouco mais complexo por, em boa parte das vezes, envolver uma relação menos cartesiana entre o investimento realizado e o retorno obtido. Nesse caso, é necessário considerar uma abordagem mais abrangente e levar em conta múltiplos indicadores de desempenho e impacto.

Abaixo, exemplificamos uma das diversas formas de calcular essa métrica. Essa abordagem é conhecida como *Return on Expectations* (ROE), enfocando as expectativas e resultados qualitativos.

O ROE leva em consideração não apenas os aspectos financeiros, mas também as expectativas e resultados intangíveis esperados com o programa de capacitação. Para calcular o ROE, siga os passos abaixo:

Passo 1. Definição das expectativas

Identifique as expectativas e os resultados qualitativos esperados com o programa de capacitação.

Isso pode incluir:

- Aumento da confiança e autoestima dos líderes.
- Melhoria da comunicação e habilidades de liderança.
- Fortalecimento de relações interpessoais e do trabalho em equipe.
- Aumento da motivação e engajamento dos líderes.
- Melhoria da cultura organizacional e do clima de trabalho.

Passo 2. Avaliação das Expectativas

Realize pesquisas, entrevistas, escalas, ou utilize outras formas de coletar dados para avaliar o nível de alcance das expectativas definidas. Por exemplo, aplique questionários de autoavaliação antes e após o programa de capacitação, para que os líderes avaliem seu próprio crescimento e desenvolvimento em relação às expectativas estabelecidas. O questionário pode ser aplicado também junto aos líderes dos participantes das capacitações.

Passo 3. Cálculo do ROE

Compare os resultados obtidos com as expectativas estabelecidas. Por exemplo, a expectativa inicial era de que 100% dos participantes das capacitações considerassem sua confiança e autoestima como "4" ou "5" em uma escala de 1 a 5, um mês após o término do treinamento. Após a autoavaliação final, o resultado foi de que 80% dos participantes se autodeclararam como tendo classificação "4" ou "5" – ou seja, 80% da expectativa inicial.

Faça a média das expectativas iniciais. Essa média pode ser simples, somando os percentuais obtidos e dividindo pelo número de itens considerados, ou ponderada, dando pesos distintos para cada expectativa. Nesse caso, multiplique o resultado de cada item considerado pelo seu respectivo peso (ponderação) e, ao final, faça a soma dos percentuais obtidos e divida-a pelo somatório dos pesos.

Exemplo:

Resultados obtidos com as capacitações:

- **Aumento da confiança e autoestima dos líderes – 80% das expectativas iniciais**

- Melhoria da comunicação e habilidades de liderança - 50% das expectativas iniciais
- Fortalecimento das relações interpessoais e trabalho em equipe - 95% das expectativas iniciais
- Aumento da motivação e engajamento dos líderes - 100% das expectativas iniciais
- Melhoria da cultura organizacional e clima de trabalho - 20% das expectativas iniciais
- Pesos (ponderações)
- Aumento da confiança e autoestima dos líderes - Peso 1
- Melhoria da comunicação e habilidades de liderança - Peso 1
- Fortalecimento das relações interpessoais e trabalho em equipe - Peso 1,5
- Aumento da motivação e engajamento dos líderes - Peso 1,5
- Melhoria da cultura organizacional e clima de trabalho - Peso 2

Resultados ponderados:
- Aumento da confiança e autoestima dos líderes - 0,80 x 1 = 0,80
- Melhoria da comunicação e habilidades de liderança - 0,50 x 1 = 0,50
- Fortalecimento das relações interpessoais e trabalho em equipe - 0,95 x 1,5 = 1,43
- Aumento da motivação e engajamento dos líderes - 1,0 x 1,5 = 1,5
- Melhoria da cultura organizacional e clima de trabalho - Peso 2 - 0,20 x 2 = 0,40

Resultado ponderado = (0,80 + 0,50 + 1,43 + 1,5 + 0,40) ÷ (1+1+1,5+1,5+2) = (4,63) ÷ (7) = 0,661429

- **Para transformar essa pontuação média em um índice, multiplique por 100. Isso resultará no ROE em termos percentuais. Exemplo: 0,661429 x 100 = 66,1429%.**

Nesse exemplo, o ROE do programa de capacitação de lideranças seria de 66,1429%, indicando que em média pouco mais de 66% das expectativas estabelecidas foram atendidas.

O cálculo do ROE permite uma análise mais abrangente e qualitativa dos resultados da capacitação de lideranças, levando em consideração as expectativas e resultados intangíveis. Isso proporciona uma visão mais completa do impacto do programa, além dos aspectos financeiros, contribuindo para a tomada de decisões e aprimoramento contínuo das estratégias de desenvolvimento de lideranças.

Esses são apenas alguns exemplos de indicadores utilizados pelo mercado para medir o capital intelectual e a gestão do conhecimento. É importante ressaltar que a seleção dos indicadores deve estar alinhada aos objetivos estratégicos da organização e à sua cultura específica. Cada empresa pode escolher os indicadores mais relevantes para a sua realidade e suas necessidades.

PRÓXIMOS PASSOS:
BASE ESTRUTURANTE DO MITRO

Ao avançarmos para a Seção 2, nos debruçaremos sobre os alicerces que sustentam o Mitro, revelando as bases conceituais e práticas que formam a espinha dorsal da transformação organizacional contínua. Esta seção apoia a aplicação eficaz do Mitro, pois oferece os conhecimentos e ferramentas essenciais que garantirão consistência e profundidade na implantação do modelo, ao fornecer o arcabouço teórico e prático que embasa todo o processo de transformação organizacional descrito nas demais seções.

Sem uma compreensão aprofundada dos conceitos e fundamentos que discutiremos aqui, a implantação do Mitro corre o risco de ser superficial e inconsistente. A próxima seção oferece uma lente através da qual todas as etapas do Mitro devem ser vistas e aplicadas, garantindo que as mudanças não apenas sejam implementadas, mas internalizadas e sustentadas pela organização. É a pedra angular que garante que o Mitro não seja apenas um conjunto de boas intenções, mas uma estratégia robusta e implementável para a transformação organizacional. Com uma base sólida nos conceitos e práticas aqui discutidos, os líderes estarão mais bem equipados para guiar suas organizações diante das complexidades e incertezas do ambiente de negócios moderno.

Prepare-se para uma exploração profunda e reveladora, que fornecerá os conhecimentos e ferramentas necessários para liderar transformações significativas e duradouras, fazendo com que sua organização se destaque em um mundo em constante mudança!

Seção 1
ORIENTAÇÕES PARA A JORNADA

1. Como a flexibilidade cognitiva pode ser sistematicamente desenvolvida entre os líderes de sua organização para enfrentar complexidades futuras?
   - Avalie programas específicos que promovem a capacidade dos líderes de mudar de perspectiva e desenvolver soluções inovadoras em situações incertas.

2. De que maneira sua organização pode integrar um mindset de crescimento na avaliação de desempenho e nos processos de promoção?
   - Explore a implementação de critérios de avaliação que valorizem o aprendizado contínuo e a capacidade de adaptação em vez de apenas resultados passados.

3. Como o comportamento proativo dos colaboradores pode ser vinculado a objetivos estratégicos organizacionais para criar um impacto significativo?
   - Considere formas de alinhar iniciativas individuais de proatividade com metas estratégicas da empresa, incentivando a inovação e a antecipação de tendências.

4. Quais mecanismos sua organização pode adotar para transformar falhas e erros em oportunidades de aprendizado e inovação?
   - Analise as políticas e práticas que podem ser implementadas para criar um ambiente onde os erros são vistos como parte do processo de aprendizado.

5. Como a flexibilidade cognitiva pode ser medida e quantificada de modo a fornecer insights úteis para o desenvolvimento organizacional?
   - Avalie as ferramentas e metodologias que podem ser utilizadas para medir a flexibilidade cognitiva e aplicar os resultados no desenvolvimento de estratégias de crescimento.

6. De que forma sua organização pode criar programas de mentoria que fomentem a flexibilidade cognitiva e a resiliência entre os colaboradores?
   - Explore a criação de programas de mentoria que incentivem a troca de conhecimentos e experiências, promovendo uma cultura de adaptação e resiliência.

7. Como sua organização pode estruturar suas equipes de maneira a maximizar o comportamento proativo e a colaboração interdepartamental?
   - Avalie a organização estrutural e cultural que incentiva a colaboração e a proatividade entre equipes diferentes.

8. Quais são as implicações de longo prazo da promoção de um mindset de crescimento para a retenção de talentos em sua organização?
   - Analise os impactos de uma cultura de crescimento no engajamento e na retenção de colaboradores, e como isso pode ser sustentado ao longo do tempo.

9. Como sua organização pode utilizar a Teoria da Construção de Carreira para desenvolver planos de carreira que promovam a adaptabilidade?

- Explore a integração de princípios de adaptabilidade nos planos de carreira para ajudar os colaboradores a se prepararem para futuras transições e desafios.

10. Quais práticas inovadoras podem ser adotadas para incorporar a adaptabilidade como uma competência essencial nas descrições de cargo e processos de seleção?
    - Considere métodos para integrar a adaptabilidade nas descrições de cargo e nas entrevistas de seleção, assegurando que novos colaboradores possuam essa competência crucial.

Ambidestria e gestão da mudança: a arte de orquestrar atores para a transformação organizacional

Entrevista com Daniel Ely, enquanto vice-presidente executivo da Randoncorp e COO de Serviços Financeiros e Digitais da Rands, além de cofundador dos Institutos Hélice e UniTEA e LinkedIn Top Voice 2024.

Quais são os principais desafios e oportunidades que surgem diante da transformação digital e organizacional?

Considerando o case da Randoncorp e outros cases que venho acompanhando, a primeira coisa que sempre questiono é: *transformação de quê?* Nossas organizações sempre precisaram se transformar, sempre precisaram mudar. Então, o que há de diferente nisso que gera um novo desafio? Essa é sempre a minha primeira provocação quando falo de transformação. Se estamos em uma região empreendedora, que sempre se transformou e cresceu, por que agora estamos falando de inovação e transformação novamente?

É importante conceituar o que é essa nova transformação. Ressignificar e reconceituar é a primeira ruptura, para não parecer apenas uma nova roupagem ou maquiagem em algo que sempre fizemos. E é importante mostrar que não é isso. A forma de inovar que está sendo proposta agora, que impacta na transformação das nossas organizações, é totalmente diferente do modelo que sempre adotamos.

A inovação, por boas décadas, foi um processo mais solitário. Muitas vezes, as organizações cresciam ao enxergar práticas que já estavam acontecendo em outros lugares e as traziam para dentro. Isso era inovador, era disruptivo. Na década de 1970, por exemplo, o senhor Raul[23] começou a visitar a Europa e outros países, e muitos dos negócios que temos hoje nasceram desses momentos. Ainda havia a possibilidade de "copia e cola", no bom sentido, de pegar algo que já estava funcionando em algum lugar e trazer para um ambiente onde havia muito a ser feito. Isso possibilitava um crescimento muito alto.

No momento que vivemos hoje, em todos os segmentos e organizações – seja indústria ou serviços –, a inovação mais disruptiva não é incremental. A diferença, agora, está na orquestração de diferentes atores para a cocriação de algo novo.

---

23 Raul Anselmo Randon (1929-2018) foi um empresário e industrial brasileiro, fundador das Empresas Randon (atualmente Grupo Randoncorp), um dos maiores conglomerados industriais da América Latina. Natural de Tangará, Santa Catarina, Randon iniciou suas atividades empresariais em Caxias do Sul, Rio Grande do Sul, onde desenvolveu a Randon Implementos, especializada na fabricação de reboques e semirreboques. Ao longo de sua carreira, Randon expandiu seus negócios para diversos setores, incluindo autopeças, veículos comerciais e serviços financeiros. Ele também foi reconhecido por seu trabalho filantrópico e por promover o desenvolvimento econômico e social na região sul do Brasil.

Aí nos deparamos com o primeiro desafio das organizações: não aprendemos a operar nesse ambiente de colaboração e cooperação no nível necessário para essa nova forma de inovação. E onde estará nossa primeira resistência nesse processo? Nas pessoas. Precisamos reaprender, como líderes, a como fazer isso e, ao reaprender, ensinar nossas equipes a trabalhar nesse novo modelo.

Quando falamos de métodos ágeis e outras ferramentas, tudo isso são meios de trabalhar de forma mais colaborativa, com menos hierarquia, menos comando e controle, e mais fluidez. Isso não estava na nossa formação. Comecei a entender isso há cerca de seis ou sete anos, ao observar ecossistemas de inovação fora do Brasil e tentar compreender a cultura presente lá. Era uma cultura em que todos entendiam que cada um tinha uma parte da resposta e que, se conseguíssemos juntar esses atores, criaríamos uma resposta diferente. No Vale do Silício, em Portugal, Canadá e Israel, vemos essas características. O empreendedor é o mesmo do passado, mas atuando de uma forma diferente, com uma mentalidade diferente.

Para conseguir fazer essas conexões e administrações, sempre falo da lógica da abundância e da escassez. Se não entendermos a lógica da abundância, em substituição à lógica da escassez, será muito difícil fazer essa mudança de mentalidade. Um exemplo claro é a própria Randoncorp e a Marcopolo. Por muitos anos, crescemos querendo ser melhores um do que o outro. Hoje, trabalhamos juntos em projetos comuns. Entendemos que o futuro não permite mais que estejamos totalmente desassociados. Temos projetos como eletrificação e mobilidade, nos quais trabalhamos juntos.

Nessas megatendências futuras, não dá mais para trabalhar sozinho. Não dá mais para fazer sozinho. Aí vem a história das startups. Por que criamos um CVC (*Corporate Venture Capital*)[24] na Randoncorp? Quando começamos a nos relacionar com startups, a mentalidade inicial era ter um fornecedor. Mas percebemos que essas startups já traziam uma tecnologia que não tínhamos em casa, com uma velocidade diferente. Vimos que tínhamos um parceiro e, posteriormente, um sócio em que podíamos investir.

Hoje, nosso case de sucesso é o eixo elétrico (sistema e-Sys),[25] para regeneração de energia da carreta, transformando essa energia e guardando-a para usar quando a carreta está em aclive, gerando uma redução de até 25% de combustível. Esse eixo de tração elétrica, em um projeto normal de engenharia, na mentalidade tradicional, levaria cinco ou seis anos entre a concepção e a comercialização. Nós o fizemos em dois anos. Esse projeto envolve três empresas do grupo, seis empresas fora do grupo e cinco startups. Essa é a evidência de que, se não tivéssemos entendido a lógica da abundância em vez da lógica da escassez, dificilmente teríamos colocado algumas coisas em marcha.

Então, a ideia de que o peixe grande come o pequeno não se aplica aqui. Tenho dito que o peixe grande não é grande sozinho. O peixe grande é a orquestração de vários peixes pequenos trabalhando juntos. Peixe grande agora é aquele que consegue nadar mais rápido e acelerar o processo.

---

24 *Corporate Venture Capital* (**CVC**) é quando grandes empresas investem em startups para obter lucros e sinergias estratégicas, como novas tecnologias. O CVC promove inovação e crescimento dentro da empresa-mãe.

25 O e-Sys, sistema de tração auxiliar elétrico projetado de forma exclusiva pelas Empresas Randon, foi desenvolvido com tecnologias inéditas, registradas em duas patentes globais de invenção, que o destacam na comparação a produtos similares do segmento. Disponível em: https://www.randoncorp.com/pt/noticias/suspensys-tecnologias-patenteadas-garantem-eixo-eletrico-como-solução-pioneira-no-mercado/.

Outro desafio é como aumentar esse exército, como trazer mais pessoas que consigam pensar nessa lógica. Trabalhar segurança psicológica e cultura organizacional é básico, pois é necessário ter um ambiente onde as pessoas se sintam seguras para mudar de uma cultura de medo do erro para uma de ousadia. E como sair do medo para a ousadia se, até então, muitas vezes o feedback era negativo quando algo não dava certo? Tivemos que entender isso.

Há cerca de seis anos, quando começamos a trabalhar fortemente com startups, ninguém entendia por que estávamos fazendo isso, ninguém entendia por que estávamos levando nossos líderes até o Gramado Summit para conversar com os empreendedores das startups. Mas era justamente por isso. Queríamos mostrar para nossa liderança interna, muitos dos quais são intraempreendedores, que podíamos tentar criar dentro um espaço diferente de atuação, como os empreendedores das startups.

Um quarto desafio é como a organização deve mexer em sua estrutura a fim de dar espaço para esses empreendedores. Começamos a trabalhar a cultura e, no início, na diretoria, era o Daniel e mais um ou dois. Hoje, é mais de 50%. Ainda não é 100%, mas a gerência e a coordenação também foram aumentando. E, quando esse exército aumenta, temos condições de mexer nas estruturas.

No início, eu achava que uma forma de acelerar a transformação era quebrar o modelo vertical de comando e controle. Mas percebi que seria muito difícil fazer isso em empresas mais tradicionais em um curto espaço de tempo. Então, inverti minha forma de pensar. A estratégia, junto com outros colegas, foi a de mudar a mentalidade. Porque, se eu mexer na cabeça do Daniel e ele ainda estiver em uma estrutura tradicional de poder, ele pode causar um grande impacto positivo, abrir portas, remover barreiras e obstáculos dentro da organização.

Essa foi uma sacada. Não brigar de frente, mas trabalhar na mentalidade e aumentar o exército. Agora, esse líder precisa sentar-se na cadeira dele nos comitês executivos com uma cabeça diferente. Assim, ele ajudará a tomar decisões diferentes que vão mexer na estrutura.

Hoje, temos a Conexo, uma plataforma de inovação aberta que se relaciona com a comunidade. Há quatro anos, quando fomos vender essa ideia para nosso comitê e, depois, para o conselho, tenho certeza de que poucos entenderam o que era. Mas eles acreditaram no Daniel. E o fato é que criamos a plataforma. Da mesma forma quando fomos ao conselho e dissemos que precisávamos criar um CVC, porque entendemos que nossa relação com as startups não era mais de cliente e fornecedor, mas de parceria estratégica.

A mentalidade do ocupante da cadeira mudou, esse paradigma foi quebrado. E isso é mais importante do que destruir a estrutura. Pois agora, com mais pessoas nesse exército, com essa mentalidade diferente, as estruturas começam a se modificar naturalmente. Hoje, a Randoncorp vive um sistema híbrido, onde temos vários projetos que são arquitetados e tocados por *squads* em modelos muito colaborativos, e outros que ainda seguem o modelo mais tradicional de PMO.[26]

Eu digo que começamos a entender essa tal da ambidestria. O que é a ambidestria da organização? É dar conta desses dois mundos. O que é a ambidestria do líder? É saber que, em parte do meu tempo, eu ainda jogo nessa estrutura mais tradicional. Eu brinco

---

26 *Project Management Office.*

que, às vezes, na reunião executiva, ainda é preciso ir lá e fazer "cara de mau", cumprir o ritual, mas com a cabeça boa.

Em ambientes que já estão propícios, mais colaborativos e menos hierárquicos, com segurança psicológica, não é mais preciso fazer isso. Posso agir naturalmente nesse novo modelo de operação. O aprendizado aqui é não lutar contra a estrutura, mas usá-la positivamente para ajudar a potencializar e acelerar as mudanças.

Outro aspecto que gostaria que você explorasse é como se dá a gestão do conhecimento e do aprendizado nesse ambiente. Porque, para além do viés do mindset, há tecnologias em avanço e processos em constante modificação. Ou seja, a organização é frequentemente redesenhada. Em uma organização em crescimento, como a Randoncorp, é preciso repensar estruturas, documentar processos. Nesse contexto, como vocês gerenciam o aprendizado e o conhecimento?

Acho que há, sim, uma mudança significativa, porque, nesse modelo diferente, você não consegue mais responder sozinho e organizar tudo. Essa orquestração maior é muito desafiadora. Então, esse processo é mais fluido e está muito mais nas mãos das pessoas. O papel da organização, nosso papel como área de Pessoas e Cultura e outras áreas, é muito mais o de criar os caminhos e facilitar esse aprendizado.

Quando começamos a trabalhar com metodologias ágeis, que fazem parte desses novos processos, percebemos que não era mais como antigamente, em que eu treinava uma pessoa e essa pessoa treinava todo mundo. Identificamos quem são os parceiros que precisam estar do nosso lado, quem já está operando dessa forma, e onde fazemos o ponto de encontro dessa turma. A Conexo, por exemplo, foi o ponto de encontro que usamos. Trouxemos muitos parceiros para dividir, compartilhar histórias e experiências. Mas o processo está muito mais nas mãos das pessoas, e a autonomia desse processo é crucial dentro da ideia de *lifelong learning*. Usamos muito o modelo 70-20-10. Setenta por cento do aprendizado está na mão do próprio colaborador. O que nós temos que fazer é criar facilidades e ambientes que tornem o aprendizado acessível, seja em uma plataforma de EAD ou em processos internos. Vinte por cento do aprendizado ele só vai adquirir realmente interagindo. Por isso, criamos ambientes de interação, como a Conexo e, dentro de cada vertical nossa, há áreas de transformação cultural e digital. Esses são ambientes um pouco mais protegidos do sistema imunológico, onde é possível fazer coisas diferentes e pensar de forma inovadora.

Os 10% restantes, que antigamente representavam 80 a 90% do aprendizado, estão em sala de aula e treinamentos. Isso está presente em todos os processos. Quando falei do projeto e-Sys, o aprendizado de transformar um trabalho de seis anos em dois anos foi replicado para muitos outros projetos. Criou-se um modelo no qual, no início de cada projeto, já se questiona quem são os parceiros estratégicos que precisam estar envolvidos, sem a mentalidade antiga de querer resolver tudo internamente.

Muitas vezes, as pessoas não percebem quando há uma metodologia inovadora que pode transformar a maneira de fazer projetos, e isso acaba se perdendo. Qual foi a área responsável por perceber essa abordagem diferenciada e decidir replicá-la em outras iniciativas?

Hoje temos duas frentes principais. Uma é mais focada no que sempre foi o *core* para nós: produto e tecnologia. E temos o

Instituto Hercílio Randon (IHR) e o Centro Tecnológico Randon (CTR), que a gente brinca que é o *playground* dos engenheiros, é onde os projetos disruptivos são incubados. Quando o projeto toma uma forma mínima de produto, uma das unidades de negócio assume a comercialização e a fabricação. Foi o que aconteceu com o eixo elétrico, que hoje está dentro da Suspensys e não mais no Instituto Hercílio Randon. Essas duas áreas estão fisicamente segregadas das empresas, inclusive.

Paralelamente, temos as engenharias das empresas que operam na ambidestria ou incremental. As melhorias e inovações mais disruptivas têm uma priorização e vêm do IHR, quando falamos de produto e tecnologia.

Para trabalhar a inovação em serviços, uma área que antes era marginalizada, trouxemos a Conexo e a Randon Ventures, que se conectam com as startups. Temos uma curadoria para buscar no mercado quais startups podem acelerar os projetos estratégicos, tanto de produto e tecnologia quanto de serviços, inovação e processos. Assim, armamos nossas duas frentes principais.

Mantivemos o sistema tradicional de engenharias sem muitas modificações, trabalhando inicialmente fora dele. Agora, começamos a contaminar positivamente os sistemas tradicionais, incorporando a inovação e os métodos disruptivos desenvolvidos nesses ambientes mais protegidos e colaborativos.

Esse movimento de conceber projetos para fora e depois trazê-los de volta parece ser uma estratégia que vocês têm adotado, certo? Isso ajuda a evitar que o "sistema imunológico" da organização abafe novas ideias. Vocês permitem que as inovações floresçam externamente e, quando provam seu valor, as integram

internamente. Desde o início, quando começaram a falar de inovação, criaram um núcleo externo, para desenvolver esses projetos fora do ambiente tradicional da empresa, correto?

O que mudou nesses últimos anos é que, hoje, nem tudo precisa ser levado para fora. Você está falando de adaptabilidade. Quando o líder entende essa nova dinâmica e percebe que precisa ter essa ambidestria, já não é mais necessário esconder do sistema imunológico.

Apesar de o Instituto Hercílio Randon e o Centro Tecnológico Randon estarem fisicamente distantes, hoje isso já não seria mais necessário. Houve uma mudança cultural, e se entende que ambos são importantes. Temos que cuidar do básico e, ao mesmo tempo, da inovação. A própria Conexo, no início, focou muito mais o desenvolvimento da nossa equipe interna. Nos últimos três anos, nos preocupamos em lançar desafios para a comunidade, olhando mais para fora. Hoje, a Conexo opera nos dois âmbitos: é nosso braço corporativo para desenvolvimento de lideranças em métodos ágeis e outras competências que não tínhamos, e também ajuda a comunidade. Ela não só ajuda como recebe. Recebemos muita coisa da comunidade que formamos ali.

Hoje, não preciso mais esconder os *exos* que antes escondia; é um processo natural de desenvolvimento. Fazendo um gancho com seu tripé de segurança psicológica, cultura e adaptabilidade, isso faz todo o sentido para mim. Quando o ambiente amplia esses espaços internamente, traz uma segurança e possibilidades diferentes. Com a mudança de mentalidade e cultura, um líder pode facilmente decidir quando é melhor seguir por um caminho ou por outro.

Há coisas que já não preciso fazer fora, consigo fazer aqui dentro. Para outras, ainda vale a pena ir para fora, porque vamos ganhar com isso, conectar com algo que não temos, ou com alguém que vai trazer algo diferente. Voltando à lógica da abundância, um dos desafios dessa mentalidade é entender que não preciso resolver tudo dentro de casa e sozinho. Na verdade, não devo resolver tudo dentro de casa e sozinho porque esse é um processo muito demorado, e a qualidade do resultado será aquém do que seria dessa outra forma. Então, isso é uma evolução. Não faça sozinho. Vá ver o que a startup está fazendo, veja outras empresas, busque alternativas.

Eu gostaria de retomar um ponto que você mencionou no início, sobre a orquestração de diferentes atores nesse processo. Li um artigo na Deloitte que afirma que a transformação organizacional é mais sobre política que qualquer outra coisa. Você concorda com essa visão?

O professor John Hagel, da Singularity, durante minha formação, disse algo que eu gostaria que alguém tivesse me dito muito antes na minha vida profissional. Por isso, hoje eu digo isso a todos os líderes que posso: sim, o processo de transformação é, antes de tudo, um processo político.

Mesmo que inconscientemente eu soubesse disso, eu não acreditava, porque tinha a crença de que, se estou bem-intencionado, quero fazer uma mudança e sei que isso é o melhor para a empresa, então isso tem que acontecer. Mas nos processos políticos não é assim.

Ele explicou que há três coisas que você deve priorizar nessa orquestração política. Primeiro, identificar quem são os inimigos dessa mudança, no bom sentido. São as pessoas que não têm ganho nenhum com essa mudança, serão resistentes e não veem valor nisso. Depois, identificar quem são as pessoas que, como você, querem fazer a mudança. Esses são seus aliados, aumente esse exército.

O terceiro conselho dele foi o mais bacana: ao começar um processo político, nunca brigue com seus inimigos logo no início. Você só vai perder, porque o número de pessoas resistentes a uma mudança sempre será infinitamente maior do que o número de adeptos. O grande erro é querer impor essa mudança de forma atropelada.

Quando falamos do sistema imunológico, é isso: não brigar com os mais resistentes à mudança logo de cara. Vá fazendo a mudança em algum lugar, vá criando corpo, mostrando resultados, e depois traga para dentro novamente. Isso é a tal da orquestração que mencionei no início.

Como temos vários atores agora, não adianta só saber fazer isso dentro de casa, você também precisa conseguir fazer isso com seus aliados e as alianças estratégicas que estão fora.

Esse professor basicamente disse: "Pare de dar soco em ponta de faca e seja mais estratégico". Como estagiário numa organização, você não vai mudá-la. Mas se você ascender na organização, dentro da estrutura política e hierárquica que ela tem, mudar sua mentalidade e ocupar uma dessas posições, aí você pode fazer a diferença.

Por que eu vou brigar com a estrutura hierárquica? Há muitas pessoas que defendem essa estrutura e têm muito a perder com a mudança. Se eu focar em garantir que as pessoas que estão ascendendo a essas posições da estrutura venham com uma mentalidade diferente, posso, aos poucos, mexer nela e gerar uma transformação. Isso é uma orquestração política.

Chega um momento em que você começa a ver que alguns paradigmas e modelos vão ruindo naturalmente. Por exemplo, fizemos uma parceria e criamos um negócio de locação de carretas, a empresa Addiante. Quando começamos a discutir esse projeto internamente, era na lógica da escassez: "Vamos criar uma empresa de locação das carretas Randon, pois, se o mercado está ruim, não tem financiamento ou crédito, não conseguimos vender as carretas. Mas podemos locar".

Começamos com essa mentalidade, mas depois juntamos atores internos e externos e percebemos que esse é um negócio muito maior do que apenas locar carretas. Embora tenhamos dado prioridade às carretas Randon, o negócio não pode impedir que incluamos carretas Facchini, Librelato, máquinas agrícolas, linha amarela etc. É um negócio maior, de capital intensivo, que exige muito dinheiro. Decidimos, então, buscar um sócio, nascer já com um parceiro e dividir o negócio 50/50.

Essa foi uma mudança que, há quatro ou cinco anos, era impossível pensar dentro da Randoncorp. Nasceu numa relação com a Gerdau, onde cada uma tem 50% de participação, e nenhuma tem o controle total. Nenhuma das duas empresas é especialista no mercado de locação, mas ambas têm reputação e uma rede de distribuição, além de uma visão de logística e transporte para ajudar a movimentar o mercado.

Isso quebrou o paradigma de que precisamos ser controladores, ter no mínimo 51%. Hoje, temos negócios que nasceram dentro da empresa, que vão virar *spin-offs* e logo se tornarão negócios separados.

Tem coisas que naturalmente acontecem, mas para isso o exército precisa aumentar. A orquestração política envolve o aumento do exército. Uma andorinha só não faz verão. É preciso começar a ter essa mentalidade em todas as áreas: engenharia, produto, tecnologia, RH, controladoria, indústria.

Possivelmente, as empresas do grupo estão em diferentes níveis de avanço nessa transformação. Vocês têm conseguido transmitir esse legado? Como capacitam as pessoas e os novos negócios para também avançarem?

Nós decidimos que não há certo ou errado. Optamos por abordar isso de duas formas. Uma via é mais forçada, em que realmente condicionamos algumas áreas que são superestratégicas dentro das nossas prioridades. Por exemplo, o que está nascendo no IHR, no CTR, e a própria vertical que eu lidero hoje, que é de serviços financeiros e digitais. Essas áreas, por essência, já têm que nascer com essa mentalidade digital.

Por exemplo, o Banco Randon era analógico, e estamos fazendo toda uma mudança de mentalidade para transformá-lo em um banco digital, incluindo a Randon Consórcios. A Addiante já nasceu com essa mentalidade digital. Recentemente, com a aquisição da DBServer, trouxemos engenharia de software para dentro da nossa estrutura. Estrategicamente, já elencamos nossas cinco verticais com alguns projetos estratégicos direcionados. Para o que não está dentro dessas prioridades, deixamos no *timing* de cada organização.

Temos essas duas vias. Uma mais acelerada e focada em projetos estratégicos que são cruciais para nossa perpetuidade nos próximos anos. O processo de cultura vai andando à medida que o exército vai aumentando, conforme cada área demanda mais. Hoje, temos condições de dar suporte que não tínhamos no início do processo de transformação. As primeiras áreas tiveram que criar essa rede. Não tínhamos o Instituto Hélice, a Conexo, a Randon Ventures ou a relação com startups como temos hoje. Tudo isso já está disponível, mas é necessário correr atrás para entender como cada uma dessas coisas funciona.

É um pouco do que vejo no micro e pequeno empreendedor hoje no Brasil, que muitas vezes não tem tempo para essa nossa conversa, e precisamos ajudá-los a operar. A diferença hoje é que, se ele entender que isso é um caminho sem volta e que precisa ser feito agora, ele estica o braço e encontra apoio e suporte (por exemplo, no Instituto Hélice, na região da Serra Gaúcha). Já temos uma rede montada ao redor, disponível.

O que evoluiu muito nos últimos anos foi a criação dessas redes. As empresas trabalharam na cultura, na segurança, para que as pessoas pudessem ousar, saindo da zona de conforto e do medo. Mas ainda há muitas pessoas que não conseguem esticar a mão e acessar o que já está disponível. Aí é onde precisamos acelerar cada vez mais o processo.

SEÇÃO 2

BASE ESTRUTURANTE
Informações, conceitos e fundamentos

BASE ESTRUTURANTE
Informações, conceitos e fundamentos

SEÇÃO 2

SEÇÃO 2

Introdução

ANTES DE INICIAR A IMPLANTAÇÃO DO MODELO INTEGRATIVO PARA A Transformação Organizacional (Mitro), do qual trataremos na Seção 3, acho importante você aprofundar seus conhecimentos nos pontos tratados na presente seção. O objetivo dela é dar ainda mais consistência ao que foi proposto na Seção 1, trazendo informações, conceitos e fundamentos relevantes para o sucesso dessa metodologia.

Embora, em uma primeira análise, esse conteúdo possa parecer conceitual, à medida que for implementando o modelo proposto, você perceberá a sua relevância para o domínio metodológico e para o esclarecimento dos caminhos que requerem adequações e customizações.

Nesta seção, mergulharemos nos conceitos que formam a base do Mitro, começando com a *construção da realidade e discernimento*. Este texto propõe um alinhamento entre processo cognitivo, formação de conhecimento, crenças, valores e construção da realidade, que são os fundamentos do aprendizado, da mudança e da transformação. O entendimento de como nossas percepções moldam nossas decisões estratégicas – e, consequentemente, o sucesso das transformações organizacionais – é essencial. Reagimos a uma definição de realidade compartilhada pela nossa comunidade, e nossa mente, influenciada por condicionamentos anteriores, interpreta o mundo através dessa lente. Compreender esse processo nos auxilia a desenvolver uma visão clara e objetiva, crucial para liderar mudanças eficazes.

Em seguida, apresentaremos um olhar sobre o *cenário e contexto* em que as organizações operam. Discutiremos a influência de fatores externos e internos que afetam as estratégias de mudança, preparando o terreno para uma transformação organizacional bem-sucedida. É vital entender o ambiente no qual sua organização está inserida para adaptar as estratégias do Mitro de forma eficaz.

Discutiremos a contemporaneidade por meio da *modernidade líquida*, um conceito introduzido por Zygmunt Bauman, que descreve um mundo em constante movimento e mudança. Compreender a cultura da fluidez permite uma visão mais ampla e aprofundada sobre a origem da necessidade de uma adaptabilidade acelerada. A fluidez organizacional não é apenas uma resposta às mudanças externas, mas uma estratégia proativa para se manter competitivo e inovador.

Abordaremos também a importância da trabalhabilidade e do bem-estar, mostrando como criar ambientes que promovam a saúde mental e a satisfação dos colaboradores. Empresas que investem no bem-estar de seus funcionários não só melhoram a produtividade, mas também aumentam a retenção de talentos e a lealdade, construindo equipes mais engajadas e resilientes. O bem-estar é um componente vital para a sustentabilidade da transformação organizacional.

Nosso objetivo, com esta seção, é ir além do fornecimento de um guia prático e teórico. Queremos dar consistência, amplitude, profundidade e domínio para a implantação do Mitro, permitindo que as organizações não apenas sobrevivam, mas prosperem em um cenário global em constante mudança. Os tópicos aqui discutidos são fundamentais para quem deseja ser brilhante nos fundamentos da transformação organizacional. Eles fornecem a base para uma aplicação mais profunda e eficaz das técnicas e ferramentas do Mitro.

Encerramos esta seção com um convite à reflexão e à inovação contínua. Encorajamos os leitores a adotarem uma postura de aprendizado constante, adaptando e evoluindo suas práticas organizacionais para enfrentar os desafios do futuro. Transformar adversidades em oportunidades de crescimento e inovação é a chave para uma organização verdadeiramente adaptativa.

A Seção 2 é o alicerce sobre o qual o Mitro se sustenta. Compreender e aplicar os conceitos discutidos aqui é fundamental para garantir que o Mitro não seja apenas uma metodologia, mas uma estratégia prática e eficaz para a transformação organizacional. Prepare-se para uma jornada de descobertas que equipará o leitor com os conhecimentos e ferramentas necessários para liderar transformações significativas e duradouras, destacando sua organização em um mundo em constante evolução.

CONSTRUÇÃO DA REALIDADE E DISCERNIMENTO

Este texto propõe um alinhamento entre processo cognitivo, formação de conhecimento, crenças, valores e construção da realidade, que são os fundamentos do aprendizado, da mudança e da transformação.

O pensamento é uma reação à realidade. Reagimos a uma determinada definição, comum a todos os membros de uma comunidade à qual pertencemos. Nós somente experienciamos e percebemos o mundo com o qual estamos familiarizados; isso significa que nunca conseguimos nenhuma informação que não tenha sido, de alguma forma, distorcida.[302]

Nenhuma mente está livre dos efeitos de condicionamentos anteriores, pois nós pensamos por meio de uma linguagem existente, e organizamos nossos pensamentos tanto por meio de representações como por nossa cultura.[303]

O ser humano, sendo uma espécie biopsicossocial, é quem ele *aprendeu* a ser. Esse ser vivo – uma espécie animal de primata bípede do gênero *Homo* (biológico) munido de racionalidade, autoconsciência e sapiência (psicológico) – é gregário, produzindo manifestações comportamentais ou processos cognitivos e afetivos pela interação de uma pessoa com outras, ou pela mera expectativa de tal interação (social).[304]

Cada indivíduo aprende a sobreviver e a viver em sociedade.[305] Uma criança que foi privada, desde a mais tenra idade, do convívio com outros seres humanos por meio de um extremo isolamento social se encontra no nível dos animais irracionais, não possuindo linguagem nem pensamento; até mesmo seus movimentos não são como movimentos humanos, não adquirindo sequer a posição vertical.[306]

E esse aprendizado não se restringe à infância. "Todas as experiências do indivíduo, ao longo da vida, contribuem para o processo de socialização, ou seja, para a construção de disposições internas que permitem (e orientam) a participação na vida social".[307]

A psiquê (consciente, pré-consciente ou inconsciente) é, então, uma psiquê social. Sendo assim, toda a psicologia do indivíduo é também uma psicologia social. Embora existam fatores biológicos, neurológicos, adquiridos e hereditários, somente ao crescer num grupo é que o ser humano aprende a falar, desenvolve um tipo específico de sagacidade e um padrão de controle instintivo. Tudo isso depende da estrutura do grupo em que ele cresce e de sua posição nesse grupo, considerando-se que até a moldagem e a diferenciação especiais das funções mentais a que nos referimos como "individualidade" só são possíveis para a pessoa que cresce num grupo, numa sociedade. A individualidade que o ser humano desenvolve não depende apenas de sua constituição natural, mas de todo o processo de individualização que ocorre nas interações sociais.

Além disso, o ser humano é um ser adaptável ao contexto social no qual vive, e essa adaptação é construída por meio de suas representações sociais. Os seres humanos agem em relação ao mundo com base nos significados que este lhes oferece. Estes significados são provenientes ou provocados pelas suas representações sociais e a partir delas, em um processo interpretativo do indivíduo.

Nenhuma mente está livre de suas representações sociais. Elas convencionam os objetos, pessoas ou acontecimentos, dando uma forma definitiva, categorizando e permitindo que os novos elementos se juntem a essas categorias e se sintetizem nelas. O passado não é constituído de experiências ou ideias mortas, e essas continuam mudando nossas experiências e ideias atuais. O indivíduo pensa por meio de sua linguagem, organiza seu pensamento de acordo com a organização de suas categorias, vendo apenas o que as convenções subjacentes lhe permitem ver, constituindo um tipo de realidade – a sua realidade –, sendo que esse próprio indivíduo pode não ter consciência de tal processo.[308]

Essa realidade única, uma vez constituída, passa a ser uma parte integrante desse indivíduo, das suas relações intra e interpessoais, da maneira como interpreta os novos acontecimentos e julga as situações, as pessoas e todo o seu entorno, relacionando toda imagem a uma ideia, e toda ideia a uma imagem.

Então, a cognição humana é fundamentada nas suas representações sociais, pois essa é a realidade com a qual o indivíduo interage e, concomitantemente, é aquilo que representa para quem o observa e o interpreta.

Nossas representações sociais, em vez de um meio pelo qual conhecemos as coisas, são um meio pelo qual construímos a realidade, deixando uma marca tanto na linguagem quanto nas práticas, podendo se transformar em uma crença, estando por trás de posições claras e com valores firmes, sem questionamentos.[309]

O que está representado se impõe sobre nós de forma irresistível, combinando uma estrutura que está presente antes mesmo de começarmos a pensar com um pré-conceito que decreta o que e como deve ser pensado, derivando daí o sucesso com que controlam a realidade de hoje por meio da de ontem, e assim sucessivamente, como uma profecia.[310]

A interpretação sobre determinado assunto muda segundo os grupos sociais aos quais pertencemos – com os quais compartilhamos significações – e suas implicações afetivas e normativas, variando de acordo com as interiorizações das experiências, das práticas, dos modelos de conduta e de pensamento, socialmente inculcados ou transmitidos pela comunicação. Além disso, a formação dessa interpretação é complexa e dinâmica, se constituindo e se alterando em função de saberes anteriores, estando ligada a sistemas de pensamento mais amplos, ideológicos ou culturais, ao nível de conhecimento, bem como à condição social e à esfera da experiência privada e afetiva do indivíduo.

De forma resumida, podemos afirmar que as representações sociais são abordadas simultaneamente como o produto e o processo de uma atividade de apropriação da realidade exterior ao pensamento e da realidade interna, ou seja, da elaboração psicológica e social.[311]

Nossas crenças e valores são categorizados. Localizamos os objetivos, pessoas ou acontecimentos que encontramos em determinada categoria e, gradualmente, os colocamos como um modelo de determinado tipo, distinto e partilhado por um grupo de pessoas, sendo que todos os novos elementos se juntam a esse modelo e se sintetizam nele. Mesmo quando uma pessoa ou objeto não se adequam exatamente ao modelo, nós o forçamos a assumir determinada forma, enquadrando-o em uma categoria. Todavia, nenhuma mente está livre dos efeitos condicionantes das suas representações, linguagem ou cultura.[312]

Uma vez difundido e aceito esse conteúdo, ele passa a ser parte integrante de nós, de nossas inter-relações, nosso julgamento, nossa posição hierárquica social e nossos valores. Todavia, se ocorrer uma mudança de hierarquia, ou se uma determinada imagem for ameaçada de extinção, todo nosso universo se prejudicará.[313] Além disso, as representações sociais de um indivíduo são influenciadas pela coletividade e, por consequência, os seus comportamentos, pois o processo coletivo penetra, como o fator determinante, dentro do pensamento individual.

Para a pessoa, a realidade é, em grande parte, determinada por aquilo que é socialmente aceito como realidade pelo grupo ao qual ela pertence. Entender esse mecanismo de cognição e de construção da realidade é fundamental para entender o Modelo Integrativo de Transformação Organizacional, pois suas cinco camadas – *adaptabilidade, cultura da aprendizagem, segurança psicológica,* upskilling *organizacional* e *gestão, renovação e disseminação do conhecimento* – são apoiadas na formação e reformatação da aprendizagem, que é, antes de mais nada, um processo cognitivo e de redesenho da percepção sobre a realidade individual e grupal. Incrementar cada um desses fatores passa, necessariamente, por influenciar representações sociais mais adequadas, ou seja, contribuir para a construção e reforço de um conjunto de valores organizacionais que favoreçam e incentivem esses objetivos.

CENÁRIO E CONTEXTO

Diante do tamanho das incertezas que estamos vivendo, existe uma discrepância enorme entre as diversas visões de mundo, de realidade, e ainda maior, sobre as visões dos possíveis futuros.

Por esse motivo, entendo ser necessária uma apresentação, à luz do ponto de vista do autor, da realidade na qual nos encontramos e para onde vamos, além de uma contextualização ampla, que tem como intenção nos permitir interpretar os cenários futuros por um olhar um pouco mais uniforme.

Além disso, como Ph.D. em Psicologia Social, eu não poderia ignorar o fato de que o ambiente (cenário e contexto) interfere nos comportamentos. Para a psicologia social, o comportamento é função da pessoa no ambiente (ou melhor, nos ambientes) em que ela estiver inserida. Os ambientes aos quais me refiro podem ser a família, a empresa, ou a sociedade – com suas idiossincrasias e com o seu momento histórico.

Inicio essa contextualização abordando o tema *modernidade*. Com uma dose considerável de ousadia, permito-me fazer uma construção histórica para navegar pela transformação dos fundamentos da sociedade e proporcionar uma melhor compreensão do processo de flexibilização e liquidificação dos valores e, por consequência, da cultura da sociedade (principalmente a sociedade ocidental).

Considero essa a parte mais densa deste livro, exigindo de quem lê um pouco mais de atenção e disciplina. Todavia, optei por manter o texto da forma apresentada devido à contribuição que essa densidade e profundidade podem oferecer ao leitor. Gosto de comparar esse tipo de leitura com os alimentos. Para termos uma dieta equilibrada, não podemos escolher os alimentos apenas pelo seu sabor, é necessário contemplar seus nutrientes. Nesta obra, o leitor encontra trechos nos quais a leitura é leve e saborosa como a sua sobremesa predileta, em outros ela é mais densa e de digestão mais complexa, porém cheia de informações relevantes e estruturantes como um prato rico de nutrientes energéticos, construtores e reguladores. O tema *modernidade*, se fosse um alimento, seguramente estaria carregado de nutrientes, pois é justamente essa a razão pela qual ele foi escrito: construir o contexto no qual estamos situados e alinhar a percepção sobre o cenário atual, uniformizando (regulando) o ponto de partida para a jornada da transformação organizacional.

A compreensão dos caminhos trilhados para a perda de rigidez cultural da sociedade contemporânea permitirá o entendimento dos temas seguintes: cultura da fluidez, desigualdade do capital, individualismo, avanços tecnológicos, desadaptação, futuro do emprego e trabalhabilidade e bem-estar.

Partindo da modernidade sólida até a nossa atual modernidade líquida, esta seção tem como interesse e objetivo situar o leitor no mesmo ponto de vista do autor, não necessariamente para concordar com ele, mas para – uma vez entendendo a sua forma de perceber o cenário e o contexto a partir do qual desenhou o

Mitro – dar a este leitor a possibilidade de fazer uma análise crítica e ajustes à luz dos seus próprios paradigmas.

UMA NOVA MODERNIDADE

A sociedade francesa, antes da revolução, era uma sociedade essencialmente agrária, com comunicação e transportes precários – o que aumentava as distâncias –, e se organizava em torno de uma hierarquia extremamente rígida, quase intransponível, que impedia a mobilidade social. O lugar onde uma pessoa nascia determinava quase todo o seu futuro. Os ideais iluministas queriam romper e dissolver a estrutura social tradicional, criando preceitos fundamentados na razão. Os ideais da Revolução Francesa – liberdade, igualdade e fraternidade – eram também símbolos desses novos preceitos que estavam sendo criados. Uma nova estrutura de Estado e de poder, uma nova economia, enfim, um novo modelo de sociedade.[314]

No entanto, esse modelo rígido de modernidade ficou para trás. As grandes transformações na organização social, que permitiram surpreendentes avanços tecnológicos, foram promovidas pela mesma ordem econômica que validava a escravidão, a espoliação colonialista e a divisão axiológica do mundo entre civilizados e bárbaros, em nome do progresso, palavra essa que chancelava toda forma de dominação. Essa estrutura não suportava mais as necessidades e os anseios da modernidade.[315]

Então, na segunda metade do século XX, ocorreu uma decepção com os preceitos criados pela modernidade e, entre os exemplos, estão a crise da democracia, do Estado-nação, e a incapacidade do mercado de lidar com a desigualdade, entre outros tantos. Junto a isso, ocorreram novos fenômenos sociais, como a globalização, a individualização e um grande avanço das tecnologias das comunicações, que transformaram profundamente a natureza da modernidade.

Por essa razão, vários estudiosos questionaram se estávamos em outra era, estando a modernidade superada. O que estamos vivendo é tão distinto dos padrões anteriores que alguns especialistas das ciências sociais passaram a afirmar que houve ruptura do modelo vigente. A pergunta a ser respondida neste momento é: o que estamos vivendo agora?

MODERNIDADE LÍQUIDA

Estaríamos vivendo na pós-modernidade?

A resposta é **não**. As características de *destruir os pressupostos* que a modernidade possui não apenas continuam presentes, como se intensificaram.[316]

Todavia, se os preceitos da modernidade se caracterizam por possuir uma forma definida, estável e duradoura, sendo necessário esforço e energia para reorganizar as suas partes, a modernidade contemporânea, por sua vez, se caracteriza por não ter preceitos rígidos, ou melhor, os tem em contínua transformação.

O sociólogo e filósofo polonês Zygmunt Bauman foi muito certeiro ao utilizar a metáfora da *modernidade líquida* para definir o momento contemporâneo da modernidade, pois o líquido não é capaz de manter sua forma a menos que seja artificialmente forçado por algum tempo em um recipiente, caso contrário derramaria e vazaria, mudando sua forma o tempo todo. Assim é o nosso mundo nesse momento, denotando uma característica distintiva da sociedade atual.[317]

Numa sociedade líquida, os indivíduos, as relações entre eles e as instituições não possuem mais uma forma rígida e duradoura como na modernidade clássica. Tudo está em constante transformação, mudando rápido, e as coisas não são feitas para durar. A velocidade das mudanças e o caráter efêmero da sociedade, de transformação de vários aspectos da vida moderna, é justamente o que define a modernidade líquida. Esse conceito abrange o capitalismo, a educação, a liberdade, o medo, a segurança, o consumo, as cidades, a dominação, o mundo do trabalho, a noção de individualidade, a fé, a ideia de crítica, ou seja, diversas dimensões.

CONTEXTUALIZANDO

Nos tempos da modernidade clássica, um trabalhador que iniciava sua carreira na Ford determinava sua trajetória de trabalho, pois havia uma forte tendência de sua vida laboral terminar em um único e duradouro vínculo empregatício. Os horizontes eram de longo prazo, representando, para os trabalhadores, a possibilidade de um emprego vitalício, cujo período de duração se estendia muito além da expectativa de vida deles próprios. Para os detentores do capital, o horizonte das empresas era pensado para durar além das expectativas de todos os envolvidos.[318] A modernidade clássica se identifica com a realidade de um funcionário público, que trabalhou em um órgão governamental por muitos anos e teve uma trajetória profissional clássica, com progressão salarial e estabilidade no emprego. Esse funcionário teve uma rotina de trabalho previsível, com regras e procedimentos definidos, e um horizonte de longo prazo para sua carreira.

Já em relação à modernidade líquida, a comparação seria com um profissional de tecnologia da informação que trabalha em uma startup. Nesse cenário, o profissional pode ter um emprego temporário ou contrato por projeto, sem a garantia de um emprego de longo prazo. Além disso, o ambiente de trabalho é caracterizado pela rapidez das mudanças e da inovação, com necessidade constante de se adaptar a novas tecnologias e práticas de trabalho. A cultura da empresa pode ser menos hierárquica e mais flexível, com uma maior ênfase na criatividade e inovação. Nesse cenário, a incerteza é uma característica fundamental da experiência de trabalho.

Enquanto a modernidade clássica se caracteriza pela estabilidade e previsibilidade, a modernidade líquida é marcada pela incerteza e pela necessidade de se adaptar rapidamente às mudanças.

CULTURA DA FLUIDEZ

O maquinário pesado e as grandes equipes fabris, símbolos de prosperidade durante a modernidade clássica, estão agora se liquidificando, permitindo, assim, que o capital viaje com leveza pelos meios digitais. Na modernidade líquida, as bolsas de valores e os conselhos diretivos, em grande parte do mundo, recompensam ações que rompem, achatam, redimensionam e desassociam, permitindo fluidez ao capital e, concomitantemente, punindo o aumento de emprego ou investimentos em custosos projetos de longo prazo. A estratégia da mobilidade, da maleabilidade e da liquidez é o ponto central da nova política de rompimento e não compromisso, sendo reconhecida na atualidade como sinal de sabedoria e sucesso gerencial.[319]

Essa é a desterritorialização da empresa, que, agora, ao invés de estar ligada a um Estado-nação, tende cada vez mais a desapegar-se dele, atingindo escalas globalizadas e operando em redes que conectam segmentos de produção, conhecimentos tecnológicos e redes de comunicação em qualquer parte do planeta, ampliando-se o risco da precarização dos trabalhadores. Ao contar com a possibilidade de mobilidade do capital e com a oportunidade de escolher onde deseja produzir, a empresa tende a optar por países onde o custo do trabalho é menor.[320]

Em vez de uma produção nacional buscando conquistar mercados no exterior, típica da modernidade clássica, surgiram as empresas multinacionais, muito mais líquidas, que contratam trabalhadores em qualquer lugar do mundo.

Essa cultura da fluidez e do líquido trouxe uma nova mentalidade de curto prazo, influenciando desde casamentos, que passaram do "até que a morte nos separe" para o "que seja eterno enquanto durar"; sócios cuja expectativa deixou de ser a de uma relação duradoura; até os jovens que esperam mudar de emprego muitas vezes durante a vida – uma expectativa que, certamente, continuará crescendo antes que a trajetória laboral desta geração termine.

Tal mentalidade líquida e fluida, quando aplicada ao mercado de trabalho, representa o fim do emprego da forma como o conhecemos – ou como o conhecíamos até há pouco tempo. As relações de trabalho serão cada vez mais de curto prazo e sem expectativas de vínculos duradouros.[321]

CONTEXTUALIZANDO

Um exemplo de como a cultura da fluidez está afetando o mercado de trabalho é a plataforma Fiverr. Com a pandemia de covid-19, muitas empresas tiveram que se adaptar a uma nova realidade, e isso incluiu a adoção de novas formas de contrato, como o trabalho remoto e a utilização de freelancers.

A plataforma Fiverr se tornou extremamente popular durante a pandemia, permitindo que freelancers ofereçam seus serviços em áreas como design gráfico, redação e programação. Com a capacidade de trabalhar remotamente, a plataforma permite que trabalhadores de todo o mundo ofereçam seus serviços para empresas também em qualquer lugar do mundo, criando uma rede global de trabalho e oferecendo uma maneira para os trabalhadores aproveitarem as vantagens da cultura da fluidez, ao permitir que eles tenham mais controle sobre onde e como trabalham.

Com a capacidade de trabalhar de qualquer lugar, os trabalhadores, na plataforma Fiverr, têm mais liberdade para gerenciar sua própria programação e estilo de vida, o que é muito sedutor. No entanto, essa abordagem fluida do trabalho também pode levar a uma maior precarização, com menos proteções e benefícios para os trabalhadores. Muitos freelancers na plataforma Fiverr não têm garantias trabalhistas, como seguro-saúde, férias remuneradas e aposentadoria. Ao mesmo tempo que oferece uma pseudoliberdade, ela deixa seus fornecedores de mão de obra mais expostos à precarização do trabalho e da qualidade de vida, podendo enfrentar vários problemas ao concorrerem entre si pelos projetos.

Normalmente nessas *Online Marketplaces for Labour*[27] o trabalho e a remuneração são instáveis. Como os projetos na plataforma são normalmente de curto prazo, os trabalhadores precisam constantemente encontrar novos clientes e projetos para manter uma renda estável, podendo levar a uma competição ainda mais acirrada entre eles, que precisam oferecer serviços a preços cada vez mais baixos para garantir um mínimo de remuneração, conduzindo a uma corrida para o fundo em termos de remuneração e, em última instância, a uma precarização generalizada do trabalho.

A DESIGUALDADE DO CAPITAL

Além da liquidez da modernidade, estamos vivendo a desestabilização capitalista, a qual se apresenta de tempos em tempos e que, desta vez, possui três divergências fundamentais: a divergência espacial entre grandes, dinâmicas e prósperas metrópoles e as cidades e províncias estagnadas e falidas; divergência entre elevada formação educacional e formação educacional mais associada aos afazeres manuais, tão típicos do mundo pós-Segunda Guerra Mundial; e, por fim, em escala mundial, a divergência segundo a qual, por um lado, alguns países, caracterizados como mercados emergentes, convergem rapidamente para os padrões

---

27 *Online Marketplaces for Labour*, ou em português, "Mercados Online para o Trabalho", são plataformas digitais que conectam trabalhadores independentes com empresas ou clientes em busca de serviços. Essas plataformas agem como intermediárias entre freelancers e clientes, fornecendo um local centralizado para as partes se conectarem, negociarem e, em alguns casos, gerenciarem todo o processo de trabalho e pagamento.

de prosperidade, consumo e riqueza das economias ocidentais, enquanto outros, estagnados, permanecem longe desse projeto iluminista.

Um pouco mais de um século foi suficiente para construir o abismo econômico e social existente. As riquezas de Roma do século I, da China do século XI ou da Índia no século XVII eram similares às da Europa no limiar da Revolução Industrial. A renda per capita da Europa ocidental no século XVIII era cerca de 30% mais alta do que a da Índia, África ou China. Próximo a 1870, a renda per capita na Europa industrializada já era 11 vezes mais alta do que nos países mais pobres e, no século XX, chegou a 50 vezes.[322]

Por trás desses processos de distanciamento e de deslocamento, há duas forças econômicas fundamentais atuando:[323] a complexidade e a globalização.

Complexidade – Mais do que simples acrósticos da moda, como tantos outros que entraram no dicionário econômico e organizacional, as siglas Vuca[28] e Bani[29] representam a tentativa de tornar mais didáticos os novos sintomas do mundo contemporâneo. A elevada complexidade dos problemas a serem tratados no mundo social e no natural requer alta capacitação cognitiva e formações tecnológicas, intelectuais e sistêmicas bem diferentes daquelas de outro escalão de pessoas, que seguem numa formação mais manual,

---

28 O termo Vuca surgiu no vocabulário militar americano na década de 1990 para explicar os fenômenos que estão acontecendo no mundo de hoje, caracterizado por um ambiente instável, agressivo e desafiador, marcado por Volatilidade (*Volatility*), Incerteza (*Uncertainty*), Complexidade (*Complexity*) e Ambiguidade (*Ambiguity*)

29 O termo Bani foi criado em 2018, e também tem sido utilizado para caracterizar os fenômenos contemporâneos. Bani significa Frágil (*Brittle*), Ansioso (*Anxious*), Não linear (*Nonlinear*) e Incompreensível (*Incomprehensible*).

rotineira e procedimental. Isso faz com que a complexidade crie duas grandes divergências: a divergência de classes e rendimentos e a divergência espacial entre metrópoles e províncias.[324]

Globalização – É possível identificar na globalização um segundo fenômeno econômico responsável pela divergência, ao menos espacial.

O conceito de "globalização" foi cunhado em substituição ao conceito de "universalização", quando se tornou visível que não havia intencionalidade e controle implícitos no conceito anterior. Globalização indica processos espontâneos, sem uma sala de controle ou de planejamento, sem metas e expectativas finais.

A globalização, então, tem um *efeito de desvalorização da ordem*,[325] permitindo a liberdade do capital, que caminha em direção à sua maximização, deslocando a riqueza para os ambientes mais férteis e contribuindo para a desertificação de oportunidades em ambientes hostis, incrementando a desigualdade.

CONTEXTUALIZANDO

Ederson e Anna estão competindo por uma vaga em uma empresa asiática com sede em Hong Kong, em um mercado de trabalho globalizado. Ederson, que nasceu em um país em desenvolvimento da América Latina, filho de uma família de baixa renda, tem menos oportunidades de aprimoramento profissional em seu país em comparação a Anna, que nasceu em uma nação desenvolvida da Europa, com acesso à educação de alta qualidade desde a infância. Ambos têm formação superior, mas Anna tem uma vantagem competitiva em relação a Ederson devido à qualidade da sua formação acadêmica, aos estágios que fez em empresas renomadas, e à melhor fluência nos idiomas requeridos para a vaga, embora Ederson seja muito determinado e com uma grande vontade de prosperar na carreira.

Apesar de Ederson ter mais experiência prática em sua área de atuação, a vaga foi preenchida por Anna. Ederson acabou enfrentando dificuldades para conseguir emprego em seu país e aceitou uma posição em uma empresa local com salário baixo. Enquanto isso, Anna seguiu sua carreira na empresa multinacional asiática com um salário mais elevado, que lhe oportunizou continuar investindo na sua formação profissional. Além disso, a empresa ofereceu a Anna oportunidades de especialização em sua área, e *job rotation* que incluíram temporadas de trabalho presencial em outros países, permitindo que ela aprimorasse suas habilidades e aumentasse ainda mais sua preparação, construindo diversas oportunidades de crescimento.

Em contraste, Ederson, mesmo sendo talentoso, enfrentava limitações financeiras, atuando em uma empresa com muito menos oportunidades de crescimento e, por não conseguir dinheiro para investir em uma qualificação de alto nível, competia em desigualdade de condições com profissionais mais qualificados nas oportunidades existentes em empresas mais promissoras. Mesmo sabendo que existem outras variáveis que influenciam o sucesso ou o fracasso profissional, e que existem pessoas que prosperam apesar das condições desfavoráveis, a história de Ederson e Anna destaca como a desigualdade no mercado global pode afetar a vida de pessoas em diferentes países, e como a qualidade da educação e das oportunidades de trabalho pode influenciar no sucesso ou fracasso de um indivíduo no mercado globalizado.

O INDIVIDUALISMO

Para ampliar nosso entendimento sobre o contexto no qual as organizações e seus colaboradores estão navegando, podemos, ainda, avançar para outra fronteira do pensamento: a do poder corrosivo do individualismo e suas consequências para a sociedade contemporânea. Em seu livro *Greed Is Dead: Politics after Individualism* (2020), o economista britânico Sir Paul Collier aponta que o consenso centrista pós-Segunda Guerra se deslocou em favor do individualismo, levando a uma ética que se limita ao utilitarismo e que, portanto, falha em restabelecer nas empresas e no indivíduo os sentidos de obrigação mútua que tecem e estabilizam a vida em comunidade. As relações éticas de obrigação mútua, a herança aristotélica do *zoon politikon*,[30] teriam sido deslocadas, no contexto das empresas, pela única meta de maximização dos valores das empresas para os acionistas; no nível do indivíduo, pela maximização da satisfação do consumo; e, por fim, na *polis*, pela maximização do bem-estar do maior número de indivíduos.

Esse mecanismo que constitui o individualismo está entrelaçado e alinhado com os mecanismos da precarização, e ambos se retroalimentam. O sistema capitalista – da forma como está concebido –, potencializado pelos efeitos da globalização, leva muitas empresas – que também vivem em situação de insegurança – a baixar seus custos, produzindo precariedade e promovendo exploração desmedida, levando aos "privilegiados" que possuem emprego uma pressão para que trabalhem cada vez mais. É construído, assim, um axioma, que reside na crença de que todos os frutos, bem

---

30 Aristóteles, considerado o pai da lógica, entendia ser o homem um animal político (zoon politikon) que só vive dentro do Estado.

como dilemas possíveis de serem vivenciados, foram criados pelo próprio indivíduo que colhe e absorve as consequências, cabendo a ele apenas agradecer ou culpar-se pelo que lhe acontece de bom ou ruim em sua vida.[326]

Embora a vida laboral sempre tenha sido repleta de incerteza, as incertezas da atualidade são novas. As incertezas atuais são aleatórias, com uma lógica bizarra – quando existe alguma –, não havendo como antecipar quem sofrerá o infortúnio e quem será preservado. A incerteza de hoje é uma poderosa força individualizante, pela qual a ideia de interesses comuns se torna incompreensível, levando a uma convivência solitária do indivíduo com os seus medos, ansiedade e tristezas.[327]

Esse cenário fica ainda mais perverso quando a ordem social culpa os indivíduos marginalizados pela desigualdade implicada pela própria hierarquia social a que pertencem, ou seja, os culpa pela categoria de ser humano que se tornaram, afastando das instituições a responsabilidade e direcionando-a para a inadequação do indivíduo. O que acontece, de fato, é que o povo constrói suas vidas sob condições que não escolheu, fazendo com que suas histórias se restrinjam ao ir e vir entre as opções disponíveis.[328]

AVANÇOS TECNOLÓGICOS

O impacto dos avanços tecnológicos no campo do trabalho suscita dúvidas se as atuais estratégias serão suficientes diante da dimensão dos desafios que estão sendo impostos.

A forma como vivemos, trabalhamos, consumimos e nos relacionamos está sendo modificada como nunca visto na história[329], e essas mudanças não são mais algo temporário e que não requer nenhum processamento adicional. Agora, as mudanças são desafios, e uma necessidade perpétua e, talvez, infinita.[330]

Além disso, a covid-19 acelerou ainda mais algumas mudanças no comportamento, nos interesses e nas preocupações do consumidor, e, por consequência, nas tecnologias. Se contemplarmos um horizonte de maior prazo, enxergaremos, ao menos, três forças com um alto potencial disruptivo que começarão a apresentar o seu impacto já no final da década de 2020: experiência ambiental, inteligência exponencial e computação quântica.[331]

Na experiência ambiental, a tecnologia é parte do ambiente. Dispositivos computacionais continuam aumentando de potência e diminuindo de tamanho, permitindo interação por meio de fala, gestos e pensamento, e, de forma interativa, respondendo perguntas ou, ainda mais proativamente, fazendo sugestões imprevistas, tornando-se cada vez mais integrados ao nosso cotidiano e onipresentes.

Por exemplo, apenas verbalizando "Eu preciso sair para o aeroporto em uma hora", uma pessoa poderia desencadear uma cascata de atividades automaticamente, incluindo arranjos para check-in de voo automatizado, embarque virtual, um passe para a triagem biométrica, um carro autônomo programado para ser ativado no terminal, a configuração do sistema inteligente doméstico para "ausente" e a interrupção das entregas pelo tempo de duração da viagem.[332]

Com a inteligência exponencial, conseguiremos interpretar padrões emocionais, reconhecendo e respondendo às nuances do ser humano e promovendo uma interação que leva em consideração seus sentimentos e emoções, sendo capazes de extrair causalidade real de correlação espúria,[31] onde nossos assistentes virtuais serão cada vez mais capazes de reconhecer estados emocionais, adaptando-se ao humor das pessoas com quem estiverem interagindo.

No entanto, é a computação quântica que indica possuir o maior potencial disruptivo, pois os computadores serão capazes de resolver certos problemas altamente complexos, que são muito grandes e confusos para os equipamentos atuais. Conforme os pesquisadores, os cientistas de dados serão capazes de digitalizar volumes cada vez maiores de dados para correlações; cientistas de materiais poderão simular átomos de maneiras que são impraticáveis em computadores clássicos; entre outras fascinantes possibilidades em muitas outras áreas, incluindo comunicações, logística, segurança, criptografia, energia e muito mais.

DESADAPTAÇÃO

Embora seja indiscutível que a adaptação ao ambiente é inerente aos seres humanos, pois possuímos flexibilidade diante da mudança, promovendo nossos ajustes fisiológicos, comportamentais e culturais,[333] a amplitude, profundidade e velocidade do que estamos vivenciando com as mudanças da sociedade contemporânea e a forma como elas impactam nossas vidas sugerem que devemos questionar se a adaptabilidade dos indivíduos está adequada para viver satisfatoriamente na sociedade contemporânea.

---

31 Correlação espúria é uma relação estatística existente entre duas variáveis, mas em que não existe nenhuma aparente relação causa-efeito entre elas.

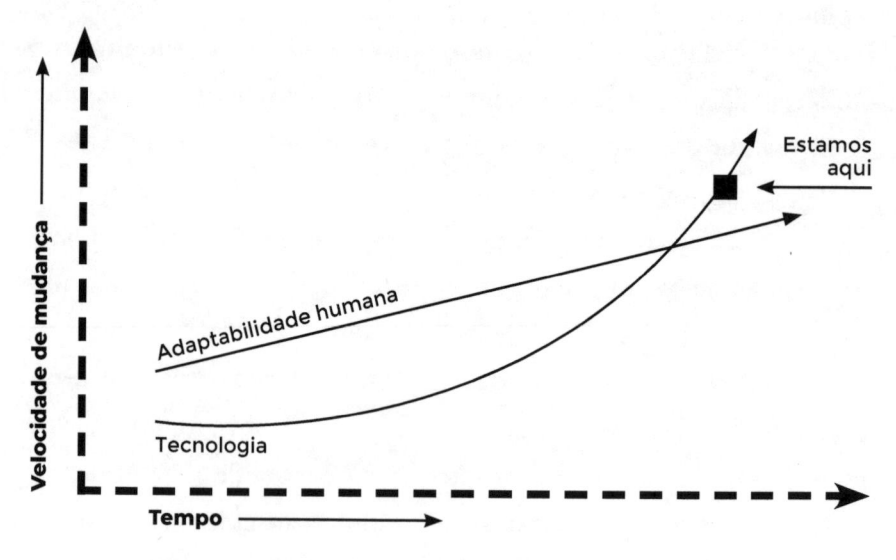

Figura 20 – Gráfico da adaptabilidade humana de Eric Teller[32]

Segundo Eric Teller, CEO do Google X,[334] muitas pessoas não estão conseguindo acompanhar as mudanças:

> "A velocidade com que nos adaptamos está aumentando. Entretanto, infelizmente, pode ser que isso não seja suficiente. Hoje, a crescente velocidade das inovações científicas e tecnológicas pode ultrapassar a capacidade do ser humano médio e de nossas estruturas sociais de se adaptarem e absorvê-las."

A humanidade começa a perceber que está integralmente desadaptada. Na geração dos meus pais, concluir uma faculdade era sinônimo de estar preparado para exercer uma profissão durante a vida toda. O conhecimento era como uma piscina cheia de água, que precisa de constante tratamento para que não se deteriore.

---

32 Fonte: FRIEDMAN, Thomas L. *Thank you for being late:* An optimist's guide to thriving in the age of accelerations. Nova York: Farrar, Straus and Giroux, 2016, p.44.

Mas a água é sempre a mesma. Quando muito, é necessário complementar aquela água que evaporou ou foi jogada fora durante o processo de limpeza.

Meu pai era contador. Concluiu a faculdade, fez uma especialização *lato senso* – o que já era um diferencial para a época – e, depois disso, sua atualização profissional consistiu basicamente em ler informativos sobre as mudanças na legislação. Mesmo que a legislação mudasse constantemente, a metáfora da água na piscina se aplicava bem a esse caso. As atualizações consistiam em manter seu conhecimento tratado, limpo e transparente para o uso.

No caso dele, a informática passou a ser uma ferramenta de trabalho nos seus últimos cinco anos de trajetória profissional. Embora a disponibilidade do computador tenha proporcionado um ganho de eficiência, sua rotina de escrituração contábil, fiscal e trabalhista não se alterou muito, tendo sido suficiente uma rápida reorganização dos métodos e a contratação de um digitador para fazer a interface entre o método analógico e o digital.

Hoje, o ensino superior, além de ser insuficiente para a consolidação em uma profissão, muitas vezes forma profissionais cujos pressupostos ensinados durante a formação rapidamente ficam defasados. *A piscina hoje é enchida com nitrogênio líquido.* O conhecimento é altamente volátil, e possuí-lo deixou de significar necessariamente um desenvolvimento. Desenvolver significa crescer e progredir, e um conhecimento só promoverá desenvolvimento enquanto ainda tiver sua utilidade.

Explico melhor nessa equação:

$$[D = AC \times U], \text{ onde}$$

"D" representa o desenvolvimento profissional, "AC" aprimoramento de competências, e "U" utilidade.

Assim, as mudanças aceleradas promovem a diminuição da utilidade das competências aprendidas e, por consequência, um menor desenvolvimento profissional, mesmo com um maior esforço de aprimoramento. O esforço necessário a uma adaptação é maior e crescente.

FUTURO DO EMPREGO

É consenso que inúmeras indústrias da atualidade estão sendo simultaneamente afetadas por uma onda tecnológica de "destruição criativa", que avança em um ritmo geométrico, como robótica, inteligência artificial, impressão 3D, realidade virtual e aumentada, e outras inovações com enorme potencial disruptivo, que, em breve, atingirão sua maturidade. Bilhões de pessoas em todo o mundo estão atualmente empregadas em indústrias que, provavelmente, serão afetadas pelo impacto disso na qualidade e na quantidade de empregos.[335]

As relações de trabalho, emprego e renda estão em ebulição. Ainda é prematuro adiantar qualquer resultado sobre a reconfiguração dos empregos. O formato da força de trabalho do futuro será resultado de uma complexidade de mudanças, sendo difícil prever quando acontecerão e em que velocidade. Como em toda mudança de ambiente, existe um campo de forças promovendo tensão e buscando equilíbrio entre os fatores que impulsionam e os que restringem o movimento na direção de um novo cenário. O comportamento dos consumidores, o ativismo do cidadão e de algumas categorias de trabalhadores, as regulamentações legais, os concorrentes comerciais locais e internacionais são todos fatores que, de uma forma ou de outra, influenciarão a transição para um novo padrão de local de trabalho e para os novos modelos de organização. A afirmação de que a mudança acontecerá, e será muito disruptiva, é possível de ser feita; no entanto, o desfecho dos seus pormenores é algo que só conseguiremos prever de forma mais precisa à medida dos acontecimentos.[336]

Algumas pesquisas sugerem não existir evidência histórica ou contemporânea convincente sobre a real possibilidade de que os avanços tecnológicos estejam nos levando para um futuro sem emprego, indicando que, nas próximas décadas, os países industrializados terão mais vagas de emprego do que trabalhadores para preenchê-las. No entanto, essas tecnologias e políticas econômicas e institucionais alterarão o conjunto de habilidades que esses empregos exigem, por isso devemos investir em trabalhadores e suas habilidades, trazendo novos métodos e metodologias de treinamento. Simultaneamente, devemos atualizar os sistemas que os empregam e a normatização das relações de trabalho, equilibrando a inovação das estruturas institucionais do mercado de trabalho com as novas tecnologias e indústrias que promoverão novas oportunidades de trabalho.[337]

Evidentemente, as previsões, mesmo com um profundo rigor técnico, não são lineares e, por isso, não se tem uma afirmação exata quanto ao ponto de chegada, pois essa seria demasiadamente simplista e arriscada. Todavia, é possível observar as megatendências, forças extraordinárias que estão remodelando a sociedade e o mundo do trabalho. Descobertas tecnológicas, mudanças demográficas, transformações no poder econômico global e alterações climáticas estão entre essas megatendências que, de uma maneira ou de outra, influenciarão o design da força de trabalho do futuro.

A forma como os trabalhadores responderão aos desafios e oportunidades que as megatendências oferecem influenciará fortemente qual futuro o trabalhador e as organizações terão.[338]

Um dos dilemas que essas megatendências nos oferecem é a relação entre os perfis de trabalhadores que possivelmente terão seus postos extintos por novos empregos, os quais provavelmente exigirão altos níveis de especialização. Tudo indica que conviveremos com o desemprego estrutural, ou seja, apesar dos incontáveis desempregados, teremos posições de trabalho abertas sem que tenhamos candidatos aptos para preenchê-las. Nunca tivemos antes mudanças tão significativas em uma velocidade tão acelerada.[339]

Um estudo realizado pelo McKinsey Global Institute indica que os avanços tecnológicos não necessariamente possuem um saldo negativo na criação de empregos. Na França, por exemplo, até 2011 a internet criou aproximadamente 1,2 milhão de novos empregos, destruindo em torno de 500 mil, deixando um saldo positivo próximo a 700 mil novos empregos.[340] A mudança tecnológica também pode criar uma série de novas tarefas; por exemplo, nos Estados Unidos, 30% dos empregos criados desde o final da década de 1990 eram de tipos que não existiam antes.[341]

Então, a correlação entre avanços tecnológicos e trabalho pode não ser uma questão quantitativa, em que analisamos número de postos de trabalho extintos *versus* criados, mas, sim, sobre a qualidade das novas oportunidades ofertadas e a capacidade de os trabalhadores dos postos extintos assumirem as novas posições. Na ausência de políticas de transição eficazes, incluindo oportunidades adequadas para adquirir novas habilidades relevantes, muitos dos que estão em risco de perda de emprego podem ser forçados a aceitar trabalhos de menor qualificação e menor remuneração, aumentando perigosamente a oferta nos setores de baixos salários.[342]

Isso pode ser facilmente constatado em outro estudo da Organização Internacional do Trabalho (OIT) realizado em janeiro de 2020, o qual revelou que o aumento do desemprego, combinado com a falta de emprego decente e a persistência da desigualdade, está dificultando ainda mais a construção de uma vida melhor por meio do trabalho. Em 2019, mais de 470 milhões de pessoas em todo o mundo não tiveram acesso adequado ao trabalho remunerado ou estiveram trabalhando menos horas do que gostariam. Reforçando esse cenário, temos ainda a degradação da qualidade do trabalho, pois mesmo as pessoas que possuem um emprego convivem com deficiências significativas no tocante ao direito a um local de trabalho seguro e saudável, ao acesso à proteção social, à oportunidade de expressar suas opiniões e preocupações por meio de um órgão representativo, à não discriminação, entre outros.[343]

Nesse cenário, a capacidade de adaptação em empresas, indivíduos e na sociedade é fundamental para transitar pelas mudanças futuras. É impossível prever a exata dimensão dos avanços tecnológicos, bem como quais são essas competências necessárias, mesmo num horizonte de cinco anos. Por isso, os trabalhadores e organizações precisam estar prontos para se adaptar a cada um dos futuros possíveis.

As políticas organizacionais, econômicas e sociais não devem proteger empregos que serão dispensáveis; todavia, possuem a responsabilidade de proteger seus trabalhadores – pessoas, e não postos e atividades empregatícias – e promover agilidade, capacidade de adaptação e habilidades mais alinhadas com as novas demandas de trabalho.[344]

CONTEXTUALIZANDO

Carla trabalhava como assistente administrativa em uma empresa que presta serviços de contabilidade. Ela tinha trabalhado lá por mais de uma década, e era muito respeitada pelos colegas e superiores por sua diligência e eficiência. No entanto, nos últimos anos, a empresa começou a passar por uma transformação digital, buscando modernizar seus processos e serviços.

Com a implementação de novas tecnologias, muitas das tarefas que Carla e seus colegas faziam manualmente se tornaram automatizadas. A empresa passou a contratar funcionários com habilidades em tecnologia da informação para gerenciar esses novos sistemas, e muitos dos antigos funcionários, como Carla, começaram a ser dispensados.

Carla não era contra as mudanças em si, mas não tinha habilidades em tecnologia da informação e não conseguia se adaptar ao novo ambiente de trabalho. Ela se esforçou para aprender, mas sentia-se cada vez mais deslocada e insegura em sua posição. Com o tempo, foi perdendo responsabilidades e tarefas, até que foi demitida.

Depois de perder seu emprego, teve dificuldades em encontrar um novo trabalho. Ela não tinha as habilidades que muitas das novas oportunidades de emprego exigiam. Acabou aceitando um trabalho temporário em um *call center*, onde recebeu um salário muito menor do que ganhava antes. Carla se sentia desvalorizada e frustrada, pois sabia que tinha muito mais a oferecer, mas se via presa em um mercado de trabalho que exigia habilidades que ela não possuía.

A história de Carla ilustra como a transformação digital pode ter um impacto significativo na vida das pessoas, mesmo que a criação líquida de empregos possa ser positiva. Se as pessoas não conseguem acompanhar as mudanças e adquirir as habilidades necessárias, elas podem acabar em trabalhos de menor qualificação e menor remuneração, o que pode levar a uma deterioração da qualidade do trabalho e da vida em geral.

TRABALHABILIDADE E BEM-ESTAR

O trabalho pode ser um elemento determinante para a qualidade de vida, uma dimensão ontológica básica, na qual o homem cria, livre e conscientemente, a realidade, busca sentido para a vida, manifesta a superioridade humana, realizando o ser e proporcionando o acesso aos bens materiais necessários à existência – a riqueza –, permitindo um salto da mera existência orgânica à sociabilidade.[345]

Todo ser humano tem a vontade de buscar sentido para a vida, e o trabalho, na atualidade, possui diversos elementos para ser uma das principais forças mobilizadoras da pessoa, expressando o que é mais humano em si mesmo.[346]

Possuímos a necessidade de sentirmo-nos capazes, e um dos instrumentos completos e com maior potencial para suprir isso a contento é o trabalho. É por meio dele que o ser humano pode se desafiar, se superar, encontrar seu sentido para a vida e conquistar uma profunda e satisfatória realização pessoal.

Por outro lado, e colaborando com esse entendimento, estudos indicam que existe uma correlação positiva entre desemprego e deterioração do *bem-estar psicológico*, sendo um dos acontecimentos que mais afeta o bem-estar e a saúde mental de um indivíduo.[347]

Aquele que vivencia a falta de renda, a exclusão do mundo do trabalho, e que passa a viver à margem da sociedade, não sendo reconhecido como um cidadão ativo e produtivo, pode sofrer com a desestruturação de laços sociais e afetivos, restrição de direitos e insegurança socioeconômica, redução da autoestima, sentimentos de solidão e fracasso, desenvolvimento de distúrbios mentais, bem como o aumento do consumo ou dependência de drogas, uma vez que o trabalho, ao mesmo tempo que sustenta e forma identidade, também a engendra.[348]

No trabalho reside a dualidade paradoxal, a contradição existente em um campo com duas forças opositoras, pois, ao se fixar num objeto, fez-se coisal (*sachlich*), passando a riqueza social a ser sua objetivação (*Vergegenständlichung*), e, ao mesmo tempo que possibilita realizações e bem-estar, permitiu exclusões, marginalização, subordinação e submissão ao capital, cuja expressão máxima se revela na perda dos objetivos conscientes e inconscientes do trabalho e no próprio ato da produção, subtraindo o sujeito. Sob esse aspecto, como defendeu o filósofo alemão Karl Marx, socialista revolucionário, o trabalho se configura como o *vir-a-ser* para si do homem alienado de si.[349]

Em linha com a corrente de pensamento marxista, o filósofo húngaro István Mészáros[350] teve uma visão caótica e catastrófica sobre o trabalho, afirmando que o surgimento do "contrato de trabalho" oportunizou outro tipo de "propriedade" que garantisse ao "novo senhor" o direito de manipular os seres humanos, agora supostamente "livres", como coisas, objetos sem vontade própria, desde que estes "escolhessem livremente" ser contratados, alienando de forma voluntária o que lhes pertencia, e que encontrou um terreno fértil em uma "sociedade civil" caracterizada pelo domínio do dinheiro.

Nessa dualidade de percepções, que talvez represente a mesma dualidade das realidades vividas por distintos trabalhadores, outro ponto de vista sobre o trabalho é o do intelectual alemão Max Weber, que trouxe um olhar cultural sobre as relações de trabalho e capital ao relacionar a filiação religiosa com a estratificação social. Weber descobriu que, no vale do Ruhr, na Alemanha, geralmente os filhos dos católicos eram levados a optar por carreiras profissionais no campo das ciências humanas, enquanto os protestantes escolhiam carreiras e funções técnicas, fazendo com que esses últimos se destacassem como industriais, dirigentes empresariais e técnicos superiores. Essa correlação permitiu a conclusão de que os valores protestantes contribuíram de forma significativa para o impulsionamento da economia ocidental moderna.[351] Esse paradigma põe em xeque a divisão alienadora entre capital e trabalho, proposta por Karl Marx, e responsabiliza a estrutura de valores e crenças como base influenciadora do lugar que o trabalhador ocupará.

Todavia, embora a apresentação desses pensamentos divergentes nos ajude a ampliar o entendimento sobre os pontos positivos e negativos desse universo, independentemente de possuirmos uma visão idealizada, pragmática, pessimista ou otimista sobre a função e a importância social e individual do trabalho (e ainda, se ele é justo ou exploratório), é evidente que, ao fim e ao cabo, os indivíduos trabalham para seus próprios objetivos, dilemas e mazelas. Todos nós trabalhamos para nós mesmos. Trabalhamos nas organizações e nas funções que escolhemos, ou naquelas que nos foram acessíveis, para alcançar nossos objetivos, a nossa realização pessoal, ou para garantir nossa subsistência; em todos os casos, o centro sempre será o indivíduo, e sempre contemplará seus próprios interesses. Até mesmo o sócio fundador de uma empresa trabalha para si. O trabalho sempre será uma oportunidade de realização dos interesses pessoais, excetuando o trabalho escravo (forçado). Isso não significa negar que é possível que os interesses pessoais não sejam plenamente atendidos pelo trabalho que se realiza, tanto no que se refere à contrapartida financeira quanto aos demais interesses emocionais, afetivos, de realização, de harmonização com o seu perfil e aptidões, e com as demais dimensões da vida, entre outros.

É evidente que, no que se refere à relação com retorno financeiro sobre o trabalho, em uma sociedade capitalista, a lei da oferta e demanda parece promover forte influência sobre o quão gratificador ou exploratório será o trabalho. Trabalhadores com maiores oportunidades de trabalho possuem melhores condições de escolha. Da mesma forma, empregadores que atuam em um mercado em que haja escassez de bons trabalhadores estão dispostos a oferecer melhores remunerações, benefícios e ambiente de trabalho.

Estudos correlacionam um maior crescimento econômico à expansão do emprego formal, que provoca uma maior competição, por parte das organizações, por profissionais mais qualificados, fazendo com que o mercado de trabalho para os engenheiros e profissionais afins pagasse salários sistematicamente acima dos demais empregados com escolaridade superior, incluindo uma alta dos salários desses profissionais na indústria de transformação.[352] Um exemplo disso foi o crescimento econômico no Brasil no período de 2004-2008, que elevou o nível e diminui a dispersão relativa das rendas do trabalho.[353]

Todavia, o conceito de trabalho, já há alguns anos, está deixando de ser sinônimo de emprego. O avanço das tecnologias está pressionando mudanças nas legislações trabalhistas e, nesse cenário, as pessoas deverão preparar-se não mais para a empregabilidade, mas, sim, para a *trabalhabilidade,* desenvolvendo e renovando as capacidades que tenham valor no mercado de trabalho.[354]

No núcleo que difere empregabilidade de trabalhabilidade está a transformação do trabalhador em uma espécie de fornecedor, passando a ser, ele mesmo, responsável pelo gerenciamento de sua produtividade, da qualidade do que entrega, administrando sua carreira e seu desenvolvimento pessoal e profissional.

Trabalhabilidade envolve a capacidade do indivíduo de gerar renda, sem, necessariamente, possuir vínculo empregatício.[355]

Então, após navegarmos pelos mares azuis e vermelhos do universo do labor, podemos consolidar o entendimento ao resumir que o trabalho vai muito além de ser uma oportunidade de obter ganhos financeiros, estando relacionado a bem-estar, reconhecimento, inclusão, dignidade, saúde, entre outros benefícios. Da mesma forma, a falta de trabalho, ou trabalho em condições inadequadas, resulta em marginalização, submissão, alienação, exploração e outras consequências que drenam a dignidade humana. Essas posições antagônicas parecem estar relacionadas a elementos culturais e ao posicionamento do indivíduo em relação à lei da oferta e da demanda. Em momentos nos quais a economia favorece a oferta, os trabalhadores são recompensados com melhores remunerações e com melhores condições de trabalho, sendo o inverso verdadeiro. Por outro lado, trabalhadores que internalizaram culturas que favoreçam a trabalhabilidade parecem ser menos vulneráveis a essas oscilações, o que, considerando as expectativas sobre o futuro do trabalho e suas mudanças, é algo a ser incentivado e desenvolvido.

CONTEXTUALIZANDO

Pedro trabalhava como CTO em uma empresa de tecnologia há mais de 10 anos. Sua remuneração já não estava suprindo suas necessidades, e ele sentia que estava sendo preterido em relação às oportunidades de crescimento. Pedro sempre se esforçou para estar atualizado com as tecnologias mais recentes, e participava frequentemente de eventos e palestras sobre o assunto. No entanto, começou a sentir que sua carreira estava se estagnando e que estava ficando obsoleto em relação às novas tecnologias que estavam surgindo no mercado. Embora insatisfeito com o trabalho atual, tinha receio de deixar o emprego e não conseguir uma recolocação à altura. Talvez o trabalho não fosse o que ele gostaria, mas pelo menos estava empregado. Isso impactava não apenas sua carreira, mas também sua qualidade de vida. Ele começou a sentir-se desanimado e sem propósito, o que afetou sua vida pessoal e familiar. Sabia que precisava fazer algo para se atualizar e melhorar sua habilidade.

Decidido a mudar essa situação, Pedro buscou formas alternativas e mais consistentes para aprimorar suas habilidades técnicas e sua trabalhabilidade. Começou a se integrar ao ecossistema de inovação, sendo ativo em fóruns de discussão sobre inovação em tecnologia e participando dos melhores eventos sobre tendências tecnológicas da sua área.

Além disso, Pedro se envolveu em projetos paralelos e começou a participar de *hackathons* e competições para colocar suas novas habilidades em prática. Usou sua rede de contatos a fim de explorar novas oportunidades de trabalho e aprender mais sobre as tendências do mercado. Todo esse movimento o deixou muito motivado e confiante.

De um ponto de vista técnico, Pedro se atualizou em diversas áreas, como a computação em nuvem, a inteligência artificial, a análise de dados e a cibersegurança. Ele também aprendeu novas ferramentas e linguagens de programação, como Python e Kubernetes, que se tornaram essenciais para o moderno desenvolvimento de softwares. Com essas habilidades, Pedro pôde contribuir mais para a empresa e enfrentar desafios mais complexos, como a migração de sistemas para a nuvem, a análise de grandes conjuntos de dados e a implementação de políticas de segurança robustas.

Graças a essas iniciativas, Pedro conseguiu atualizar suas habilidades técnicas e se tornar um profissional mais qualificado e versátil, conseguindo um novo emprego em uma empresa de tecnologia de ponta, onde sua experiência e conhecimento técnico são altamente valorizados. Isso fez com que se sentisse mais confiante e realizado em sua carreira, tendo um impacto positivo em sua vida pessoal e familiar. Ele entendeu que, para ter liberdade de escolha, precisa estar preparado. Além disso, validou sua crença na importância de estar em um lugar alinhado com seus propósitos de carreira e de vida, e com oportunidade de crescimento e atualização. Embora gostasse muito da empresa anterior e sentisse que poderia contribuir mais, não percebia reciprocidade.

PRODUZINDO *INSIGTHS*:

- De que forma os valores e crenças impostos pela modernidade líquida estão afetando a sua organização?
- Diante do cenário apresentado, quais são as fortalezas da sua organização, e quais as fragilidades no enfrentamento da inexorável transformação organizacional?
- O que sua empresa pode fazer para melhorar a equidade de oportunidades, combatendo, assim, a desigualdade?
- De que forma o avanço tecnológico e a desadaptação afetam a sua organização?
- Como sua empresa está lidando com as mudanças nas relações de trabalho e emprego? Que estratégias podem ser adotadas para amenizar os impactos negativos desse momento histórico?
- Quais ações ainda podem ser implementadas para incremento do bem-estar dos colaboradores?

Seção 2
ORIENTAÇÕES PARA A JORNADA

1. Como sua organização pode aplicar os conceitos de construção da realidade e discernimento para criar uma visão compartilhada que guie a transformação?
   - Avalie métodos para alinhar percepções e crenças individuais com uma visão organizacional compartilhada que apoie a transformação.

2. De que maneira a modernidade líquida influencia as práticas de gestão em sua organização, e como pode ser aproveitada para fomentar a adaptabilidade?
   - Explore como as características da modernidade líquida podem ser integradas nas práticas de gestão para promover um ambiente adaptativo.

3. Quais estratégias sua organização pode adotar para reduzir as desigualdades de capital e promover uma transformação mais inclusiva?
   - Avalie práticas que abordem as desigualdades em termos de acesso a recursos, oportunidades e influência, promovendo equidade.

4. Como sua organização pode balancear a busca por inovação com a manutenção do bem-estar dos colaboradores?
   - Considere práticas que incentivem a inovação sem comprometer a saúde mental e o bem-estar dos colaboradores.

5. Quais são as implicações dos avanços tecnológicos na redefinição de funções e responsabilidades dentro de sua organização?
   - Analise como as novas tecnologias estão transformando papéis e responsabilidades e como os colaboradores podem ser preparados para essas mudanças.

6. De que forma o conceito de modernidade líquida pode ser aplicado para melhorar a agilidade nos processos de tomada de decisão em sua organização?
   - Explore estratégias que integrem a flexibilidade e a rapidez da modernidade líquida nos processos de tomada de decisão, permitindo uma resposta mais ágil e eficiente às mudanças do mercado

7. Quais abordagens sua organização pode utilizar para garantir que a inclusão e a diversidade sejam partes integradas da cultura organizacional?
   - Avalie iniciativas que promovam a inclusão e a diversidade, assegurando que todos os colaboradores tenham igual acesso a oportunidades e sejam valorizados por suas contribuições únicas.

8. Como sua organização pode fomentar um equilíbrio saudável entre inovação e bem-estar, garantindo um ambiente de trabalho sustentável?
   - Considere a implementação de políticas e práticas que incentivem a inovação ao mesmo tempo que promovam o bem-estar dos colaboradores, tais como programas de bem-estar, horários flexíveis e espaços de trabalho colaborativos.

9. Quais são as estratégias mais eficazes para preparar os colaboradores para as mudanças impostas pelos avanços tecnológicos?
   - Analise as melhores práticas de *upskilling* e *reskilling*, garantindo que os colaboradores estejam equipados com as habilidades necessárias para se adaptarem às novas tecnologias e desempenharem suas funções de maneira eficiente e produtiva.

10. Quais são os impactos da globalização na precarização das relações trabalhistas em sua organização, e como podem ser mitigados?
    - Avalie os efeitos da globalização sobre as condições de trabalho, identificando práticas que possam levar à precarização. Desenvolva estratégias para mitigar esses impactos, assegurando condições de trabalho justas e sustentáveis, além de políticas que promovam a segurança e o bem-estar dos colaboradores.

Adaptabilidade: uma conversa sobre inclusão e neurodiversidade nas organizações

Entrevista com Ana, 52 anos, formada e pós-graduada em Administração de Empresas, que atuou em diversos segmentos do mercado por mais de 25 anos, empreendedora, artesã, viajante e TEA N1 (autista nível 1 de suporte).

No ambiente profissional, há uma forte demanda por competências e habilidades. Por vezes, essa cobrança pode ser excessiva, com expectativas irreais de desempenho. Como você avalia essas exigências do ponto de vista dos profissionais neuroatípicos, considerando temas como flexibilidade cognitiva e adaptabilidade?

A rigidez cognitiva no Transtorno do Espectro Autista (TEA) normalmente é muito forte. Desde o diagnóstico, tenho feito terapia duas vezes por semana com a abordagem da terapia cognitivo-comportamental (TCC). Tenho aprendido muitas coisas, pois nunca consegui entender muito bem a questão da inteligência emocional, por exemplo. O que é isso? Para mim, nunca fez sentido. Agora, com uma abordagem mais racional, está ficando mais fácil entender tudo isso e trabalhar para desenvolver flexibilidade cognitiva. Achei fantástico vocês colocarem a flexibilidade cognitiva como uma habilidade que pode ser desenvolvida e treinada. Fiquei pensando: se isso é difícil para um neurotípico, imagine para um neuroatípico.

Achei riquíssimo o exemplo que você trouxe. As *soft skills* são totalmente subjetivas, então, como mensurar a evolução em algo que talvez não tenha um racional claro? Sempre tentamos transformar uma competência, uma *soft skill*, em um comportamento observável e em ação. Isso facilita o processo?

Na realidade, cada autista tem traços bem pessoais; um é completamente diferente do outro. Vou contar um pouco do que estou vivendo agora, pois estou em uma grande descoberta de autoconhecimento e entendimento do que acontece. O neuroatípico, como um dos principais fatores que o colocam no espectro autista, enfrenta grandes desafios na questão social. A adaptabilidade é muito complexa, há uma sensação de não pertencimento. Trabalho desde os 14 anos e nunca consegui me sentir parte das empresas por onde passei. Sempre me senti extremamente diferente das pessoas. Mesmo estando totalmente envolvida em um projeto, não me sentia parte dele. Nunca consegui ter o sentimento de pertencer a determinado ambiente.

Outra característica do neuroatípico é a questão sensorial. Vivemos no meio de barulhos, luzes e muita atenção, mas acabamos perdendo a percepção do dia a dia. Vou te dar um exemplo simples: sempre tive muito problema com barulho. No processo de diagnóstico – que demorou bastante tempo, foram oito meses porque não é simples diagnosticar –, eu comprei um abafador de ruído, e se você soubesse a diferença que isso fez na minha vida! É uma coisa tão simples, mas isso me traz um conforto absurdo, por exemplo, para ir ao supermercado.

Pessoas com TEA têm um senso de responsabilidade e justiça muito aflorado. Por exemplo, uma vez eu estava numa sala de reunião, numa conversa acalorada. Na sala ao lado, que era de vidro com uma persiana no meio, estavam uma diretora e outra gerente. Eu estava de frente para esse vidro com a persiana, e vi a silhueta de uma pessoa escutando a conversa pelo vidro! Fiquei extremamente incomodada, porque sabia quem estava lá. Levantei, abri a primeira porta, depois a segunda e peguei a diretora com o ouvido no vidro. A partir daquele momento, perdi completamente o respeito pelas duas profissionais. Aquilo foi uma coisa absurda para mim, me agrediu pessoalmente de uma forma muito mais intensa do que provavelmente agrediria outra pessoa. Desde então, não conseguia mais transitar naquele ambiente. Profissionalmente, aquilo não era um posicionamento adequado, e passei a não pertencer mais àquele lugar definitivamente. Estou te dando esses exemplos para que você entenda a dificuldade.

Um ambiente com muito barulho provavelmente será insuportável para uma pessoa com TEA. Um ambiente com pessoas sem uma conduta adequada também será impossível para essas pessoas trabalharem. Estou falando isso pela minha ótica. O neuroatípico pode ter hiperfoco, uma fixação por determinados assuntos. Sempre tive um hiperfoco muito grande no meu trabalho, então sempre trabalhei muito e além do que deveria. Meu hiperfoco me leva a esmiuçar tudo até o fim.

Há uma pesquisa americana recente que indica que 1 a cada 36 indivíduos está dentro do espectro autista, em níveis diferentes – 1, 2 e 3. O TEA não é uma doença, é uma condição neurológica e, dentro desse contexto, a pessoa pode ter várias comorbidades, várias doenças, que vêm em função do TEA – depressão, transtorno de ansiedade e uma série de questões físicas também, não só psicológicas, neurológicas ou psiquiátricas.

Aqui no Brasil, o que tenho encontrado de iniciativas ligadas ao mercado de trabalho para pessoas neuroatípicas dá para contar nos dedos de uma mão só. Encontrei uma startup, a aTip,[33] que faz um *hackathon* desde 2018 em parceria com diversas empresas. Eles disponibilizam conteúdos que auxiliam os autistas a se desenvolver na área de tecnologia, com cursos, rodas de conversa e apresentações que facilitam a aprendizagem dos neuroatípicos.

Tem outra iniciativa, a Specialisterne,[34] que é uma representação de uma ONG fundada na Dinamarca. Eles estão presentes em 23 países e fazem também o desenvolvimento e inserção de pessoas com autismo no mercado de trabalho.

Se considerarmos o nível 1, que é o autismo considerado "leve", podemos presumir que há muitas pessoas neuroatípicas no mercado, sem diagnóstico, assim como eu, que fui diagnosticada aos 50 anos.

---

33 A aTip é um hub neurodiverso voltado à inserção de pessoas neuroatípicas no mercado de trabalho e a sensibilização e acompanhamentos para empresas. Disponível em: <https://atip.io/>.

34 A Specialisterne é uma organização social que se dedica à inclusão profissional de pessoas com autismo e outros diagnósticos na neurodiversidade. Disponível em: https://specialisternebrasil.com/.

Com o diagnóstico recente, como foi para você passar pela vida profissional com a sensação de não pertencimento, acreditando que a causa era seu comportamento?

Sempre tive uma entrega muito boa, cumpri todas as minhas metas, recebi os maiores bônus variáveis dentro do meu contexto, porque sempre tive um hiperfoco no meu trabalho. Então, aquilo para mim era muito importante. As empresas não tinham o que falar da minha performance, mas comentavam a respeito do meu relacionamento com as pessoas.

Nunca fui de fazer social, de sorrir muito para alguém. Eu sempre fiz o que considerava correto, nunca me envolvi em situações que fossem contra os meus princípios e valores. No mercado, é comum enfrentar isso, principalmente ao progredir na carreira. Minha técnica e entrega sempre foram consistentes, mas os relacionamentos interpessoais sempre representaram um desafio.

Sobre como eu descobri? Meu cérebro funciona como um grande fluxograma, em que cada atividade abre uma caixinha com um condicional: sim ou não. Então, analiso uma determinada situação, vou separando e organizando. Sempre fui a "Maria organizadinha" para tudo, desde os arquivos no computador até o armário. Meu cérebro é todo compartimentado, o que parece ser normal no TEA.

Um dia, assistindo a um vídeo de um americano que organiza casas de acumuladores, ele mencionou que era autista. Na hora, pensei que havia algo errado, porque eu tinha a ideia de que autista era aquela pessoa estereotipada, não verbal ou verbal, mas com um prejuízo intelectual significativo. Pausei o vídeo e comecei a pesquisar no Google sobre TEA em adultos, porque tem muita coisa para crianças. Comecei a ler relatos de pessoas no nível 1 e tive um *meltdown*. Desabei, porque me vi exatamente ali. Naquele momento, percebi que tinha descoberto o que acontecia comigo, porque estava descrevendo exatamente o que vivo no meu dia a dia.

Decidi procurar ajuda. Inicialmente, fui a um psiquiatra, o que foi terrível. Ele olhou para mim e riu, dizendo que não havia a menor possibilidade de eu ser autista e que, se eu fosse, já teriam descoberto. Comecei uma saga de busca por profissionais no Brasil que pudessem fazer uma avaliação adequada. Até que cheguei a um neuropsicólogo que está fazendo doutorado em avaliação de TEA em adultos. Foram oito meses de avaliações e uma série de testes, afinal, eu já tinha 50 anos, e isso faz surgir uma série de questionamentos. Mas sabe quando você tem certeza de algo? Eu tinha certeza do que havia encontrado. O neuropsicólogo confirmou que eu estava dentro do espectro. O neurologista, que é quem emite o laudo oficial, confirmou. Então, me perguntei: "E agora, o que faço?".

A primeira coisa foi começar a fazer exercícios físicos, que é uma forma fácil e eficaz de me regular em várias questões. Depois, começou a saga para encontrar um psicólogo com conhecimento em autismo adulto. São poucos no Brasil, e o tratamento não é acessível para a maioria das pessoas. Encontrei um profissional e faço terapia duas vezes por semana, além do acompanhamento com o neurologista, para entender quem sou eu nesse contexto.

Se na área da saúde já existe uma escassez de profissionais capacitados para lidar com o assunto, no meio organizacional o tabu é ainda maior. Como profissionais de gestão de pessoas e líderes podem pensar em ações de treinamento e desenvolvimento, assim como avaliações de desempenho, que não sejam excludentes e que contemplem as neurodiversidades?

O mercado vai ter que se adaptar a isso. Na pesquisa que mencionei, 1 a cada 36 indivíduos está dentro do espectro. Se pensarmos que a população brasileira é de cerca de 214 milhões, proporcionalmente são aproximadamente 6 milhões de pessoas. Inevitavelmente, as empresas terão que olhar para isso, porque essas pessoas já estão no contexto organizacional. Primeiro, é necessário acolher, porque não é frescura, não é doença, apesar de estarmos dentro do contexto de pessoas com deficiência (PCD). Entretanto, se você me olhar, pode não perceber que sou PCD.

Outro dia, falei para uma executiva que estou dentro do espectro e ela riu, dizendo: "Se você está, eu também estou". Os profissionais de RH precisarão entender melhor o mecanismo do espectro autista e olhar individualmente para cada pessoa, porque minhas necessidades são diferentes das necessidades do neuroatípico ao lado. As empresas podem se beneficiar muito se essas pessoas estiverem em um ambiente que não as desregule. Eu não culpo absolutamente ninguém pelos relacionamentos que tive, porque, assim como eu não sabia, essas pessoas também não sabiam. Mas as empresas vão ter que entender que as pessoas são diferentes e que, apesar de não parecer, algumas estão dentro do espectro.

Estou participando de vários grupos de apoio. Tem uma pessoa em um desses grupos que é mergulhadora comercial. Ela tem 36 anos e foi diagnosticada com TEA. Passou vários anos em um curso para mergulhadores comerciais, sendo a única mulher na sala de aula, e se formou com louvor. Recentemente, teve a oportunidade de trabalhar na Irlanda, mas ao chegar lá e revelar seu diagnóstico, foi reprovada e mandada de volta para o Brasil. Ela estava buscando um documento que comprovasse sua aptidão para trabalhar como mergulhadora profissional. Acontece que, por ter hiperfoco, ela é totalmente atenta, não desvia a atenção e vê uma plataforma de petróleo como um grande Lego. É difícil falar isso sendo a única mulher, e, ainda, autista.

O capacitismo é um problema muito sério que as empresas terão que enfrentar, porque a geração que está vindo já é diagnosticada. As organizações precisam ser flexíveis para obter o melhor dessas pessoas. Existem médicas, dentistas, advogadas, fisioterapeutas, administradoras de empresas e muitas outras profissões representadas por pessoas no espectro autista. Porém, se colocar no currículo que é TEA, o capacitismo vai surgir naturalmente. Há muita falta de conhecimento.

Primeiro, deve haver amadurecimento e um bom *advocacy* para essa questão do autismo nível 1 de suporte. Um exemplo simples é a lei de 2012, que estabelece que todos os autistas, independentemente do nível, têm direito à isenção de IPI e ICMS na compra de automóveis zero quilômetro. No entanto, mesmo tendo o diagnóstico e a documentação necessária, ao tentar pleitear um carro com desconto, a solicitação vai ser negada. Isso porque o direito é concedido aos pais do autista. Eu não tenho direito, meus pais teriam.[35]

Isso traz luz sobre a questão do autismo em adultos, não é mesmo? Muitos ainda acreditam que o diagnóstico só é realizado durante a infância.

Exatamente, e considerando o nível 3, que é uma pessoa completamente dependente. Então, não são só as empresas que vão ter que se adequar, as políticas públicas também. Na minha faixa etária, conheço poucos autistas diagnosticados.

---

35 A Lei 12.764/12 criou a Política Nacional de Proteção dos Direitos da Pessoa com Transtorno do Espectro Autista.

Vai ser necessário adaptação, um olhar mais crítico e aceitação. Falamos de diversidade para mulheres, raça, gênero e tudo mais, mas a neurodiversidade no Brasil não está sendo abordada. Nos conselhos, isso nem foi aventado. As avaliações de desempenho, hoje, são massivas e padronizadas, mas isso não funciona para todos. As empresas que fizerem essas adaptações ganharão muito, pois pessoas com TEA costumam demonstrar lealdade, honestidade e comprometimento, além do hiperfoco e forte senso de justiça.

Acredito que a mentoria pode ser uma ferramenta muito positiva para essas pessoas. Se tivesse recebido orientação direcionada, ninguém teria me segurado. Sou tecnicamente muito boa, mas tenho dificuldade nos relacionamentos interpessoais. Para nós, trabalhar em home office é muito mais fácil. Consigo produzir muito mais porque não tenho tantas distrações. Coloco meu abafador de ruído e tenho a liberdade, quando estou muito cansada, de parar um pouquinho e ficar totalmente em silêncio em um cantinho, o que ajuda a regular as emoções.

Estou mencionando isso porque é algo muito presente na minha vida, atualmente. Estou identificando minhas rigidezes cognitivas, das quais antes não tinha consciência. Tenho dificuldades sociais; meu cérebro e minhas sinapses funcionam de maneira diferente. Estou tentando mudar algumas coisas com todas as técnicas que estou aprendendo. Esse olhar mais pessoal e individualizado pode ajudar muito.

Não se deve subestimar ou tratar a pessoa como se ela tivesse deficiência intelectual. Eu não tenho deficiência intelectual, e há ainda uma parcela dessa população no TEA que tem altas habilidades ou é superdotada. Conheci uma engenheira que é um gênio, muito inteligente. Tecnicamente, ela é brilhante, mas não espere que ela seja sociável, que fique quieta se algo estiver errado ou que esteja sempre sorrindo. As pessoas no espectro podem entrar em estado de exaustão e não notar que precisam parar; ter hipo ou hipersensibilidade sensorial, entre muitas outras coisas. As empresas que souberem identificar esses talentos terão resultados fantásticos.

Esse processo de entendimento e aceitação é maravilhoso. Eu tive algo que nem todos têm; com o diagnóstico, senti alívio. A flexibilidade cognitiva não é natural do meu cérebro, mas é algo que eu posso desenvolver, independentemente da idade, a expectativa de vida está aumentando. Nossa população está envelhecendo, então logo haverá muitos idosos diagnosticados. Precisaremos encontrar caminhos para que a coisa funcione.

Você acha que é importante para uma pessoa com TEA incluir essa informação em seu currículo, ou isso ainda pode gerar uma resistência desnecessária e preconceitos?

É uma questão muito pessoal. Tenho notado que a geração de vinte e poucos anos que está sendo diagnosticada e entrando no mercado de trabalho já está se identificando como TEA, e imagino que, invariavelmente, acabam sofrendo com o capacitismo. Em contrapartida, há muitas pessoas que já estão no mercado e não se sentem confortáveis em abrir no trabalho essa questão. No meu caso, não abri meu diagnóstico em currículo.

MODELO INTEGRATIVO DE TRANSFORMAÇÃO ORGANIZACIONAL

Mitro

SEÇÃO 3

MODELO INTEGRATIVO DE TRANSFORMAÇÃO ORGANIZACIONAL

Mitro

SEÇÃO 3

SEÇÃO 3

Introdução

O MODELO INTEGRATIVO DE TRANSFORMAÇÃO ORGANIZACIONAL (MITRO) oferece uma oportunidade de mudança do paradigma da organização que acredita no *sabemos tudo* para um no qual *queremos aprender em tempo integral*, incorporando na sua cultura (processos, atitudes, normas e sistemas) elementos de estímulo e orientação para as oportunidades formais e informais de aprendizado, transformação, inovação e adaptabilidade.

O Mitro foi desenhado com o objetivo de contribuir para uma organização na qual a transformação não é um ponto de chegada, mas um processo contínuo.

Como tratamos anteriormente, a *transformação organizacional* é resultante da aprendizagem; sendo assim, o que estamos propondo é, também, um modelo que integra o conhecimento, a aprendizagem e o desenvolvimento individual e coletivo (profissionais, equipes e organização).

No núcleo desse processo de transformação por meio da aprendizagem está a adaptabilidade, pois essa competência representa nossa capacidade de absorver e propor novidades. Nosso nível de adaptabilidade representa o nível que temos de prontidão para o novo. Todas as demais dimensões da transformação organizacional apoiam e são apoiadas por essa capacidade, tanto individual como coletivamente.

Como seu nome indica, o Mitro é um modelo integrativo do processo de transformação organizacional. Ele nasceu com o DNA da unificação da inteligência e os esforços para o aprimoramento e transformação. Sua missão é criar uma organização que verdadeiramente aprende e, ao aprender, se transforma!

No entanto, é fundamental o entendimento de que é muito difícil atingir a velocidade adequada de transformação organizacional sem que as áreas de aprendizagem e gestão do conhecimento tenham atuação estratégica. Mais do que "áreas estratégicas", elas precisam, de forma efetiva, atuar estrategicamente e, para isso, precisam ser áreas integradas e integrativas das ações e processos que manejam a transformação organizacional.

Nesse sentido, para que isso seja possível, em algumas organizações será necessária uma reestruturação do organograma, com a criação de uma vice-presidência ou de uma diretoria de transformação organizacional, que tenha responsabilidade sobre todas as áreas que gerenciam e manejam a cultura, o clima e o jeito de ser organizacional; capacitação e desenvolvimento; e a gestão, renovação e disseminação do conhecimento. Uma área que possua um excelente posicionamento estratégico, bem como empoderamento capaz de realizar, de fato, transformações – aspectos que, infelizmente, não encontramos em grande parte das áreas de gestão de pessoas. Além disso, uma área que possa atuar conjuntamente e em harmonia com todas as suas subdivisões.

Uma organização que entende a necessidade de transformação a partir das pessoas e do aprendizado deve ter uma área específica para tanto, com uma diretoria com alta credibilidade e com clareza de que seu objetivo final é a transformação organizacional integrada, e que todos os demais temas pertinentes são caminhos para isso.

SEÇÃO 3

Implantando o Mitro

A APLICAÇÃO DO MITRO CONSISTE EM CICLOS ANUAIS CONTÍNUOS, COMPOStos por cinco dimensões que atuam de forma integrada com todas as demais práticas que implicam aprendizagem, desenvolvimento, mudança e transformação individual, de equipes e da organização como um todo. Ela também é integrativa, ou seja, atua proativamente para uma união harmoniosa de diferentes métodos, teorias e iniciativas, para formar um todo unificado e coerente.

Qualquer coisa que se relacione, de alguma forma e grau, com o processo de transformação, é de interesse do Mitro e a ele deve ser integrada. Esse ciclo anual de cinco dimensões está dividido em quatro etapas distintas: Preparar, Agir, Mensurar e Reavaliar.

As cinco dimensões, conforme vimos detalhadamente na Seção I, são: adaptabilidade; cultura da aprendizagem; segurança psicológica; *upskilling* organizacional; e gestão, disseminação e renovação do conhecimento.

Todavia, antes de iniciar o primeiro ciclo, é necessário realizar um conjunto de atividades que conceituamos como *etapa preliminar*. Essa é uma etapa de implantação do Mitro que diagnostica e equipa a organização, permitindo que os ciclos contínuos aconteçam. A etapa preliminar será realizada apenas no primeiro ciclo, ou seja, no ciclo da implantação.

Figura 21: Mitro – Ciclos anuais contínuos

ETAPA PRELIMINAR

Como referimos anteriormente, a etapa preliminar consiste no conjunto de ações que antecedem a implantação dos ciclos anuais contínuos, diagnosticando e equipando a organização para que as quatro etapas do ciclo possam ser realizadas em cada uma das cinco dimensões.

Iniciamos esta etapa pelo diagnóstico da maturidade transformacional, conforme exposto a seguir. Esse mapeamento permitirá entender se o ambiente está propício para a implantação do Mitro e quais são os pontos de fragilidade que devem ser atacados.

Maturidade transformacional

É consenso a necessidade de mudança e a capacidade de adaptação para a sobrevivência de uma empresa no agora e no amanhã, sendo pacífico que a metacompetência "mutabilidade organizacional"[36] está, e permanecerá, entre as competências prioritárias da gestão, mesmo que com nomenclaturas distintas.

No seu discurso, as organizações possuem a premência da transformação organizacional como caminho inevitável para enfrentar os desafios do agora em direção à sobrevivência; todavia, nem sempre estão aptas para esse processo. Níveis baixos de prontidão e maturidade transformacional podem impedir o sucesso nessa trajetória. Nesse sentido, propomos uma Escala de Maturidade Transformacional (EMTRA) para ser utilizada na etapa preliminar da implantação do Mitro, como instrumento de apoio diagnóstico, a ser aplicado com as lideranças intermediárias da organização.[37] Vejamos:

---

36 Mutabilidade organizacional vai além da adaptação, e engloba a capacidade de uma organização passar por transformações significativas. Esse conceito está mais alinhado com a ideia de mudanças intrínsecas que podem envolver alterações fundamentais na identidade, cultura, estrutura ou estratégia da empresa. A mutabilidade é caracterizada pela inovação contínua e a disposição para reformular ou redefinir aspectos centrais do negócio em resposta a um ambiente em constante mudança. Enquanto a adaptabilidade foca ajustes e melhorias dentro do *status quo*, a mutabilidade envolve uma reimaginação mais profunda e, frequentemente, mudanças mais radicais.
A adaptabilidade organizacional é sobre ajustar e otimizar a operação e estratégia existentes em resposta a mudanças externas, enquanto a mutabilidade organizacional trata da capacidade de uma empresa de se reinventar fundamentalmente para manter-se relevante e competitiva.

37 Lideranças intermediárias são supervisores e gestores situados entre a alta administração e os funcionários operacionais em uma organização. Elas incluem posições como gerentes de departamento, líderes de equipe e supervisores, desempenhando um papel essencial na implementação de estratégias e políticas da direção superior.

ESCALA DE MATURIDADE TRANSFORMACIONAL
EMTRA

Para garantir que nossa organização esteja totalmente preparada para iniciar projetos que permitam a sustentabilidade, é essencial entender onde estamos agora. Aqui é onde entra a Escala de Maturidade Transformacional.

Essa ferramenta é projetada para medir o nível de prontidão da nossa organização para a implantação de projetos de aprimoramento e transformação organizacional. Com uma escala Likert de 0 a 10, você tem a oportunidade de avaliar diversas competências e atitudes relacionadas ao nosso jeito de ser. O objetivo é entendermos nosso estágio atual e o que precisamos fazer para melhorar nossa prontidão e adaptabilidade, a fim de enfrentar os desafios impostos pela velocidade com que as mudanças estão acontecendo em todos os setores da economia.

A honestidade nas respostas é fundamental. Lembre-se, não há respostas certas ou erradas; estamos buscando uma compreensão autêntica do seu ponto de partida. Esta avaliação não é sobre você ou sobre nossos colegas, mas sobre a nossa organização. Por meio desta escala, poderemos identificar áreas de força e oportunidades de desenvolvimento, permitindo-nos crescer juntos. Ao preencher a escala, é importante refletir sobre suas experiências e interações no ambiente de trabalho. Considere a forma como os integrantes da organização se adaptam a mudanças, lideram, colaboram com colegas e contribuem para o sucesso de projetos complexos.

Sua participação é essencial para o sucesso desta iniciativa. Juntos, poderemos traçar um caminho claro para um futuro mais inovador e adaptável, alinhado com os valores e objetivos da nossa organização.

	QUESTIONAMENTOS	1	2	3	4	5	6	7	8	9	10
1	"Em que medida as iniciativas estratégicas da organização estão interligadas e coordenadas entre diferentes departamentos e equipes?"										
2	"Como você avalia a eficácia da comunicação e colaboração entre departamentos durante a implementação de projetos estratégicos?"										
3	"Em que medida você percebe que os projetos de aprimoramento, mudança e transformação estão alinhados com a estratégia e objetivos gerais da organização?"										
4	"Como você percebe a valorização e contribuição dos seus esforços individuais para os objetivos maiores de aprimoramento e transformação da organização?"										
5	"Avalie a intensidade com que a organização promove uma cultura de aprendizado contínuo e adaptação às novas condições do mercado."										
6	"Como você classifica a prioridade dada pela liderança à capacidade de adaptação e aprendizado na organização?"										
7	"Em que grau os funcionários se sentem envolvidos e comprometidos com os projetos estratégicos de transformação organizacional?"										

	QUESTIONAMENTOS	1	2	3	4	5	6	7	8	9	10
8	"Qual é o nível de consenso entre os colaboradores sobre o papel de cada um na transformação e no aprendizado organizacional?"										
9	"Avalie como a gestão atual apoia e facilita a transformação organizacional, em contraste com modelos tradicionais de comando e controle."										
10	"Como você classifica a flexibilidade e abertura da liderança para novas ideias e abordagens, em oposição ao perfeccionismo e à rigidez?"										
11	"Em que medida a organização identifica e gerencia efetivamente as resistências internas às mudanças estratégicas?"										
12	"Avalie a eficácia com que a organização integra conceitos de diversidade e inclusão em seus processos de transformação."										
13	"Como você percebe a competência da liderança em integrar novas tecnologias e inovações alinhadas aos objetivos estratégicos?"										
14	"Qual é o nível de segurança psicológica percebido pelos colaboradores para expressar ideias inovadoras e desafiar o *status quo*?"										
15	"Avalie a intensidade com que a cultura organizacional promove o aprendizado contínuo e o desenvolvimento profissional em todos os níveis."										

	QUESTIONAMENTOS	1	2	3	4	5	6	7	8	9	10
16	"Em que grau a estratégia e comunicação sobre o impacto dos projetos de aprimoramento, mudança e transformação são claras e compreensíveis para todos os colaboradores?"										
17	"Como você avalia a agilidade e flexibilidade dos processos decisórios da organização em resposta a mudanças no mercado e desafios internos?"										
18	"A organização demonstra um equilíbrio efetivo entre a manutenção de processos estabelecidos e a disposição para mudar e inovar quando necessário?"										
19	"Os projetos de transformação são regularmente avaliados e ajustados com base em feedbacks construtivos de diferentes níveis da organização?"										
20	"Como a organização reconhece e celebra as contribuições individuais e coletivas para o sucesso dos projetos de transformação, promovendo um senso de propriedade e engajamento?"										

A avaliação do resultado da escala funciona assim:

0-3: Indica uma fase inicial, na qual o desenvolvimento e a compreensão de projetos integrados estão emergindo.

4-6: Mostra um nível intermediário de maturidade, com habilidades e conhecimentos sendo aplicados de maneira mais consistente.

7-10: Reflete um alto grau de maturidade, com competências avançadas e uma abordagem proativa para a transformação organizacional.

Para melhor organização e análise das 20 questões da Escala de Maturidade Transformacional, agrupamos as perguntas em categorias temáticas ou fatores relevantes. Esta categorização facilitará a identificação de áreas de força e de necessidade de aprimoramento na organização.

Esses fatores proporcionam uma visão abrangente e multidimensional da maturidade organizacional, abordando aspectos-chave como comunicação, alinhamento estratégico, cultura de aprendizado, envolvimento dos colaboradores, liderança, gestão de mudanças, diversidade, tomada de decisão, avaliação de projetos e reconhecimento, permitindo identificar com maior clareza as áreas de força na organização e aquelas que necessitam de aprimoramento.

Fatores e questões correspondentes:

- Comunicação e coordenação estratégica
    - Q1: Interligação e coordenação de iniciativas estratégicas.
    - Q2: Comunicação efetiva e colaboração entre departamentos.
- Alinhamento estratégico e contribuição individual
    - Q3: Alinhamento de projetos de mudança com estratégia e objetivos gerais.
    - Q4: Percepção da contribuição individual para objetivos organizacionais.
- Cultura de aprendizado e adaptação
    - Q5: Promoção de uma cultura de aprendizado contínuo.

- Q6: Priorização da adaptação e aprendizado pela liderança.
- Q15: Promoção do desenvolvimento profissional e aprendizado contínuo.
- Envolvimento e comprometimento dos colaboradores
  - Q7: Envolvimento dos funcionários em projetos de transformação.
  - Q8: Percepção do papel ativo de todos na transformação.
- Liderança e apoio à transformação
  - Q9: Apoio da gestão atual à transformação.
  - Q13: Competência da liderança na integração de tecnologias e inovações.
  - Q14: Segurança psicológica para expressar ideias inovadoras.
- Gestão de resistências e desafios à mudança
  - Q11: Gestão de resistências internas às mudanças.
  - Q18: Equilíbrio entre manutenção de processos e disposição para inovar.
- Diversidade e inclusão
  - Q12: Integração de diversidade e inclusão na transformação.
- Agilidade e adaptação na tomada de decisão
  - Q17: Agilidade e flexibilidade nos processos decisórios.
- Avaliação e ajuste de projetos de transformação
  - Q19: Avaliação e ajuste regular de projetos de transformação.
- Reconhecimento e engajamento
  - Q10: Flexibilidade e abertura da liderança para novas ideias.

- Q16: Clareza e compreensibilidade da estratégia e comunicação sobre o impacto dos projetos.
- Q20: Reconhecimento e celebração de contribuições à transformação.

Esse instrumento foca em elementos cruciais como a integração, o alinhamento estratégico, a cultura organizacional, o envolvimento dos funcionários e a avaliação da liderança. Ele é projetado para ser breve, permitindo uma avaliação rápida e abrangente da maturidade da organização em relação à transformação organizacional.

A sua tabulação permitirá avaliar o grau de maturidade para programas de transformação organizacional, e indicará quais pontos merecem maior atenção. Pontuações baixas indicam pontos de atenção, e podem estar indicando também o risco de insucesso na implantação do programa. Nesses casos, indicamos, primeiramente, o planejamento e execução de ações para a correção desses pontos para, posteriormente, iniciar a implantação efetiva do Mitro.

Tabulação:

Nº	Fator	Pontos
1	Interligação e coordenação de iniciativas estratégicas.	
2	Comunicação efetiva e colaboração entre departamentos.	
	Comunicação e coordenação estratégica (1+2)	
3	Alinhamento de projetos de mudança com estratégia e objetivos gerais.	
4	Percepção da contribuição individual para objetivos organizacionais.	
	Alinhamento estratégico e contribuição individual (3+4)	

5	Promoção de uma cultura de aprendizado contínuo.	
6	Priorização da adaptação e aprendizado pela liderança.	
15	Promoção do desenvolvimento profissional e aprendizado contínuo.	
	Cultura de aprendizado e adaptação (5+6+15)	
7	Envolvimento dos funcionários em projetos de transformação.	
8	Percepção do papel ativo de todos na transformação.	
	Envolvimento e comprometimento dos colaboradores (7+8)	
9	Apoio da gestão atual à transformação.	
13	Competência da liderança na integração de tecnologias e inovações.	
14	Segurança psicológica para expressar ideias inovadoras.	
	Liderança e apoio à transformação (9+13+14)	
11	Gestão de resistências internas às mudanças.	
18	Equilíbrio entre manutenção de processos e disposição para inovar.	
	Gestão de resistências e desafios à mudança (11+18)	
12	Integração de diversidade e inclusão na transformação.	
	Diversidade e inclusão (12)	
17	Agilidade e flexibilidade nos processos decisórios.	
	Agilidade e adaptação na tomada de decisão (17)	
19	Avaliação e ajuste regular de projetos de transformação.	
	Avaliação e ajuste de projetos de transformação (19)	
10	Flexibilidade e abertura da liderança para novas ideias.	

16	Clareza e compreensibilidade da estratégia e comunicação sobre o impacto dos projetos.	
20	Reconhecimento e celebração de contribuições à transformação.	
	Reconhecimento e engajamento (10+16+20)	

REVISÃO DO MODELO DE NEGÓCIO, GOVERNANÇA E ESTRATÉGIA

Em muitos casos esses primeiros passos necessitam de uma atualização do modelo de negócio e de governança, provocando um rejuvenescimento da instituição, por aproximar seu modelo de gestão do utilizado pelos negócios digitais. É comum, também, ocorrer reavaliação e reconstrução da identidade corporativa e dos próprios objetivos estratégicos. Quem somos, quem queremos ser e para onde estamos indo.

A revitalização do modelo de negócio e da governança é um movimento fundamental nessa jornada de transformação. É aqui que entramos na esfera da inovação estratégica, alinhando a organização com práticas e modelos emergentes no mundo dos negócios digitais.

Devemos nos perguntar: Como as novas tecnologias e abordagens podem remodelar nossa proposta de valor? Como podemos integrar a agilidade e a inovação contínua em nossa estrutura organizacional? E, o mais importante, como podemos alinhar essas mudanças com os valores e a cultura da nossa organização?

Essas questões não apenas orientam a transformação, mas também redefinem a trajetória pelo ponto de vista estratégico, garantindo que as empresas estejam não só acompanhando, mas liderando em um ambiente de negócios em constante evolução.

Na revisão do modelo de negócio e da governança, é crucial abordar os aspectos mais sofisticados e desafiadores da transformação digital e organizacional, como:

- **Integração de tecnologias emergentes:** avaliar de que forma tecnologias como IA, *big data* e IoT podem ser integradas para otimizar processos, melhorar a tomada de decisão e oferecer novos serviços ou produtos.
- **Reformulação da proposta de valor:** considerar como a transformação digital pode criar novos canais de receita, melhorar a experiência do cliente e aumentar a eficiência operacional.
- **Governança e estrutura organizacional:** reestruturar a organização para promover agilidade e flexibilidade. Isso pode incluir a implementação de estruturas mais planas e a adoção de métodos ágeis.
- **Sustentabilidade e responsabilidade social corporativa:** integrar práticas sustentáveis e responsáveis em todos os aspectos da transformação.
- **Segurança cibernética e proteção de dados:** fortalecer as estratégias de segurança cibernética e conformidade com regulamentações de proteção de dados.
- **Relacionamento com *stakeholders*:** manter um diálogo aberto com *stakeholders*, incluindo funcionários, clientes e investidores, para garantir que a transformação esteja alinhada com as expectativas e necessidades de todos.

Ao fazer isso, a organização não só acompanhará, mas também definirá tendências no cenário de negócios digitais.

Além disso, é necessária uma revisão dos valores e crenças que serão encorajados, desencorajados e tolerados por pessoas e sistemas ao longo do tempo. Essa revisão será a base da gestão cultural e permitirá à instituição se transformar em uma "organização que aprende".

Então, na etapa preliminar:

- **Defina a cultura desejada (cultura-alvo).**
- **Desenhe os atributos que permitirão mensurá-la.**

A partir dessas definições, em cada Ciclo Anual Contínuo (CAC) serão avaliadas as principais lacunas existentes entre o estágio atual e o desejado. Além disso, o CAC terá como um dos seus objetivos criar um ambiente que encoraje, desencoraje e tolere os padrões de comportamentos, por meio das iniciativas que buscarão o alinhamento e redesenho dos símbolos, sistemas e processos dentro da organização.[356]

Iniciativas para a transformação organizacional

A próxima ação preliminar à implantação do Mitro – após ou concomitante à identificação dos pontos de maturidade transformacional e revisão do modelo de negócio, governança e estratégia – é o mapeamento das principais iniciativas para a transformação organizacional. É possível que as iniciativas estejam em áreas distintas, sem um objetivo comum claro e, por consequência, sem uma coordenação unificada.

Alguns exemplos de iniciativas para a transformação organizacional:

Gestão estratégica e planejamento
- Planejamento estratégico
- Fusões, aquisições e diversificação
- Orçamento e previsões financeiras
- Aprimoramento da governança corporativa

Desenvolvimento organizacional e gestão da mudança
- Pesquisas de clima
- Mapeamento de competências e jeito de ser organizacional
- Gestão da mudança, métricas de mudança, comunicação de mudanças e gerenciamento de resistência
- Novos processos operacionais
- Processos e metodologias de melhoria contínua
- Gestão do conhecimento

Liderança e desenvolvimento de talentos
- Programas de desenvolvimento de lideranças
- Avaliações de desempenho
- Mapeamento e gestão de talentos
- Programas de reconhecimento

Inovação e criatividade
- Programas de inovação aberta, *hackathons*, laboratórios de inovação, cocriação com clientes
- Programas de ideias dos funcionários e espaços de trabalho colaborativos
- Parcerias com universidades, pesquisa e desenvolvimento

Tecnologia e digitalização
- Implantação de novas soluções de automação, inteligência artificial, infraestrutura de TI, digitalização de processos
- Sistemas de gestão integrada, aplicativos móveis, *big data*, plataformas on-line e segurança cibernética

Cultura organizacional e bem-estar
- Gestão e aprimoramento cultural
- Identificação de necessidade de *upskilling* organizacional
- Programas de diversidade e inclusão
- Iniciativas para a promoção do bem-estar

Gestão de recursos humanos
- Planos de sucessão
- Recrutamento estratégico
- Avaliações de potencial
- Programas de estágios, *trainees*, *job rotation* e intercâmbio profissional

Sustentabilidade e responsabilidade social
- Projetos e programas de sustentabilidade ambiental
- Projetos e programas de responsabilidade social

Eficiência operacional e gestão de qualidade
- Implantação de novas metodologias, sistemas e processos, incluindo os projetos de otimização da cadeia de suprimentos e sistemas ERP

Comunicação e marketing
- Estratégias de *branding*, marketing digital, pesquisas de mercado, comunicação interna e conteúdo de mídias sociais
- Eventos de produto, relações públicas e segmentação de mercado

Gestão financeira e análise de mercado
- Planejamento orçamentário
- Estratégias de posicionamento e precificação
- Pesquisas de mercado

Relações com clientes e gestão de serviços
- Programas de experiência do cliente, sistemas de CRM e pesquisas de satisfação
- Atendimento ao cliente, estratégias de retenção, feedback e jornada do cliente

Desenvolvimento de produtos e serviços
- Iniciativas para inclusão, renovação ou inovação de produtos, incluindo pesquisas e desenvolvimento de produtos, testes de mercado, prototipagem rápida

Esses conjuntos são apenas exemplos de áreas e temas de foco para a transformação organizacional; todavia, poderá haver uma variedade de outras iniciativas e estratégias para promoção do crescimento, da adaptação e da inovação dentro de uma organização.

ROADMAPS INTEGRADOS DE TRANSFORMAÇÃO

Construa uma lista de todas as iniciativas ligadas diretamente ou indiretamente à transformação organizacional na sua instituição, e, logo após, avalie as sinergias, atritos e contradições existentes.

É impressionante o conjunto de insights que pode ser obtido ao se realizar uma análise cuidadosa. Certamente, essa atividade indicará os primeiros passos a dar para a integração dos processos de transformação organizacional, bem como esclarecerá o que deve ser feito para aumentar a sinergia entre os diversos movimentos que impactam a transformação.

Com essas informações, será possível a elaboração de *roadmaps* integrados de transformação: para cada iniciativa de transformação, crie um *roadmap* detalhado que interligue objetivos, estratégias, KPIs e cronogramas.

Além disso, é importante estabelecer um sistema de governança robusto para os *roadmaps*, garantindo alinhamento e responsabilidade. Esses planos de ação devem ser periodicamente revisados e ajustados pela área responsável por promover a transformação, em conjunto com os representantes de cada iniciativa. Isso pode incluir, por exemplo, a criação de um comitê de supervisão composto por líderes de várias iniciativas, que se reúnam regularmente para avaliar o progresso e fazer ajustes estratégicos, com a coordenação centralizada na área de transformação organizacional.

Essas iniciativas devem ser organizadas dentro de um CAC, considerando suas quatro fases e cinco dimensões, conforme será detalhado nesta obra.

Integração das iniciativas e gestão da mudança organizacional

Utilize os modelos de mudança organizacional de forma adaptada às necessidades específicas de cada iniciativa. Por exemplo, o Modelo Adkar pode ser personalizado para abordar as necessidades específicas de cada departamento, garantindo que a mudança seja gerenciada eficazmente em toda a organização.

O modelo Adkar é um modelo de gestão de mudanças que enfoca a necessidade de mudança em nível individual.[357] O nome é um acrônimo que representa os cinco objetivos sequenciais que a mudança deve atingir em cada indivíduo para que a mudança seja bem-sucedida:

- 1. *Awareness* (Consciência): o indivíduo deve entender a necessidade da mudança.
- 2. *Desire* (Desejo): desenvolver um desejo pessoal de participar e apoiar a mudança.
- 3. *Knowledge* (Conhecimento): conhecer a maneira de mudar.
- 4. *Ability* (Habilidade): desenvolver as habilidades necessárias para implementar a mudança.
- 5. *Reinforcement* (Reforço): garantir que a mudança seja mantida e reforçar a nova maneira de fazer as coisas.

Esse modelo é centrado nas pessoas, enfatizando que o sucesso de qualquer iniciativa de mudança organizacional depende da mudança bem-sucedida em cada pessoa envolvida.

Avaliar cada uma das iniciativas à luz de um modelo de gestão de mudança permite entender com maior precisão quais deverão ser as próximas intervenções. Considerando o modelo Adkar, por exemplo, é possível analisar qual dos estágios da mudança determinada iniciativa de transformação organizacional representa: iniciativas para desenvolver consciência, desejo, conhecimento, habilidade ou reforço?

CONSCIÊNCIA
PREPARAR
Gestão, disseminação e renovação do conhecimento

DESEJO
AGIR
Cultura de aprendizagem

ADAPTABILIDADE

Upskilling organizacional

Segurança psicológica

REFORÇO
REAVALIAR

CONHECIMENTO
MENSURAR

HABILIDADE

Figura 22: Gestão da mudança

PODER TRANSFORMACIONAL

A estrutura e o organograma atual permitem que a transformação organizacional aconteça na velocidade e intensidade que desejamos?

A resposta a essa pergunta indicará se a estrutura atual está preparada para suportar e facilitar a transformação. Se a resposta for negativa, é um sinal claro de que precisamos revisar e, possivelmente, reestruturar nossa organização para ser mais adaptável e responsiva. Isso pode envolver a descentralização da tomada de decisões, a promoção de uma cultura de colaboração interdepartamental, o fortalecimento da autonomia das equipes e até mesmo a criação de um departamento, diretoria ou vice-presidência que assuma o comando das estratégias e iniciativas de transformação.

Além disso, é vital considerar como as políticas e práticas de RH podem ser aprimoradas para atrair, desenvolver e reter talentos alinhados com a nova direção estratégica. Uma transformação organizacional bem-sucedida exige uma fundação sólida que só pode ser alcançada com uma estrutura e um organograma que suportem a inovação e a mudança contínua.

Revisão do jeito de ser

Quais são os valores, crenças e competências que darão suporte às estratégias e objetivos de transformação?

Considerando as possíveis mudanças estratégicas, de estrutura, organograma e até mesmo de prioridade, é fundamental revisar e, se necessário, remodelar os valores, crenças e competências da organização. É possível que o atual "jeito de ser organizacional" não represente mais as necessidades e anseios da instituição. Essa revisão envolve uma análise profunda a fim de identificar os aspectos que precisam ser transformados para alinhar-se com a nova visão estratégica. Deve-se promover valores que encorajem inovação, flexibilidade e aprendizado contínuo, assim como crenças que sustentem a abertura a novas ideias e a colaboração entre diferentes departamentos.

As competências devem ser atualizadas de acordo com as exigências atuais e futuras, incluindo habilidades digitais, pensamento crítico e adaptabilidade, levando em consideração o que preceitua cada uma das cinco dimensões do Mitro, das quais tratamos na Seção I desta obra.

Essa personalidade organizacional renovada será a força motriz por trás de todas as iniciativas de transformação.

Definição dos indicadores da transformação organizacional

O conteúdo apresentado permite orientar a escolha dos indicadores utilizados para medir os progressos das iniciativas de transformação organizacional. Para concluir a etapa preliminar, após implementar as sugestões propostas, é necessário definir quais indicadores serão adotados, estabelecendo uma metodologia clara e consistente para a coleta de dados, assim como determinar uma periodicidade adequada para o levantamento dessas informações. Tal abordagem permite uma análise precisa do desempenho e eficácia das ações de transformação.

É importante destacar que, no modelo Mitro, a transformação organizacional é vista como um processo de aprendizado contínuo, centrado na capacidade de adaptação. Essa competência é essencial para absorver e propor novidades, no contexto de um ambiente que promova incentivo, autonomia e engajamento dos colaboradores. Portanto, os indicadores selecionados devem refletir não apenas resultados concretos, mas também a evolução da adaptabilidade organizacional e individual, além do engajamento dos profissionais com os objetivos da transformação.

Na escolha dos indicadores, é crucial que eles estejam alinhados com as cinco frentes do modelo integrativo, cobrindo desde a conceituação até a aplicabilidade de cada aspecto. Isso garante que todos os elementos da transformação sejam monitorados e avaliados de forma abrangente, oferecendo uma visão completa e integrada do progresso e possibilitando a mensuração efetiva da eficácia das iniciativas adotadas em cada Ciclo Anual Contínuo (CAC).

Lembre-se: a chave para um processo de transformação eficaz está na capacidade de aprender, adaptar-se e engajar-se continuamente. Os indicadores escolhidos devem refletir esses elementos fundamentais.

Resumo das principais atividades da etapa preliminar (passo a passo):

    Antes de iniciar a implantação do Mitro, siga os passos:

    Passo 1 – Avalie o nível de maturidade transformacional.

    Passo 2 – Revise o modelo de negócio, governança e estratégia.

    Passo 3 – Mapeie as principais iniciativas que impactam na transformação organizacional.

    Passo 4 – Crie *roadmaps* integrados.

    Passo 5 – Integre os *roadmaps* à sua metodologia para gestão de mudança.

Passo 6 – Fortaleça seu poder transformacional (organograma e autonomia).

Passo 7 – Revise o jeito de ser organizacional.

Passo 8 – Defina indicadores.

ETAPA PREPARAR

Como apresentado anteriormente, a etapa preliminar é a que antecede a implantação do CAC do Mitro. Antes de iniciar essa implantação, é necessário fazer um amplo diagnóstico do estágio atual da organização e, possivelmente, uma série de intervenções estratégicas, táticas e operacionais para deixar o ambiente em condições para que ela aconteça.

Uma vez superada essa etapa, iniciamos a primeira do CAC: a etapa Preparar. Como o próprio nome sugere, consiste em estruturar as condições técnicas, metodológicas e contextuais, planejando e promovendo o estado de prontidão necessário para a etapa Agir.

Então, a etapa Preparar, no contexto do CAC do Mitro, é centrada no mapeamento dos indicadores que refletem o estado atual das cinco dimensões do modelo. Essa fase avalia em que ponto a organização se encontra em termos de maturidade para cada dimensão. Esses indicadores servirão como base para o planejamento das iniciativas do CAC, partindo da identificação de áreas-chave que necessitam de desenvolvimento, garantindo, desse modo, que o planejamento das iniciativas seja alinhado com as necessidades específicas e o contexto atual da organização.

De forma resumida, a etapa Preparar consiste em avaliar cada uma das cinco dimensões do Mitro e elaborar um planejamento a ser executado na etapa Agir.

Lembramos que o Mitro se propõe a ser um modelo universal; sendo assim, nossas orientações e diretrizes são feitas com um nível de detalhamento estratégico e tático, permitindo uma operacionalização flexível e customizada.

Avaliação das cinco dimensões e planejamento das iniciativas transformacionais

De adaptabilidade

Como vimos, o núcleo fundamental do Mitro é a capacidade de adaptação individual e da organização. A adaptabilidade é o termômetro que indicará o potencial de absorção e retenção do novo (aprendizagem) e, por consequência, o poder transformacional.

Estar adaptável é estar pronto para absorver e propor mudanças, residindo aí a importância de avaliarmos o estado atual dessa competência no início e no final do primeiro CAC. A partir do segundo, utilizaremos a avaliação final do ciclo anterior como referência para o ciclo que se inicia.

Para mensurar o estado atual da adaptabilidade, utilize os indicadores que você definiu na etapa preliminar, o que deve ter sido feito a partir dos conceitos propostos na Seção I desta obra. A análise desses indicadores oferecerá as informações sobre quais pontos exigem maior atenção, orientando o planejamento das iniciativas para incremento da adaptabilidade.

Da cultura da aprendizagem

Se analisarmos de forma abrangente, a cultura da aprendizagem já estará sendo manejada e reforçada no momento do aprimoramento da adaptabilidade na forma sugerida anteriormente. No entanto, uma análise mais criteriosa, com um método construído especificamente para avaliação cultural, permite encontrar os principais elementos de entrave do fortalecimento dos valores e crenças estratégicos.

Lembramos que a cultura da aprendizagem representa o segundo nível entre as cinco dimensões do Mitro; junto da segurança psicológica, é responsável pela construção de um ambiente propício ao aprimoramento da adaptabilidade, tornando possível o *upskilling* organizacional e a gestão, renovação e disseminação do conhecimento.

Como vimos na Seção 1, a cultura pode ser observada no ambiente organizacional ao entendermos que sua manifestação é evidenciada por meio da repetição e correlação de *comportamentos, símbolos e sistemas,* sendo possível fazer um diagnóstico sobre a "cultura do aprendizado" a partir da observação e identificação desses fatores e respondendo detalhadamente às seguintes perguntas-chave:

Mapeamento da cultura da aprendizagem – Perguntas-chave

- Na nossa organização, quais são os comportamentos, símbolos e sistemas que favorecem a "cultura do aprendizado"?
- Na nossa organização, quais são os comportamentos, símbolos e sistemas que inibem a "cultura do aprendizado"?
- Quais são os comportamentos, símbolos e sistemas que favorecem a "cultura do aprendizado" e que ainda não possuímos?
- O que precisamos fazer para nos fortalecermos como uma "organização que aprende"?

Para responder com a devida profundidade essas quatro questões, é fundamental o envolvimento das lideranças, em todos os níveis. É aconselhável, também, envolver uma amostra representativa do universo de colaboradores da organização. Diferentes níveis hierárquicos, unidades de negócios, tempo de empresa, entre outras variáveis, enriquecem o diagnóstico e aumentam a sua precisão, bem como permitem a identificação de fatores e condições específicas de determinado público ou área.

É possível utilizar um questionário para levantar essas informações de forma rápida; todavia, é fundamental a criação de grupos focais para aprofundar, refinar e compreender o resultado da pesquisa. Embora possa parecer trabalhoso, o resultado desse diagnóstico cultural seguramente compensará os esforços.

Ao preparar esse questionário, bem como o roteiro dos grupos focais, leve em consideração a cultura-alvo e o desenho dos atributos que permitirão mensurá-la, realizado na etapa preliminar.

Da segurança psicológica da equipe

Entendimento do conceito

Inúmeras vezes, o conceito de Segurança Psicológica da Equipe (SPE) não é corretamente compreendido pelos colaboradores da organização.

Entre os equívocos comuns, encontramos:

- Concordância universal: segurança psicológica não é sinônimo de consenso contínuo. Contrariamente, é um ambiente onde a diversidade de opiniões é valorizada e encorajada, reconhecendo que o desacordo saudável é fundamental para a inovação e o crescimento.

- Eliminação total de conflitos: um equívoco comum é igualar a segurança psicológica à ausência de conflito. Na verdade, ela se refere à habilidade de abordar e resolver conflitos de maneira construtiva, mantendo um respeito mútuo, em vez de evitá-los por completo.
- Permanência na zona de conforto: segurança psicológica não implica evitar desafios ou mudanças. Pelo contrário, promove um ambiente onde os indivíduos se sentem seguros para explorar, inovar e ultrapassar os limites da zona de conforto.
- Responsabilidade exclusiva dos líderes: embora os líderes desempenhem um papel crucial na promoção da segurança psicológica, ela é um esforço coletivo. Cada membro da equipe tem um papel ativo na sua manutenção e desenvolvimento.
- Permissividade e tolerância ao baixo desempenho: segurança psicológica não é um passe livre para comportamentos inadequados ou para falta de responsabilidade. Ela coexiste com expectativas claras de desempenho e conduta profissional.
- Foco unicamente no aspecto emocional: segurança psicológica abrange mais do que o bem-estar emocional; engloba a forma como o feedback é dado e recebido, como os erros são tratados e como o aprendizado contínuo é incentivado.
- Equivalência a feedback exclusivamente positivo: um ambiente de segurança psicológica acolhe tanto o feedback

positivo quanto o construtivo. A chave é a maneira respeitosa e empática como o feedback é comunicado.
- Ambiente excessivamente informal: apesar de um ambiente de trabalho informal fazer parte da segurança psicológica, ele não é um requisito. O essencial é a capacidade de se comunicar abertamente, independentemente do nível de formalidade.
- Inexistência de estrutura hierárquica: a presença de hierarquia não é incompatível com a segurança psicológica. Mesmo em ambientes hierárquicos, é possível cultivar um clima no qual todos se sentem valorizados e livres para expressar suas ideias.
- Correção instantânea para desafios organizacionais: a implementação da segurança psicológica não é uma cura instantânea para todos os problemas organizacionais. É um processo contínuo que exige dedicação e compromisso para criar uma cultura de abertura, respeito e apoio mútuo.

Entender e abordar esses equívocos permite criar um ambiente de trabalho verdadeiramente seguro e psicologicamente saudável, no qual a inovação e o engajamento podem prosperar.

Nesse sentido, concomitantemente com as iniciativas de aprimoramento da segurança psicológica, é necessário avaliar o nível de entendimento desse conceito, permitindo ações para seu aprimoramento.

Sendo assim, apresentamos a Escala de Compreensão do Conceito de Segurança Psicológica (ECCSP), na qual estruturamos os itens de modo a permitir a testagem direta do conhecimento essencial sobre o conceito, com foco em aspectos-chave e definições claras. Essa escala inclui afirmações que exigem uma compreensão mais profunda, ao invés de simplesmente identificar declarações como verdadeiras ou falsas, oferecendo maior precisão ao resultado.

Instruções para aplicação:
1. Distribua a escala para todos os colaboradores.
2. Oriente os participantes a responder com base em seu entendimento do conceito, não em suas experiências pessoais.
3. Estabeleça um tempo para resposta.
4. Garanta anonimato para incentivar honestidade nas respostas.

ESCALA DE COMPREENSÃO DO CONCEITO DE SEGURANÇA PSICOLÓGICA (ECCSP)

Responda às afirmações abaixo segundo o que você compreende sobre o conceito de segurança psicológica.

Atenção: este instrumento não avalia o quanto você aplica o conceito, ou o quanto a afirmativa está sendo aplicada dentro da nossa organização. Nosso interesse é exclusivamente sobre o nível geral de entendimento a respeito do significado da segurança psicológica, para que possamos aprimorar nossas iniciativas para disseminação desse conceito.

Você responderá a este questionário de forma anônima, ou seja, teremos apenas o resultado geral da pesquisa e a informação de quais colaboradores preencheram e quais ainda não preencheram.

Para preenchimento, considere que cada item apresentará uma afirmação que deve ser avaliada em uma escala de 5 pontos, que variam de: "Muito inexato" (1) a "Muito exato" (5).

OS CONCEITOS A SEGUIR ESTÃO CORRETOS?	1	2	3	4	5
1. Segurança psicológica é a capacidade de expressar e compartilhar ideias, perguntas, preocupações e erros sem temor de penalização ou humilhação.					
2. Um ambiente de segurança psicológica promove exclusivamente relações harmoniosas, evitando qualquer forma de conflito ou discordância.					
3. A segurança psicológica envolve criar um espaço onde o risco de tomar iniciativas e inovar é minimizado.					
4. Em um ambiente de segurança psicológica, a responsabilidade de estabelecer e manter tal ambiente é compartilhada por todos os membros da equipe, não apenas pela liderança.					
5. A presença de segurança psicológica em uma equipe está diretamente relacionada ao aumento da motivação, engajamento e performance geral.					
6. A segurança psicológica é alcançada por meio de normas rígidas de comportamento e comunicação estabelecidas pela liderança.					
7. Equipes com alta segurança psicológica estão mais propensas a aprender com erros e a se adaptar rapidamente a novas situações.					
8. A segurança psicológica é uma condição em que as diferenças individuais são reconhecidas e valorizadas, contribuindo para o sucesso da equipe.					

OS CONCEITOS A SEGUIR ESTÃO CORRETOS?	1	2	3	4	5
9. Em um ambiente com segurança psicológica, é aceitável manifestar desacordo e crítica, desde que seja feito de forma respeitosa e construtiva.					
10. A segurança psicológica é menos importante em equipes em que já existe um alto nível de confiança e respeito mútuo.					

Interpretação e ação:

Use os resultados para mapear áreas onde o conceito precisa ser reforçado. Identificar e abordar áreas específicas de falta de compreensão é a base para o aprimoramento da SPE.

AVALIANDO A SEGURANÇA PSICOLÓGICA DA EQUIPE

O levantamento do estado atual da SPE dentro da organização pode ser realizado conjuntamente com instrumentos de avaliação do clima organizacional ou separadamente, de acordo com o entendimento da área de recursos humanos da instituição, sem nenhum prejuízo para a avaliação dos resultados apurados.

Em qualquer um dos casos, recomendamos avaliar, além dos itens constantes da Escala de Segurança Psicológica de Equipes apresentada na Seção I desta obra, o nível de conforto, estímulo e espaço de segurança psicológica em cada uma das equipes.

Para orientar esse levantamento, sugerimos um Inventário do Contexto para Segurança Psicológica da Equipe, que pode ser utilizado tanto integralmente quanto como parte de avaliações de clima ou cultura organizacional.

INVENTÁRIO DO CONTEXTO PARA SEGURANÇA PSICOLÓGICA DA EQUIPE (ICSPE)

Este inventário foi projetado para avaliar quais dos fatores contextuais contribuem mais para a segurança psicológica na sua equipe. Esta avaliação considera três conceitos chave: conforto, estímulo e espaço.

- **CONFORTO:** refere-se à ausência de constrangimento em um ambiente no qual os membros da equipe podem expressar suas ideias e opiniões sem medo de julgamentos ou repercussões negativas. É um estado em que os indivíduos se sentem aceitos, reconhecidos e respeitados, promovendo um senso de pertencimento e apoio mútuo.
- **ESTÍMULO:** é a promoção ativa da importância das opiniões e ideias de todos os membros da equipe. Isso envolve a valorização das contribuições de cada um e o incentivo à expressão de pensamentos divergentes para alcançar melhores resultados coletivamente.
- **ESPAÇO:** diz respeito ao ambiente propício onde a segurança psicológica pode florescer. Inclui reuniões informais, livre interação entre diferentes níveis hierárquicos e departamentos e o incentivo à troca de ideias e colaboração entre colegas e líderes de áreas diversas.

Você deve avaliar cada item numa escala de 0 a 10 pontos, sendo que 0 indica que você "discorda totalmente" e 10 que "concorda totalmente".

Tabulação

FATOR	PONTUAÇÃO TOTAL
Conforto (questões 1 a 4)	
Estímulo (questões 5 a 8)	
Espaço (questões 9 a 12)	

DESCRIÇÃO	0	1	2	3	4	5	6	7	8	9	10
1. Sinto que minhas ideias são valorizadas e consideradas pela equipe, independentemente de concordância.											
2. É confortável e aceitável expressar opiniões divergentes em reuniões.											
3. Sinto-me reconhecido e respeitado por todos, independentemente das minhas opiniões.											
4. Há uma atmosfera de apoio mútuo, que encoraja a partilha de diferentes perspectivas.											
5. A liderança da equipe incentiva ativamente a participação de todos nas discussões.											

DESCRIÇÃO	0	1	2	3	4	5	6	7	8	9	10
6. Na nossa equipe, o erro é visto como uma oportunidade de aprendizado, não como uma falha.											
7. As reuniões da equipe são espaços onde todos podem falar abertamente.											
8. Minha contribuição é solicitada e valorizada em projetos, mesmo quando discordo da maioria.											
9. Posso abordar colegas de diferentes níveis hierárquicos para discutir ideias sem hesitação.											
10. Sinto que a organização promove ativamente o diálogo entre diferentes unidades de negócio ou departamentos para fomentar a colaboração e a troca de perspectivas.											
11. A troca de ideias com colegas de outras áreas ou departamentos é comum e incentivada.											
12. Em nossa equipe, existem oportunidades regulares para interagir e aprender com pessoas de outras áreas, promovendo uma compreensão mais ampla dos objetivos e desafios da organização.											

Para análise de quanto o contexto está propício para a construção da segurança psicológica na equipe avaliada, pode ser considerada a pontuação média de cada afirmação, pois uma pontuação baixa indica que aquela questão específica deve ser desenvolvida na equipe.

Além disso, deve ser considerado o total das pontuações por fator, observando aqueles de menor pontuação. Assim, será possível construir iniciativas específicas para esses fatores. Para isso, considere que:

- Pontuações médias totais de 0 a 14 indicam que o fator está pouco desenvolvido.
- Pontuações médias totais de 15 a 30 indicam que o fator está relativamente desenvolvido.
- Indicações médias totais acima de 30 indicam que o fator está bem desenvolvido.

Reforçamos também que os níveis de segurança psicológica devem ser avaliados por equipes, bem como a formulação das iniciativas de aprimoramento, pois os estudos indicam a possibilidade de se identificar níveis bem diferentes de segurança psicológica em equipes distintas de uma mesma organização.

A análise dessas avaliações fornecerá os dados necessários ao planejamento das iniciativas para aprimoramento da Segurança Psicológica da Equipe.

Do *upskilling* organizacional

Para avaliação anual das necessidades de *upskilling* organizacional, é essencial focar a construção de um *pipeline* de competências estratégicas.

Na etapa preliminar, sugerimos a revisão do jeito de ser organizacional e propusemos a identificação clara das lacunas de competências existentes na organização, comparando as competências necessárias com as atuais, estruturando as premissas necessárias à implantação do Mitro e ao início do Ciclo Anual Contínuo (CAC). Cabe, então, para a etapa Preparar, a revisão anual das competências necessárias no agora e para o futuro, assegurando que, na próxima etapa do CAC (Agir), a organização possa evoluir e adaptar-se às exigências do mercado. Diante da velocidade das mudanças, sugerimos revisar anualmente o rol de competências organizacionais, dos cargos e funções.

Sendo assim, entre as atividades que devem contemplar um roteiro de avaliação e planejamento das iniciativas para *upskilling* organizacional estão:

- Revisão anual e análise de tendências e previsões do mercado:
  - Realizar uma análise detalhada das tendências de mercado, incluindo avanços tecnológicos, mudanças nos modelos de negócios e comportamento do consumidor.
  - Consultar fontes para identificar competências-chave futuras (Fórum Econômico Mundial, por exemplo).
- Avaliação interna de competências:
  - Comparar as avaliações de competências atuais dos colaboradores com as competências eleitas, para identificar lacunas em relação às necessidades atuais e futuras.
  - Utilizar ferramentas, como inventários de flexibilidade cognitiva e escalas de adaptabilidade de carreira, para avaliar as habilidades e capacidades atuais.
  - Desenvolvimento e capacitação de lideranças e colaboradores.

- Revisar programas para desenvolver habilidades de liderança, com foco na antecipação de necessidades futuras e na gestão eficaz da mudança.
- Revisar as capacitações técnicas (*hard skills*) e comportamentais (*soft skills*), atualizando as novas necessidades atuais e futuras.
- Revisar as iniciativas para estimular a curiosidade e o desenvolvimento profissional contínuo.
- Desenvolver um plano estratégico de capacitação que aborde as competências identificadas como críticas para o futuro, plano este alinhado aos principais objetivos de transformação organizacional para o próximo ciclo.
- Verificar a necessidade de incluir, modificar ou eliminar programas de treinamento, workshops, e-learning e outras metodologias de ensino.
- Monitoramento e feedback:
  - Estabelecer sistemas de feedback para monitorar o progresso dos programas de capacitação e seu impacto no desempenho dos colaboradores, alinhado com os indicadores eleitos para o Mitro, buscando garantir o alinhamento e integração entre as competências desenvolvidas e as estratégias de ação para a transformação organizacional.

O roteiro deve ser revisado e ajustado anualmente para garantir que a organização permaneça sintonizada com as mudanças do mercado e as necessidades emergentes. Embora ele seja aparentemente simples e com poucos itens, é uma etapa que envolve muita subjetividade, com espaço para abstrações e divagações. Construir cenários deve ser um exercício técnico de projeção, jamais de adivinhação.

Para garantir que a construção de cenários para definir o *upskilling* organizacional não seja apenas o resultado do *feeling* dos envolvidos, mas sim um exercício técnico e estratégico, é fundamental adotar uma abordagem metódica, implementando um processo sistemático e multidimensional. Essa abordagem deve envolver análises aprofundadas, uso de dados relevantes e técnicas de projeção confiáveis.

Ao propor uma metodologia, sugerimos que se considere pelo menos os seguintes passos:

- Análise de dados históricos e atuais: examine dados históricos e atuais da organização e do mercado para identificar tendências passadas e atuais. Isso inclui análise de desempenho da empresa, mudanças nas demandas do mercado e padrões emergentes na indústria.
- Pesquisa de tendências de mercado e inovações tecnológicas: mantenha-se atualizado quanto às últimas tendências de mercado e inovações tecnológicas. Utilize fontes confiáveis, como relatórios do setor, pesquisas acadêmicas e insights de *think tanks*[38] especializados.
- Incorporação de modelos preditivos e análises estatísticas: utilize modelos preditivos e análises estatísticas para projetar futuras necessidades de competências. Isso

---

38 *Think tanks* são organizações ou instituições que realizam pesquisas e análises em profundidade sobre uma variedade de tópicos, geralmente focados em questões sociais, políticas, econômicas, tecnológicas e estratégicas. Eles desempenham um papel crucial na formulação de políticas e na tomada de decisões, oferecendo insights, soluções inovadoras e recomendações baseadas em evidências.

pode incluir simulações, modelagem de cenários e análises de regressão.
- Feedback de *stakeholders* internos e externos: colete e integre feedbacks de diferentes *stakeholders*, incluindo funcionários, clientes e parceiros de negócios. Isso ajudará a entender as expectativas e percepções externas sobre as competências necessárias.
- Planejamento de cenários e estratégias de contingência: desenvolva múltiplos cenários, baseados em diferentes premissas sobre o futuro do mercado e da tecnologia. Para cada cenário, crie estratégias de contingência para garantir a adaptabilidade.
- Integração com a estratégia organizacional: assegure que os cenários e as projeções estejam alinhados com os objetivos e a estratégia geral da organização. Isso inclui garantir que o *upskilling* esteja em sintonia com os planos de crescimento e inovação da empresa.
- Uso de inteligência artificial e *big data*: implemente ferramentas de inteligência artificial e *big data* para analisar grandes volumes de dados, identificar padrões não óbvios e prever tendências futuras de forma mais precisa.

Ao seguir esses passos, a construção de cenários para definir o *upskilling* organizacional torna-se um processo fundamentado em análise técnica, proporcionando uma base sólida para tomada de decisões estratégicas e preparação para futuras demandas de competências.

GESTÃO, DISSEMINAÇÃO E RENOVAÇÃO DO CONHECIMENTO

No Mitro, a dimensão da gestão, disseminação e renovação do conhecimento não é apenas um componente; ela é o epicentro que materializa, harmoniza, sistematiza e envolve todas as demais dimensões. Enquanto a adaptabilidade é o núcleo pulsante, a gestão do conhecimento é o envoltório, o campo gravitacional que congrega e dá sentido a todas as facetas do modelo.

Essa dimensão atua como um integrador e potencializador das outras áreas, tendo como papel assegurar que a adaptabilidade não seja apenas um conceito abstrato, mas uma realidade vivida e respirada em todos os níveis da organização.

Nesse cenário, a comunicação emerge não apenas como um veículo, mas como um elemento vital que permeia e potencializa todas as ações de conhecimento.

A centralidade da comunicação

A comunicação eficaz dentro da gestão do conhecimento no Mitro é mais do que uma ferramenta; é um catalisador para mudanças significativas. Ela não só transmite informações, mas também facilita a compreensão, a interpretação e a aplicação do conhecimento. Para tanto, requer uma abordagem que transcenda os métodos tradicionais, engajando os colaboradores em um diálogo contínuo, aberto e multidirecional, indo além do compartilhamento de informações existentes. Ela deve ser estruturada e revisada a cada ciclo, de modo a facilitar a identificação proativa de problemas e a emergência de oportunidades de aprimoramento. Isso envolve a criação e a revisão contínua de canais de comunicação que encorajem a expressão livre de ideias, preocupações e insights, permitindo que a organização responda de maneira ágil e informada.

Aproveite as tecnologias de comunicação para criar redes de conhecimento dinâmicas e interativas. Plataformas digitais, redes sociais corporativas e ferramentas colaborativas podem aumentar significativamente a eficácia da disseminação do conhecimento.

Além disso, estabeleça métricas para avaliar a eficácia da comunicação na gestão do conhecimento, o que inclui monitorar o engajamento, a compreensão e a aplicação do conhecimento disseminado.

Ao enfocar a comunicação como um elemento-chave na gestão, disseminação e renovação do conhecimento, o Mitro ganha uma dimensão profunda e abrangente. A comunicação eficaz permite que o conhecimento flua livremente, transformando a adaptabilidade de um ideal abstrato em uma realidade tangível e vivenciada em todos os níveis da organização. Esse enfoque transforma o conhecimento em uma força viva, capaz de impulsionar a inovação, o crescimento e a adaptabilidade contínua no ambiente organizacional.

Então, na etapa Preparar dessa dimensão, a primeira tarefa é uma análise criteriosa dos mecanismos e processos de comunicação. As estruturas que sistematizam a comunicação tendem a se desorganizar ao longo do tempo, sendo crucial a análise e o realinhamento cíclicos.

Gestão do conhecimento

A gestão do conhecimento orienta e integra a adaptabilidade, a cultura do aprendizado, a segurança psicológica e o *upskilling* organizacional, assegurando que todas essas dimensões estejam alinhadas com a estratégia geral da organização.

Sendo assim, revise anualmente seus sistemas de captura, organização e disponibilização dos conhecimentos, de modo a aprimorar a acessibilidade e aplicabilidade do aprendizado em toda a organização, facilitando a adaptação às mudanças e desafios.

Disseminação do conhecimento

Integre a cultura da aprendizagem e a segurança psicológica ao planejar as estratégias de compartilhamento aberto de conhecimentos. Isso ajuda a criar um ambiente no qual a aprendizagem é contínua e a adaptação é vista como uma jornada coletiva.

Além disso, revise anualmente as redes que conectam pessoas e informações, para que transcendam as barreiras departamentais e geográficas. Essa ação assegura que o conhecimento flua livremente, potencializando a adaptabilidade organizacional.

Renovação do conhecimento

O processo de renovação do conhecimento deve estar em constante movimento, refletindo a natureza fluida da modernidade.

A espiral do conhecimento pode ser a metodologia que estrutura esse processo, visando consolidar as demais dimensões na transformação organizacional.

Para efetivar essa integração anualmente, uma série de passos estratégicos e ações coordenadas devem ser realizadas. Vejamos quais:

- Alinhamento com objetivos organizacionais: alinhe as iniciativas de renovação do conhecimento com as metas e estratégias mais amplas da organização, garantindo que isso sustente e potencialize outras dimensões do Mitro.

- Estabeleça metas de aprendizado: com base na revisão de cada uma das dimensões do Mitro, defina objetivos claros para a gestão, disseminação e renovação do conhecimento, alinhadas com as demais dimensões.
- Diagnóstico do conhecimento atual: revise sistematicamente o conhecimento existente hoje na organização. Identifique lacunas, forças e oportunidades de manter esse conhecimento atualizado. Crie mecanismos que identifiquem as defasagens e obsolescências.
- Sistemas: reavalie os sistemas de captura, organização, armazenamento e disponibilização do conhecimento, tanto tácito quanto explícito.
- Integração e acessibilidade: garanta que o sistema seja integrador, acessível e fácil de usar para todos na organização.
- Redes colaborativas: revise as redes internas e externas usadas para troca de conhecimento, incluindo plataformas digitais e encontros presenciais.
- Intercâmbio interdepartamental: revise as ações para promover a interação entre diferentes departamentos e áreas de conhecimento, a fim de fomentar a inovação e a aprendizagem cruzada.
- Avaliação regular: realize avaliações periódicas ao longo do ano para monitorar a eficácia da integração da espiral do conhecimento nas dimensões do Mitro.
- Sessões de feedback: encoraje feedback contínuo dos colaboradores a respeito de como a gestão do conhecimento está influenciando outras áreas do Mitro.
- Monitoramento e avaliação: estabeleça métricas e indicadores para avaliar o impacto das iniciativas de gestão, disseminação e renovação do conhecimento.

- Feedback e ajustes: revise os processos de feedback contínuo com vistas ao aprimoramento e ajuste das estratégias, garantindo que a renovação do conhecimento permaneça relevante e eficaz.
- Integração com outras dimensões do Mitro: assegure que a gestão do conhecimento esteja em sinergia com outras dimensões do Mitro, reforçando a adaptabilidade e a transformação organizacional como um todo.
- Reconhecimento e incentivo: implemente e revise anualmente sistemas de reconhecimento e incentivo para aqueles que contribuem ativamente com a renovação e o compartilhamento de conhecimento.

INTEGRAÇÃO DAS INICIATIVAS PARA A TRANSFORMAÇÃO ORGANIZACIONAL

Na etapa preliminar, orientamos o levantamento das principais iniciativas que possuam relações diretas ou indiretas com a transformação organizacional, bem como a avaliação da harmonia e integração entre elas. Na etapa Preparar, a dimensão gestão, disseminação e renovação do conhecimento é a responsável por manter essa harmonia e integração, incluindo, ainda, as iniciativas planejadas nas outras quatro dimensões.

Iniciativas de transformação integradas e integrativas são um dos fundamentos do Mitro. Em essência, o modelo apresenta dois objetivos nucleares: a) transformar a instituição em uma "organização que aprende" de forma contínua e sistemática. b) Promover sinergia ao reunir e integrar todas as principais iniciativas relacionadas à transformação organizacional.

É função da dimensão gestão, disseminação e renovação do conhecimento, entre outras já mencionadas, compreender cada iniciativa e seu papel para a transformação organizacional, evitando sobreposições e eliminando lacunas, mantendo, assim, a harmonia e a integração entre todas as iniciativas. Um estudo minucioso deve ser realizado a cada CAC, para garantir que os objetivos nucleares do Mitro sejam atingidos.

Ao final, a partir desses pontos, e considerando o que foi tratado na Seção I desta obra, elabore um plano a ser implementado durante o próximo CAC. Esse é o *entregável* da etapa Preparar para cada uma das dimensões, incluindo essa.

ETAPA AGIR

A etapa Agir é o ápice do processo de transformação organizacional, no qual a estratégia meticulosamente planejada se converte em ações perceptíveis. Situada no coração do Ciclo Anual Contínuo, é a manifestação prática de todo o esforço de planejamento e preparação realizado anteriormente. É aqui que as intenções se materializam em resultados.

Como o próprio nome determina, essa é a etapa da execução. Todo o planejamento e preparação construídos na etapa anterior são agora implementados, no intervalo de um CAC.

A implementação na etapa Agir não é um processo aleatório, mas, sim, uma série de ações deliberadas e estrategicamente orientadas. Cada departamento da organização, de finanças a marketing, de recursos humanos a produção, participa ativamente, implementando o que lhe compete, a partir do que foi pensado e estruturado na etapa Preparar, permitindo, assim, uma visão compartilhada do processo por toda a organização.

O Mitro forneceu um roteiro para a mudança, garantindo que cada ação tenha sido anteriormente analisada, planejada, integrada às demais e alinhada com os objetivos maiores da empresa. Mesmo a implementação acontecendo em diversas áreas da organização, é premissa do Mitro que ela seja orquestrada pela área responsável pela transformação organizacional, conforme referido anteriormente.

Nessa fase, é crucial que a comunicação entre todas as partes interessadas seja eficiente, garantindo que as ações estejam alinhadas com os objetivos estratégicos da organização. Deve haver canais abertos e dinâmicos para a troca de informações entre as equipes. A liderança precisa garantir que todos na organização entendam não apenas o "quê" e o "como", mas também o "porquê" das iniciativas tomadas. Desse modo, cria-se um senso de propriedade e comprometimento em todos os níveis.

Acompanhamento e feedback constante são igualmente necessários, permitindo a identificação de áreas que precisam de ajustes durante o CAC. Medir o progresso em relação aos indicadores-chave de desempenho (KPIs) permite avaliar a eficácia das estratégias durante a execução do que foi planejado.

Não menos importante é a capacidade de ajustar rapidamente o curso com base nesse feedback. Isso pode envolver a realocação de recursos, supressão ou inclusão de iniciativas, modificação de táticas ou até mesmo a reavaliação de objetivos.

A organização deve olhar para cada projeto, cada campanha, cada iniciativa como uma oportunidade de aprender e crescer. Erros devem ser vistos como degraus para o sucesso, e os sucessos devem ser celebrados e analisados para replicar e construir sobre eles. A etapa Agir não é apenas sobre colocar planos em ação, mas também sobre adaptar e evoluir esses planos com base na resposta do ambiente organizacional e nas mudanças de mercado, fortalecendo a cultura da aprendizagem, em que o aprendizado e a inovação são valorizados e incentivados em todos os níveis da organização. É sobre criar uma transformação sistêmica. É um processo dinâmico que, para ser bem-sucedido, requer comunicação eficaz, acompanhamento, feedback constante e uma forte cultura de melhoria contínua.

ETAPA MENSURAR

Chegou a hora de mensurar os resultados dos esforços empreendidos nas etapas anteriores do CAC. É necessário mergulhar nas nuances específicas dessa fase, considerando a complexidade do Modelo Integrativo de Transformação Organizacional. O Mitro, sendo um modelo abrangente, demanda uma abordagem de mensuração que não apenas avalie resultados, mas também forneça insights profundos para ajustes estratégicos e inovações contínuas.

Nessa fase, a organização deve ir além da superficialidade dos indicadores tradicionais. O impacto das ações não deve ser medido apenas em termos de resultados financeiros ou produtivos, mas também na forma como essas ações alteram a dinâmica organizacional. Aspectos como o engajamento dos funcionários, a eficiência dos processos internos e a percepção da marca no mercado são fundamentais. Isso requer uma análise multifacetada que considere tanto métricas quantitativas quanto qualitativas.

A coleta de dados nessa etapa deve ser integrada e abrangente, incorporando variáveis oriundas de diversas fontes. A utilização de tecnologias avançadas – como *big data* e *analytics* – pode revelar padrões e correlações não óbvios. Por exemplo, a análise de sentimentos em feedbacks de clientes e funcionários pode fornecer insights valiosos sobre a eficácia das iniciativas de transformação.

Após a coleta e análise dos dados, é crucial realizar uma revisão estratégica detalhada. Essa revisão deve questionar não apenas o "quê" e o "quanto", mas também o "porquê". Compreender as razões subjacentes aos sucessos e fracassos permite ajustes mais precisos e estratégicos nas iniciativas futuras.

ETAPA REAVALIAR

Um aspecto crítico nesta etapa é a promoção do aprendizado organizacional. A documentação dos resultados deve ser transformada em conhecimento acessível e acionável.

O planejamento para o próximo ciclo no Mitro deve ser iniciado já nessa etapa, utilizando os insights adquiridos para moldar estratégias futuras. Esse planejamento deve ser flexível e adaptativo, capaz de se ajustar a novos desafios e oportunidades que surgem no ambiente de negócios dinâmico.

É importante transformar a documentação dos resultados em conhecimento aplicável e prático. Esse processo envolve uma série de passos detalhados e metodologias que garantem a eficácia do aprendizado organizacional e a preparação adequada para os ciclos futuros. Vejamos alguns deles:

- Sistematização do aprendizado: o conhecimento obtido deve ser sistematizado de modo que se torne parte do patrimônio intelectual da empresa. Isso pode ser feito por meio da criação de relatórios detalhados, estudos de caso e bancos de dados acessíveis a todos na organização.
- Workshops e treinamentos: realizar sessões de treinamento e workshops baseados nos aprendizados ajuda a

disseminar o conhecimento e a alinhar a equipe com as novas estratégias e abordagens estabelecidas.
- Feedback contínuo: estabelecer um mecanismo de feedback contínuo pelo qual os colaboradores possam compartilhar suas percepções e ideias sobre os processos e resultados. Outro ponto importante é fornecer feedback sobre os resultados para os responsáveis por cada iniciativa, uma vez que elas estão distribuídas pelas diversas áreas da organização.
- Planejamento adaptativo: com base nos insights adquiridos, a próxima fase de planejamento deve incorporar a flexibilidade para se adaptar rapidamente. Isso significa estar preparado para mudar de estratégia caso os resultados, o ambiente de negócios ou as condições internas assim exigirem.
- Definição de novos objetivos: estabelecer novos objetivos que estejam alinhados com os aprendizados recentes e as tendências do mercado. Isso ajuda a manter a organização relevante e competitiva.

A etapa Reavaliar representa uma interseção entre a reflexão crítica do passado e o planejamento para o próximo ciclo. Essa etapa assegura que os aprendizados obtidos sejam efetivamente incorporados na cultura organizacional, promovendo adaptação contínua e evolução proativa. Ao abordar essa etapa com profundidade e rigor, as organizações não apenas otimizam seus processos e estratégias atuais, mas também se preparam para enfrentar com maior resiliência e agilidade a transformação organizacional alinhada com os desafios futuros.

SEÇÃO 3

Implantação do Mitro: considerações finais

Concluímos a Seção 3 com uma visão abrangente do processo de implantação do Mitro, detalhando cuidadosamente as etapas preliminares e de preparação. Essas fases iniciais são cruciais, pois estabelecem a base sólida para uma transformação organizacional bem-sucedida, assegurando que todos os elementos fundamentais estejam em seu devido lugar antes de avançar para a implementação prática.

Reforçamos que o Mitro foi concebido como um modelo universal, aplicável a organizações de diversos segmentos e tamanhos. Essa universalidade é uma de suas maiores forças, permitindo que empresas dos mais variados setores e estruturas possam adaptar e aplicar os princípios do Mitro de acordo com suas necessidades específicas. No entanto, é importante reconhecer que, apesar dessa flexibilidade, a eficácia do modelo depende da customização cuidadosa das etapas seguintes – Agir, Mensurar e Reavaliar – para refletir as peculiaridades de cada organização. Por isso, tomamos o cuidado de trazer apenas orientações gerais, evitando normatizar ou padronizar para essas três fases, dando assim oportunidade para que cada organização construa o seu próprio modelo. Resumimos propositalmente os conceitos de cada uma dessas três etapas numa tentativa de legitimação do adágio "menos é mais".

IMPORTÂNCIA DA PERSONALIZAÇÃO NAS ETAPAS AGIR, MENSURAR E REAVALIAR

A personalização dessas três fases é crítica para a sustentabilidade da transformação organizacional. Por isso, destaco algumas considerações que podem servir de apoio na construção customizada das Etapas Agir, Mensurar e Reavaliar. Vejamos:

ETAPA AGIR

A etapa Agir é o momento em que as mudanças planejadas são efetivamente implementadas na organização. É quando as ideias se transformam em ações concretas.

A personalização nessa etapa deve considerar:

- Cada organização possui uma cultura única, história, valores e práticas que influenciam a forma como mudanças são percebidas e aceitas. A implementação de qualquer mudança deve respeitar e alinhar-se com esses elementos culturais para garantir aceitação e engajamento. Por exemplo, uma empresa com cultura fortemente hierárquica pode precisar de uma abordagem mais gradual e comunicativa para implementar mudanças, enquanto uma organização mais ágil e descentralizada pode adotar um ritmo mais rápido e experimental.

- As ações devem estar alinhadas com os objetivos estratégicos da organização. Isso assegura que todos os esforços de mudança estejam direcionados para alcançar metas específicas e mensuráveis. Se a estratégia da empresa for expandir para novos mercados, por exemplo, as ações de mudança devem focar desenvolver competências de mercado internacional, adaptar produtos e serviços às novas geografias e estabelecer novos canais de distribuição.
- A disponibilidade de recursos, tanto financeiros quanto humanos, é um fator determinante na forma como as ações serão implementadas. A organização deve avaliar suas capacidades e limitar ou expandir suas ações de acordo com seus recursos. Uma empresa com recursos financeiros limitados pode precisar priorizar as mudanças que trarão maior impacto a curto prazo, enquanto uma organização com recursos abundantes pode investir em projetos de transformação mais ambiciosos e de longo prazo.
- A implementação eficaz de mudanças depende do engajamento de todos os *stakeholders*, incluindo líderes, colaboradores, fornecedores e clientes. Comunicar claramente os benefícios das mudanças e envolver os *stakeholders* no processo para obter seu apoio e participação ativa é uma etapa a ser considerada. Realizar workshops e sessões de feedback com colaboradores para discutir as mudanças propostas e ajustar as ações de acordo com as contribuições recebidas pode aumentar significativamente o engajamento e a aceitação delas.

ETAPA MENSURAR

Com vimos, a etapa Mensurar envolve a definição e aplicação de métricas para avaliar o impacto das mudanças implementadas. Essa é a etapa de construir os elementos para monitorar o progresso, identificar áreas de melhoria e ajustar as estratégias conforme necessário.

A personalização nessa etapa deve considerar:

- **As métricas devem ser escolhidas com base nos objetivos específicos da organização e nas mudanças que foram implementadas. Métricas genéricas podem não refletir corretamente o impacto das mudanças. Por exemplo, uma organização que implementa um programa de inovação para melhorar a agilidade operacional não deve apenas medir o número de novas ideias geradas, mas também o tempo médio de implementação de soluções inovadoras, a eficiência operacional resultante e a redução de gargalos. Métricas como essas capturam nuances mais profundas do processo de transformação, evitando uma visão limitada que poderia surgir de indicadores mais convencionais, como lucro imediato ou crescimento de receita.**
- **A escolha das ferramentas e métodos para coleta de dados deve ser adequada às capacidades da organização e à natureza das mudanças implementadas. Tecnologias de análise de dados, pesquisas de satisfação, sistemas de feedback contínuo e outras ferramentas devem ser utilizadas conforme a necessidade. Uma organização de tecnologia pode usar ferramentas avançadas de análise de dados para monitorar o uso de seus produtos e identificar**

- padrões de comportamento dos usuários, enquanto uma empresa de serviços pode optar por pesquisas de satisfação e entrevistas com clientes.
- A frequência com que as avaliações são realizadas deve ser adequada ao ritmo de mudança da organização e à urgência dos objetivos estratégicos. Avaliações mais frequentes podem ser necessárias em ambientes dinâmicos e rápidos, enquanto avaliações periódicas podem ser suficientes em contextos mais estáveis. Uma startup em rápido crescimento pode realizar avaliações mensais para ajustar rapidamente suas estratégias, enquanto uma organização estabelecida pode optar por avaliações trimestrais ou semestrais.
- A interpretação dos dados coletados deve ser feita de forma contextualizada, levando em conta as particularidades da organização e do mercado no qual ela opera. Dados brutos devem ser analisados em conjunto com insights qualitativos para uma compreensão completa do impacto das mudanças. Uma queda inicial na produtividade após a implementação de uma nova tecnologia pode ser interpretada como um período de adaptação necessário, em vez de um sinal de fracasso.

ETAPA REAVALIAR

A etapa Reavaliar é o momento de reflexão sobre os resultados obtidos e de ajustes contínuos para melhorar a eficácia das mudanças. Essa fase exige uma cultura de aprendizado contínuo e uma disposição para ajustes e melhorias constantes.

A personalização nessa etapa deve considerar:

- A obtenção de feedback contínuo de todos os *stakeholders* é essencial para identificar rapidamente problemas e oportunidades de melhoria. O feedback deve ser estruturado e coletado de forma sistemática. Pode ser considerado realizar reuniões regulares com equipes para discutir os resultados das mudanças e colher feedback sobre o que está funcionando e o que precisa ser ajustado.
- Promover uma cultura que valorize o aprendizado contínuo e a inovação fortalecendo a sustentabilidade da transformação. A organização deve encorajar a experimentação, a aceitação de falhas como oportunidades de aprendizado e a busca contínua por melhorias. Uma possibilidade pode ser a implementação de programas de treinamento contínuo e desenvolvimento profissional que incentivem os colaboradores a adquirir novas habilidades e conhecimentos.
- Com base nos resultados das medições e no feedback recebido, as estratégias devem ser ajustadas para melhorar a eficácia das mudanças. Isso pode envolver pequenas correções de curso ou revisões mais significativas das abordagens adotadas. Se uma iniciativa de transformação digital não está alcançando os resultados esperados, a organização pode precisar revisar suas tecnologias, processos ou até mesmo a forma como está treinando seus colaboradores para usar as novas ferramentas.
- Manter uma comunicação transparente sobre os resultados das avaliações e sobre as mudanças planejadas é

fundamental para manter o engajamento e a confiança dos *stakeholders*. Todos devem estar cientes do progresso e das razões por trás das decisões de ajustes. Uma das alternativas pode ser publicar relatórios regulares sobre o progresso das iniciativas de transformação e realizar reuniões informativas para compartilhar os resultados e os próximos passos com toda a organização.

O Mitro não é um modelo rígido; sua força reside na sua flexibilidade e capacidade de adaptação a diferentes contextos organizacionais. Isso significa que, embora forneça uma estrutura clara e um conjunto de princípios orientadores, ele permite que cada organização molde a transformação de acordo com suas necessidades e circunstâncias específicas. Essa abordagem assegura que o modelo seja relevante e eficaz em diversos cenários, desde grandes corporações multinacionais até pequenas e médias empresas, em setores variados. Ao personalizar as etapas de Agir, Mensurar e Reavaliar, as organizações podem garantir que suas iniciativas de transformação sejam não apenas implementadas com eficácia, mas também continuamente aprimoradas e ajustadas para se adequarem às suas necessidades específicas. A personalização permite que cada organização tire o máximo proveito do Mitro, adaptando-se às suas realidades únicas e promovendo um ambiente de aprendizado e melhoria contínua.

Seção 3
ORIENTAÇÕES PARA A JORNADA

1. Como sua organização pode realizar um diagnóstico organizacional que não apenas identifique lacunas, mas também forneça um plano claro para abordá-las?
   - Avalie ferramentas e metodologias de diagnóstico que ofereçam insights acionáveis e orientações práticas para a transformação.

2. Quais são as melhores práticas para alinhar a visão de transformação organizacional com a cultura existente, sem causar disrupção negativa?
   - Explore estratégias para harmonizar a nova visão com a cultura atual, minimizando resistências e maximizando a aceitação.

3. Como sua organização pode desenvolver um plano estratégico de transformação que seja interativo e adaptável às mudanças do mercado?
   - Analise a criação de um plano estratégico flexível que permita ajustes contínuos com base em feedback e mudanças no ambiente externo.

4. De que maneira o ciclo de aprendizagem de competência pode ser operacionalizado para garantir desenvolvimento contínuo em todos os níveis organizacionais?
   - Explore métodos para integrar o ciclo de aprendizado nos processos diários e avaliações de desempenho, promovendo o desenvolvimento contínuo.

5. Como a liderança pode ser capacitada para não apenas implementar, mas também inspirar e sustentar a transformação organizacional?
- Considere programas de desenvolvimento de liderança que capacitem líderes a serem agentes de transformação e modelos de comportamento adaptativo.

6. Quais são os principais indicadores de sucesso para o modelo Mitro e como podem ser monitorados de forma eficaz?
- Avalie os KPIs que melhor refletem o progresso e o sucesso do Mitro e desenvolva sistemas de monitoramento contínuo.

7. Como sua organização pode utilizar o feedback dos colaboradores para ajustar e melhorar continuamente o processo de transformação?
- Explore métodos para coletar e utilizar feedback em tempo real dos colaboradores para refinar e otimizar as iniciativas de transformação.

8. Quais são os principais fatores de resistência à transformação em sua organização e como podem ser mitigados de maneira proativa?
- Mitigue a resistência à mudança com comunicação clara e engajamento. Promova uma cultura do aprendizado para aumentar a receptividade.

9. Como sua organização pode assegurar que as iniciativas de transformação sejam integradas de maneira coesa, evitando esforços duplicados e redundantes?
- Considere a implementação de uma estrutura de governança que coordene as iniciativas de transformação e assegure alinhamento estratégico.

10. De que forma a cultura de aprendizagem contínua pode ser institucionalizada em sua organização para sustentar a transformação a longo prazo?
    - O RH deve alinhar os valores organizacionais ao desenvolvimento contínuo, promovendo líderes que incentivem o aprendizado. A aprendizagem deve ser integrada às decisões estratégicas e recompensada consistentemente.

"Um erro no processo de transformação é achar que o responsável é o outro"

Entrevista com Claudia Vergara, enquanto gerente de desenvolvimento de pessoas na Irani S.A e Grupo Habitasul

O que está sendo realizado, ou planejado, para apoiar as estratégias de transformação na Irani?

Nos nossos projetos, temos trabalhado com a metodologia de Gestão da Mudança Organizacional (GMO), seguindo o modelo Adkar há alguns anos. Percebemos que a demanda é muito grande, pois se trata não apenas da mudança no projeto, mas também da capacidade das pessoas em se adaptar às mudanças em qualquer aspecto, e como isso afeta a gestão do projeto como um todo. Nesse processo, identificamos que muitas coisas que estão no escopo da gestão do projeto estão sendo atribuídas à gestão da mudança, como a definição de papéis e responsabilidades, por exemplo.

Uma inferência que faço sobre isso é que, como brasileiros, temos dificuldade em ser assertivos, comprometer-nos e dizer exatamente o que deve ser dito, o que pode levar à procrastinação ou à delegação de tarefas para outras áreas.

Atualmente, estamos passando por um grande projeto de expansão e modernização de nossas fábricas. A metodologia de GMO tem sido de grande ajuda, mas é fundamental destacar o papel das lideranças, que precisam estar preparadas para dar boas e más notícias e mudar a forma como lideram suas equipes. A Irani é uma empresa que tem um índice de *turnover* anual de apenas 1,2%, mas é essencial manter um ambiente acolhedor para novos talentos.

Investimos no desenvolvimento dos líderes, pois sabemos que a mudança acontece por meio das pessoas. O PPT pode ter um belíssimo projeto de mudanças, fazer palestras e ações, mas como as pessoas vão se motivar para sair da zona de conforto se estiver bom ali? O ponto-chave é a continuidade dessas ações, que passa pelo desenvolvimento interpessoal. É necessário um comprometimento dos líderes, gestores e colaboradores em promover uma transformação. Eu considero que uma das habilidades mais importantes para que isso seja possível é a resiliência, pois quanto mais resilientes formos, maior será nossa capacidade de adaptação.

A resiliência não se trata apenas de lidar com os outros, mas também de lidar consigo mesmo. Nós precisamos mudar, adaptar e fazer a diferença, pois as mudanças passam pela gente. Muitas vezes, o RH se posiciona de maneira errada nessa questão da adaptabilidade e transformação cultural da empresa, e acaba se colocando como maestro do processo, se isolando sem entender que faz parte da orquestra. E que também precisa se transformar e evoluir.

O RH está inserido em um contexto, e não apartado, apenas organizando a execução. Isso também acontece com a liderança em relação aos liderados, de ver a transformação como algo que ele precisa apenas orquestrar?

Realmente fazemos parte de um sistema, e ninguém está fora dele. Um erro nesse processo de transformação é achar que os responsáveis são os outros, outras áreas, outras pessoas. Além de sermos resilientes, precisamos desenvolver uma visão de lócus de controle interno para entender qual é a nossa responsabilidade sobre as coisas, e que só podemos agir na nossa zona de influência. Isso é muito importante, pois, quando tentamos dizer aos outros como eles devem agir em suas próprias zonas de influência, acabamos criando barreiras. Nosso "33%" é onde realmente podemos atuar e, a partir daí, gerar transformação.

Quando você menciona o termo "resiliência", qual competência específica você acredita estar incluída nele? Quais comportamentos podem ser observados em uma pessoa resiliente?

Eu acho que resiliência não significa voltar ao estado anterior, mas, diante das dificuldades, ir para um estado de maior aprendizado. Você fica vulnerável, mas aprende com essa vulnerabilidade, e isso gera crescimento.

Um estado de suportar a pressão se transformando... Quando você menciona que o problema não está relacionado à GMO, mas, sim, aos projetos, você está se referindo à falta de preparação das pessoas em gerenciar e liderar projetos? É necessário instrumentalizar os profissionais para fazerem gestão de projetos e de pessoas?

Às vezes sinto falta da gestão da rotina mesmo, da habilidade das pessoas em realizar suas atividades do dia a dia. A gestão de projetos muitas vezes é considerada engessada, e há uma tendência de preferir métodos ágeis. É importante lembrar que até mesmo os modelos ágeis seguem uma metodologia, com etapas a serem cumpridas. Não é sentar-se à beira de uma fogueira e ter ideias, as pessoas confundem flexibilidade e abertura com ausência de técnica, estudos, e um planejamento a ser desenhado e cumprido.

Como as organizações lidam com a sobrecarga de trabalho e a pressão por resultados, que levam as pessoas a escolher prioridades baseadas em sua reputação interna, e não necessariamente na importância para a empresa? Como isso afeta a liderança e o RH em projetos de transformação, e como podem equilibrar a busca por credibilidade com a entrega de resultados efetivos?

Então, em relação à sobrecarga de trabalho, essa é uma preocupação constante visando à manutenção da saúde mental dos colaboradores. Nós acompanhamos as horas de trabalho de forma efetiva e tentamos controlar isso, seja contratando mais pessoas ou conscientizando sobre a necessidade de descanso. Estamos estudando como melhorar, porque hoje uma das grandes queixas é o excesso de reuniões, principalmente com o trabalho remoto, que foi um grande projeto de adaptabilidade da organização; com a pandemia, passamos de 100% presencial para 30% remoto, nas áreas onde era possível. Nos adaptamos muito bem a essa nova realidade e mantivemos como política o trabalho remoto nos escritórios, inclusive criamos um modelo híbrido para a fábrica.

Utilizamos algumas ferramentas para auxiliar na gestão do tempo e conscientizar sobre a necessidade de descanso.

A minha sensação de sobrecarga diminuiu bastante desde o início do trabalho remoto, mas ainda há momentos em que a pressão aumenta. Sabemos que quando a sobrecarga é por um projeto específico, as pessoas costumam lidar bem, mas o problema é quando o trabalho se torna uma rotina sem fim, sem um resultado claro, o que pode levar ao *burnout* e ao estresse. A Irani é uma empresa que se preocupa muito com a saúde mental dos colaboradores, e estamos trabalhando para reduzir a carga horária em projetos específicos ou flexibilizar a participação em projetos para aqueles envolvidos em várias frentes.

Considerando essas transformações, você acredita que há algum impacto no modelo de negócio ou na cultura organizacional da Irani?

Não houve uma grande mudança no modelo de negócio da Irani, mas nós temos nos aproximado de startups, em iniciativas como o Irani Day, e destacamos a Trashin, uma startup que apoiamos e que está alinhada com nossos valores. A questão ESG, a preocupação com o meio ambiente e as comunidades ao nosso redor sempre foram uma pauta forte para nós. E estamos ampliando essas iniciativas, com *ventures* e *demodays*.

Com relação à cultura, estamos revisando nosso planejamento estratégico para o próximo ano. Hoje a organização entende que a cultura está expressa em nossa visão e em nossos valores, mas começamos a discutir algo mais aprofundado, como uma declaração de cultura.

Você percebe dificuldade de aderência em relação a soft skills como inovação, adaptabilidade e *accountability*? Antes, parecia

mais fácil se sustentar em determinada posição apenas com competências técnicas, hoje isso é insustentável.

    A capacidade de mudança e a visão sistêmica são importantes, mas acredito que as habilidades não tenham mudado. O nome pode mudar, mas agora as habilidades precisam ser realmente efetivas e colocadas em prática; ou são de verdade ou não são, o ambiente exige muito mais. Além disso, a diversidade é uma questão crucial, sobretudo em termos de liderança. Atos de preconceito e discriminatórios, que antes poderiam passar batido, não são mais aceitos, não podemos tolerar o intolerável. Temos trabalhado mentoria sobre diversidade para nossa diretoria, para que esse processo de mudança realmente seja disseminado na organização. As *soft skills* não são nada leves, são extremamente profundas e essenciais para uma genuína gestão com pessoas em prol do desenvolvimento e bem-estar.

Inteligência emocional e adaptabilidade: pilares da liderança transformadora

Entrevista com Rosângela Mariano, enquanto gerente de RH na UnidaSul Distribuidora Alimentícia S/A. Atuando nos ramos de atacado, varejo, atacarejo, distribuição, fabricação, transporte e logística de bens de consumo, a UnidaSul conta com cerca de 7 mil colaboradores no Rio Grande do Sul.

Como está sendo o atual momento vivido pela Unidasul, e quais são os principais desafios enfrentados devido às transformações em curso?

Atualmente, estamos passando por uma mudança estratégica tanto em termos organizacionais quanto no modelo de gestão, o que terá impacto na cultura da empresa. Somos uma empresa de varejo, com um modelo de aprendizagem tradicional, focado principalmente no aprimoramento das competências técnicas dos nossos líderes, ou seja, no "saber fazer".

No entanto, identificamos oportunidades no desenvolvimento das chamadas *soft skills*, ou seja, nas competências comportamentais necessárias para que nossos líderes possam acompanhar e absorver as transformações em curso, incluindo as mudanças no cenário digital e nas tendências do mercado. Precisamos investir mais no desenvolvimento dessas habilidades para que nossos líderes possam se adaptar e impulsionar todo esse processo de inovação.

Neste ano, 2023, estamos com o desafio de implementar um novo programa de desenvolvimento voltado para nossas lideranças, com um enfoque muito maior no desenvolvimento da carreira e no aspecto comportamental. Precisamos promover o "desaprender" para criar um espaço em que as pessoas se sintam estimuladas a aprender e se atualizar como líderes, acompanhando todo esse processo de inovação, de mudanças e tendências da transformação digital.

Vale ressaltar que nossos profissionais têm uma longa história na empresa e construíram uma base sólida de conhecimentos técnicos, o que nos permitiu alcançar um nível de excelência. Nós valorizamos a cultura da empresa, que se baseia na paixão por servir e na dedicação de cada indivíduo. Estamos enfrentando também o desafio global, que é a retenção de talentos e o *turnover*. Precisamos nos reinventar e construir um ambiente acolhedor e ao mesmo tempo desafiador, com lideranças capacitadas para influenciar e desenvolver nossas pessoas.

Diante desses desafios, estamos direcionando investimentos para adaptar nosso programa de desenvolvimento. Sim, vamos atualizar tecnicamente nossos líderes e investir em capacitação. No entanto, nosso objetivo é ir além disso. Queremos um programa que leve nossos gestores a uma reflexão sobre seus modelos de liderança, cultura organizacional, seus valores e sua abordagem, pois todos precisam inovar para lidar com as novas gerações e as transformações que elas trazem.

Para alcançar esse objetivo, estamos introduzindo uma universidade corporativa, trazendo a tecnologia digital para facilitar a autonomia, o protagonismo e a independência do conhecimento. Teremos conteúdos disponíveis para estudo no horário mais conveniente para cada um. Considerando que estamos presentes em 23 cidades, o modelo tradicional de aprendizagem presencial se torna desafiador. Portanto, queremos aproveitar a tecnologia a nosso favor, combinando-a com momentos presenciais que incentivem o autodesenvolvimento.

Além disso, estamos direcionando atenção para a alta liderança. Nosso programa de desenvolvimento está 70% focado nas competências pessoais de liderança, nas chamadas *soft skills*. Estamos invertendo nosso modelo de desenvolvimento na Unidasul, buscando diminuir esses *gaps*.

Adaptabilidade é um tema recorrente, tanto no RH quanto em outros ambientes. Ser resiliente e flexível é importante. O desafio está em como nos adaptamos a essa realidade, reagindo de forma positiva para entregar resultados com o menor sofrimento possível, assumindo a maior autorresponsabilidade. Isso é algo desafiador tanto aqui na Unidasul quanto em outros ambientes de RH com os quais convivo.

É cada vez mais evidente que a liderança desempenha um papel crucial no ambiente de trabalho. As pessoas permanecem em um lugar não apenas pela estrutura ou ambiente saudável, mas também pelo líder. A transformação da liderança é um desafio significativo, pois envolve aprender novas formas de liderar, influenciar, mobilizar e respeitar as diferenças e os perfis individuais.

Quais foram as principais lições aprendidas nesse processo? Quais estratégias vocês já testaram e identificaram que não funcionaram? Além disso, considerando o progresso que já fizeram, quais outros desafios vocês antecipam para o futuro?

Estamos passando por uma transição, com a implantação de governança corporativa profissionalizada, um modelo de gestão que contribuirá muito para as estratégias de crescimento da empresa. Nesse contexto surge um desafio relacionado ao desejo de avançar, mas também de preservar nossa cultura e modelo de negócio. Nesse momento, falamos muito aqui na empresa: respeito pelo passado e paixão pelo futuro; precisamos respeitar o ritmo de cada indivíduo, utilizar a tecnologia como aliada e colocar luz sobre os aspectos tangíveis e intangíveis desse processo. Esse é o grande desafio: falar sobre as coisas e agir, mover-se como um time, de forma estratégica e com posicionamento que vai além do aspecto teórico.

Estamos discutindo questões internas, buscando sair do autoconhecimento para uma autopercepção que nos faça entender a necessidade de caminhar em direção a essa transformação. As resistências coletivas precisam ser diluídas em ações práticas para que possamos seguir nesse grande processo que estamos vivenciando. São dois momentos importantes: estamos mudando nosso sistema, migrando para a SAP, a maior ferramenta de RP mundial para o varejo. Também estamos em um momento de transformação digital e sistêmica, baseada em quatro pilares: tecnologia, processos, pessoas e logística.

No quesito logística, temos o melhor centro de distribuição e as melhores frotas. No que diz respeito à tecnologia, teremos o melhor RP possível, com processos já consolidados e foco em segurança e qualidade. Porém, o pilar das pessoas é o que move e dá vida ao negócio. Mudar para um modelo diferente de gerenciamento implica reconhecer que os processos são conhecidos por todos, e que essa mudança é verbalizada e transparente na organização. Precisamos despertar em todos o desejo de crescer e fazer parte da nova história que estamos escrevendo juntos.

Além disso, é necessário nos prepararmos para esse momento, adotando um diálogo mais efetivo, oferecendo feedbacks atualizados, tendo comportamentos diferentes e criando um ambiente emocionalmente saudável para os colaboradores. Isso representa um grande desafio para nós.

Como as pessoas estão lidando com os desafios de se adaptarem a novas tecnologias e processos? Tem gente que está "ficando pelo caminho"?

Estamos enfrentando muitos desafios nessa transição. Esse processo de dissociação já está impactando as pessoas, exigindo dos gestores competências comportamentais para apoiar e conduzir o time nessa nova realidade. Há algumas resistências, sim, que são naturais frente aos novos aprendizados. Para alcançar os resultados que a empresa espera, precisamos reaprender muitas coisas e promover diversas mudanças, não apenas em tecnologia, mas também em modelos de gestão, cultura, performance e estratégias de longo prazo.

Alguns colaboradores estão sendo mais impactados diante dessas transformações. Outros, que estão há bastante tempo na empresa, estão preocupados quanto à sua adaptação às novas tecnologias e aos novos processos, enquanto outros estão cheios de energia e motivação, buscando o conhecimento necessário para o futuro que buscamos. Entendemos que esse misto de emoções e comportamentos faz parte da curva da mudança. Por isso, estamos trazendo um novo modelo de aprendizagem, desenvolvimento e conhecimento. Começaremos incentivando a educação formal, especialmente para aqueles gestores que não possuem uma formação básica completa.

Além disso, vamos implementar programas de desenvolvimento comportamental, focados no aprimoramento das *soft skills* de liderança e modelos de gestão. Temos uma mentalidade que valoriza a preservação de nossos valores, como a simplicidade, a paixão por servir e a proximidade com nossos clientes. Ao mesmo tempo, buscaremos inovação e uma abordagem diferenciada no cuidado com as pessoas, não apenas em relação aos produtos e processos. Sempre priorizamos nossa operação para servir melhor, como se pode ver nos melhores produtos oferecidos em nossas lojas. Porém, agora precisamos nos perguntar: qual energia estamos colocando nas pessoas, que são o coração do nosso negócio?

Proporcionar uma experiência excepcional para nossos clientes é um grande desafio. E como fazemos isso para nossos gestores e colaboradores? Algumas pessoas já perceberam essa necessidade e estão se mobilizando, retomando o seu desenvolvimento e incorporando as práticas de gestão que visam a atenção e cuidado com nossos colaboradores. Porém, temos consciência de que precisamos ser resilientes e persistentes, especialmente na implantação do novo modelo de desenvolvimento, a implantação de políticas que visem a saúde mental e a segurança psicológica de nossas pessoas. Todo processo de mudança tem o tempo certo para impactar todos os envolvidos.

Como vocês estão avaliando o desempenho das pessoas e identificando áreas que precisam de desenvolvimento? Existe um sistema estruturado para avaliação, feedback e elaboração de planos individuais de desenvolvimento? Além disso, como você acha que seria possível medir os avanços culturais e de liderança? Quais seriam os indicativos de sucesso nesse sentido?

Buscamos trazer métodos e programas de aprendizagem como parte de nosso modelo de gestão. Por exemplo, temos um plano de treinamento com trilhas de aprendizagem, que visam oferecer continuidade e consistência, em vez de serem eventos isolados. Sabemos que o conjunto de desenvolvimento, processo de feedback e metodologia de avaliação de performance vai contribuir para uma transformação duradoura e sustentável.

Nesse ano, estamos implementando um programa de desenvolvimento com trilhas de aprendizagem, focando tanto em treinamentos on-line quanto presenciais. Para os executivos, já realizamos um trabalho de *assessment* e avaliação 360°, em parceria com uma consultoria responsável pelo planejamento de sucessão. Já para os diretores, estamos finalizando uma avaliação de desempenho com *assessment*, avaliação 360° e Plano de Desenvolvimento Individual (PDI). Com base nesses *assessments*, identificamos oportunidades de desenvolvimento que deram origem ao nosso programa estratégico de desenvolvimento de líderes.

Pela primeira vez, estamos estabelecendo um fluxo de desenvolvimento, mapeando tanto o desempenho quanto as competências dos colaboradores, o que resultará em um PDI alinhado a um programa de desenvolvimento consistente durante o segundo semestre. Estamos focando as competências básicas e *soft skills* que identificamos como ponto de partida, por meio de um alinhamento subjetivo. Essas competências serão desenvolvidas por meio de uma trilha de aprendizagem.

Nossa avaliação de desempenho está atualmente vinculada aos resultados operacionais. Cada gerente possui indicadores de operação que são monitorados diária e mensalmente. Nesse momento, a performance ainda está associada aos indicadores financeiros; alguns indicadores de gestão, como retenção de talentos e desenvolvimento, por exemplo, ainda não foram incorporados aos indicadores de desempenho dos gerentes. Estamos em processo de transição para esse novo modelo.

Você citou competências como a capacidade de desaprender e inovar. Que outras *soft skills* destacaria como essenciais nesse cenário de transformações?

Acredito que inteligência emocional e adaptabilidade. Precisaremos conduzir nossos gestores nesse processo de transformação cultural, de inovação e de mudança no modelo de gestão e governança. Essa mudança inclui falar de temas como ESG, sustentabilidade e responsabilidade social, temas que desafiam todos na organização.

A transformação cultural e a adaptabilidade estão relacionadas ao conjunto de *soft skills* dos líderes, para que eles possam se manter atualizados e buscar o protagonismo em suas carreiras. Isso também facilitará a retenção dos líderes e garantirá sua saúde mental e psicológica. Construir um ambiente seguro é um viés de gestão mais atual e inovador. Estamos começando a olhar para essa questão. Focamos muito criar um ambiente de trabalho baseado em respeito, transparência, dedicação e simplicidade, especialmente para aqueles que estão na linha de frente em nossas operações.

Embora tenhamos uma realidade operacional exigente, buscamos implementar práticas de gestão, como planos de benefícios que tragam valor e senso de pertencimento às pessoas que se dedicam à empresa. Temos colaboradores fiéis e gratos à Unidasul, pois muitos deles cresceram conosco. Investimos nas pessoas e oferecemos oportunidades, e nos sentimos responsáveis por guiá-los nesse processo de desenvolvimento, sempre de maneira alinhada às demandas do mercado atual, que exige uma atualização constante.

Para que o RH consiga avançar nesse sentido, precisamos ter conversas francas e convicções que qualifiquem esse novo modelo de gestão. É importante que nossos líderes compreendam e se sintam responsáveis por esse caminho.

Parece claro que há necessidade de uma revolução na forma como as pessoas percebem sua relação com a organização e o trabalho. Isso já está refletido em seu mapa de cultura? Isso representa uma mudança na forma de avaliar as pessoas? Existe uma diferença no modo como os profissionais precisam ser hoje e como eles deviam ser anteriormente?

Sim, existe um grande desafio em construir essa transição cultural sem perder a essência do nosso negócio. Um dos desafios é como nos posicionamos como marca empregadora e o que oferecemos para que as pessoas tenham paixão em servir e queiram estar conosco. Estamos revisando nosso plano de benefícios e implementando um novo modelo de aprendizagem, por meio de uma universidade corporativa, visando atender os 7.500 colaboradores. Também temos um programa de desenvolvimento de liderança, para que eles sejam a voz e tragam essa nova maneira de ser para a empresa, começando pela alta direção.

Isso perpassa a parte estratégica, incluindo a governança e a implementação de indicadores de resultado, gestão e desempenho. Haverá várias frentes de modelos de gestão, como a elaboração do código de ética e conduta, planejamento estratégico e *compliance*.

Esse processo de transição estratégica e aperfeiçoamento em nosso modelo de gestão é para fortalecer ainda mais a Unidasul, uma gigante do varejo; é realmente um grande desafio e um momento crucial para a empresa.

Como responsável pelo RH, é importante mencionar que espero que tudo isso seja construído em um ambiente de muito respeito e transparência, como sempre foi na Unidasul, e com muita vontade e disposição dos nossos executivos e líderes ao longo dessa jornada. É fundamental trazer isso no momento certo, e que contribua efetivamente com o desenvolvimento e agregue valor. Não existe certo ou errado, e é importante que as empresas estejam cientes disso, respeitando a própria história nesse processo de desenvolvimento e crescimento. Importante também estar aberto para provocar mudanças de forma saudável e responsiva.

Gestão de pessoas e mudanças: eficiência em escala com olhar para indivíduos

Entrevista com Mariana Almeida Machado, enquanto especialista de RH na EDF Renewables Brasil

Que tendências e desafios você enxerga no cenário de gestão de pessoas, sobretudo ligados à transformação digital?

Nos últimos anos, tenho visto uma preocupação crescente em várias empresas em melhorar o uso de dados, o chamado *people analytics*. Mas a realidade é que muitas dessas organizações ainda não possuem uma base sólida nem um sistema eficiente para apoiar a geração desses dados. Ainda é comum vermos muitas informações sendo geradas manualmente, o que demanda muito tempo para se adaptar e, inclusive, para interpretar, já que muitas vezes as informações chegam com interpretações diferentes de quem as fornece.

Eu vejo que houve muita evolução, mas a tendência é que, nos próximos anos, trabalhemos cada vez mais com a parte analítica e tomada de decisão com base em dados. É fundamental reforçar e estruturar cada vez mais nossos sistemas para isso. Mas existe um dilema de como a inteligência artificial vai apoiar o trabalho de gestão de pessoas de modo a que os próprios profissionais e todas as partes envolvidas percebam que isso é um suporte, e não uma ameaça. Em minha visão, esse é um desafio que não é de agora, mas que se torna cada vez mais presente à medida que avançamos.

Recentemente, acompanhei uma discussão no LinkedIn sobre a Gupy.[39] Tive a oportunidade de acompanhar a implantação em uma organização onde atuei, e o que notei foi que, para quem estava do lado de fora, como candidato ou cliente, era difícil perceber os benefícios da inteligência artificial. Em alguns casos, a IA é vista não como um benefício, mas como algo que limita a diversidade e inclusão na empresa, ou que bloqueia a candidatura de pessoas competentes. Muitas vezes, pessoas qualificadas se sentem incapazes de ingressar no processo ou mesmo serem chamadas para participar, o que cria vieses e até mesmo preconceitos.

Em vez de ser encarada como uma ferramenta positiva para a transformação digital e a inovação, a inteligência artificial passa a ser vista de forma negativa. Percebemos que há uma preocupante tendência de utilizá-la para preservar grupos homogêneos e tolher a diversidade.

Isso é algo que me preocupa profundamente. Precisamos encontrar maneiras de trabalhar com a inteligência artificial de maneira a beneficiar a todos, e enxergá-la como algo positivo para toda a cadeia. É fundamental repensarmos como podemos utilizar a inteligência artificial para o bem, valorizando a diversidade

---

39 Plataforma que utiliza inteligência artificial em processos seletivos.

e evitando que ela seja vista como uma barreira ou obstáculo para certas pessoas. Devemos encarar a IA como uma aliada na busca por avanços e melhorias.

Penso na aplicação da inteligência artificial para aprimorar a cultura organizacional e desenvolver competências, como oferecer feedback personalizado pós-reuniões, ao fazer leitura da linguagem natural, sinalizando se aquele indivíduo foi prolixo, por exemplo. Ou acompanhando o desenvolvimento de uma soft skill ao longo do tempo, mapeando oportunidades de melhoria. A ideia é que a IA acompanhe o desenvolvimento individual ao longo do tempo, proporcionando suporte sem a necessidade de observação constante. Você considera essa abordagem viável e útil, respeitando as questões de privacidade e segurança dos dados?

Eu imagino que sim, essa proposta parece ser muito interessante e útil. No entanto, é preciso levar em conta o contexto em que cada pessoa está inserida, incluindo o ambiente, a cultura organizacional e até mesmo questões regionais e diferenças culturais. Por exemplo, o comportamento de ser mais prolixo pode variar dependendo da cultura em que você está inserido, do cargo ou função que ocupa e da própria empresa. Em experiências anteriores, trabalhei com executivos de vendas, e cerca de 90% deles tendiam a ser mais prolixos em sua comunicação. Isso pode estar relacionado à natureza desse público, que está acostumado a se expressar de forma mais extensa, e também pode ser influenciado pela cultura da empresa, que valoriza uma abordagem mais relacional, por exemplo. Então, acredito que uma ferramenta assim poderia ser muito útil, desde que haja um ajuste e nivelamento da inteligência artificial para que ela possa se adaptar e se adequar à realidade de cada indivíduo e ambiente.

Percebo que muitas empresas estão revendo suas abordagens para se adaptarem às novas possibilidades e desenvolverem competências. Para alcançar a transformação real, é necessário identificar quais habilidades serão exigidas e revisar a cultura (jeito de ser) e competências existentes. Poderia compartilhar sua abordagem e como estão lidando com esse dilema? Você acredita que revisitar o DNA e os valores da empresa se tornou um processo recorrente e sistemático em um prazo mais curto?

Não tenho certeza se essa revisitação dos valores e da cultura será mais frequente ou se foi impulsionada pelo processo acelerado de transformação durante a pandemia, quando muitas empresas se viram repensando seus propósitos e identidades. Recentemente, fiz um curso de gestão da cultura, e uma preocupação levantada foi o aumento da busca por discutir a cultura e suas motivações. Uma das hipóteses é que a pandemia acelerou a necessidade de agilidade na transformação, levando as empresas a questionarem sua cultura e propósito.

Na EDF Renewables, uma multinacional com apenas sete anos de presença no Brasil, estamos passando por um período de crescimento e estruturação, no qual buscamos desenvolver lideranças, capacitar equipes e criar competências que antes não existiam. Os gestores, em sua maioria jovens e digitais, estão em suas primeiras experiências de liderança e precisam de preparação. Enquanto progredimos nesse processo de estruturação e criação de competências, acredito que, num futuro não muito distante – talvez em dois anos –, precisaremos revisitar novamente essas competências, considerando discussões que ainda permeiam a alta direção sobre a representação dos valores da empresa no contexto brasileiro, e se alguns valores, competências e direcionadores precisam ser reajustados.

Que outros desafios você identifica nesse cenário de transformação nas organizações?

Sem dúvida, a retenção é um desafio significativo. Recentemente, enfrentamos a iminente saída de um gerente de investimentos. Embora tenha sido uma pessoa altamente alinhada à nossa cultura, percebemos que sua ambição de carreira ultrapassa a capacidade que podemos oferecer. Não se trata apenas de salário; ele tem uma preferência por trabalhar com M&A,[40] uma área que, devido à natureza e ao tamanho de nossa empresa, não podemos fornecer. Infelizmente, concluímos que não havia contraoferta viável, e simplesmente desejamos a ele sucesso em sua trajetória. Infelizmente, testemunhei vários casos semelhantes, nos quais indivíduos com ambições específicas precisaram deixar a empresa, pois não conseguíamos atender às suas expectativas.

Com uma experiência de 17 anos em Recursos Humanos, percebi essa mudança mais acentuada a partir de 2020. Anteriormente, a decisão de permanecer em uma empresa era frequentemente motivada pelo senso de pertencimento e pelo ambiente de trabalho. A ideia de receber uma oferta e, em seguida, usar isso como alavanca para obter uma contraoferta era comum. Hoje, vejo que as pessoas assumem mais protagonismo em suas carreiras, buscando oportunidades que realmente fazem sentido para elas.

Outros pontos críticos são alinhamento cultural, competência e engajamento. A gestão da mudança também se destaca como uma prioridade, especialmente diante da rapidez com que as transformações estão ocorrendo. Por exemplo, a transição abrupta para o trabalho

---

40 A expressão "M&A" é a sigla para *Mergers and Acquisitions*, que em português significa "Fusões e Aquisições" – processo de combinação de duas ou mais empresas, ou à aquisição de uma empresa por outra.

remoto durante a pandemia, seguida pelo modelo híbrido, levanta questões sobre a preparação das equipes para essas mudanças. Além disso, a necessidade de medir a produtividade em um ambiente de trabalho mais flexível e o desafio de fornecer suporte estratégico, em vez de apenas operacional, são aspectos que as organizações enfrentam.

A gestão da mudança torna-se crucial, e enfrentamos desafios ao tentar conduzir essa transformação, engajando e retendo as pessoas. Incluiria, também, a observação de uma crescente demanda por treinamento personalizado, com as pessoas buscando conteúdos adaptados às suas necessidades específicas. Isso apresenta um desafio adicional, pois as empresas buscam eficiência em escala, enquanto os profissionais buscam um enfoque mais individualizado, o que é um equilíbrio complexo a ser alcançado.

Sempre há soft skills que se destacam como "a bola da vez"; no momento, tem-se falado muito em adaptabilidade e flexibilidade cognitiva. No âmbito do treinamento, você identifica lacunas importantes nessas competências, ou ainda existem gaps mais básicos, como aqueles associados às habilidades fundamentais de liderança, por exemplo?

Certamente, as lideranças precisam ajustar seus estilos para atender às necessidades dos liderados. Vemos cada vez mais desafios que não se encaixam em fórmulas prontas, exigindo resoluções mais complexas. As pessoas tendem a buscar soluções fáceis, mas a habilidade de lidar com resoluções mais complexas torna-se crucial. Além disso, destaco a necessidade de adaptação às novas tecnologias, uma vez que o cenário tecnológico está em constante mudança. A pergunta que surge é se todos realmente precisam se adaptar a essas mudanças ou se certas habilidades podem ser deixadas a cargo de especialistas (Power BI, por exemplo). Em resumo, a adaptação dos estilos de liderança, a capacidade de enfrentar desafios complexos e a reflexão sobre a especialização são aspectos essenciais a serem considerados nesse cenário em constante evolução.

Quando falamos em adaptação a novas tecnologias, é possível que nem todos precisem adquirir competências específicas, mas a capacidade geral de se adaptar a novas tecnologias é fundamental. Isso também se aplica a profissionais mais experientes, que talvez não tenham afinidade com a tecnologia, mas ainda têm valor em suas funções. Isso está sendo considerado?

Sim, é essencial levar em conta essa diversidade. Outro ponto relevante é a necessidade de simplicidade na abordagem de resoluções mais complexas. Em meio às transformações, tenho percebido uma ênfase na simplificação, em que as pessoas buscam métodos ágeis, mas muitas vezes sem compreender completamente como aplicá-los. A busca pela simplificação é uma resposta à necessidade de fazer mais, de forma diferente, e de se concentrar na jornada do colaborador.

Parece que, ao buscar a simplificação, há o risco de tornar as ações demasiadamente simplórias, sem resultados efetivos. Há uma sensação de que o pêndulo passou do meio e está do outro lado. Isso também é discutido dentro da empresa?

Exatamente, discutimos isso recentemente. Quando abordamos projetos e iniciativas, a intenção de simplificar muitas vezes é enfrentada com desafios práticos. Por exemplo, ao mapear talentos, surge a questão de como tornar o processo mais simples sem perder a eficácia. Às vezes, ao simplificar demais, perdemos o objetivo principal. O desafio é encontrar o equilíbrio entre a simplicidade desejada e a efetividade prática. A transformação do complexo em simples é uma habilidade complexa por si só.

Adaptabilidade e governança: o conselho como agente de transformação

Entrevista com Michelle Squeff, enquanto coordenadora geral do Capítulo Rio Grande do Sul do Instituto Brasileiro de Governança Corporativa - IBGC, conselheira, CEO e founder da Governança Orgânica

Considerando que a transformação será constante, sistêmica e cíclica, quais são os desafios e oportunidades da transformação organizacional, especialmente do ponto de vista da governança? Isso provavelmente está reverberando nos conselhos e influenciando a forma de enxergar os modelos de negócio.

Primeiro, acredito que a transformação organizacional deva ser incluída expressamente nas pautas dos conselhos. Ela precisa encontrar espaço em uma agenda já apertada, e muitas vezes voltada para temas recorrentes das organizações, como apreciação de indicadores, olhar para finanças, para estratégia. Entendo que exista uma oportunidade de conectar a pauta da transformação organizacional à pauta de cultura e pessoas e da transformação digital, um processo que foi acelerado pelos impactos da pandemia. Além disso, penso que haja espaço para a sustentabilidade, tema que está sendo fortemente enfatizado nos conselhos.

Talvez a questão seja: esses temas – cultura e pessoas, transformação digital e sustentabilidade – devem ser parte integrante do processo contínuo da transformação organizacional? Afinal, quando consideramos implementar uma sustentabilidade integrada ou uma abordagem ESG, já não estamos falando de transformação organizacional? Como podemos adotar uma abordagem ESG de forma sistêmica, que afete todos os processos da empresa de maneira transversal, sem também revisitar a missão, o propósito e os valores, conectando isso à cultura organizacional? Como integrar isso à transformação digital inerente aos negócios?

Quando discutimos ESG, não estamos apenas falando de implementar ações relacionadas a uma sigla; estamos falando em conectar uma estratégia. As empresas estão sendo pressionadas por acionistas, consumidores e concorrentes a pensar no longo prazo, na sustentabilidade. Isso exige um estudo mais profundo e uma abordagem orgânica e integrada.

Permita-me fazer uma provocação. Quando usamos a expressão "transformação organizacional", parece algo muito atual, ligado à rapidez com que as coisas estão mudando. No entanto, repensar o funcionamento das organizações não é algo tão antigo quanto o próprio ambiente organizacional?

Talvez a demanda sempre tenha acompanhado as organizações, mas acredito que essa pauta, de uma forma estruturada, esteja evoluindo na mesma medida da evolução da maturidade dos conselhos das organizações. No Brasil, muitos conselhos ainda estão se aprimorando para alcançar um estágio de maturidade, continuamente aperfeiçoando o processo colegiado de tomada de decisão, seguindo uma metodologia e uma dinâmica que traga para dentro da sala do conselho tópicos relevantes e prioritários, reservando parte do tempo do colegiado para olhar o futuro e a estratégia, e não apenas os números refletindo o passado. Olhar para os desafios do futuro força os conselhos a colocarem a cultura da organização também na pauta.

A ampliação da diversidade nos conselhos também tem muito a ver com a questão da transformação organizacional. Precisamos de times diversos para ter uma pluralidade de olhares e visões complementares nos conselhos, contribuindo para decisões mais discutidas, considerando diferentes pontos de vistas, e, por isso mesmo, mais precisas.

A pauta da diversidade de gênero em conselho é relativamente recente e os indicadores são crescentes, ainda que em patamares tímidos. De 2019 para 2023, segundo o Board Index Brasil, elaborado pela Spencer Stuart, o percentual de mulheres em conselhos cresceu de 10,5% para 17,8%.[41] Quando trazemos um elemento diverso para o conselho, como incluir uma ou duas mulheres para um conselho predominantemente masculino, essas pessoas trazem um olhar novo para itens e temas que antes não eram abordados. A causa das mulheres em conselho tem muita força no país, com movimentos institucionais relevantes, tais como o Woman Corporate Directors (WCD), hoje com mais de 400 associadas, e o Programa de Diversidade em Conselhos (PDeC), iniciativa do IBGC, com

---

[41] Disponível em: https://www.spencerstuart.com/research-and-insight/brasil-board-index/trends.

apoio do IFC, B3 e Egon Zehnder, em sua oitava edição em 2024. As conselheiras estão cada vez mais qualificadas e vêm com muita energia para essas posições, trazendo ideias mais modernas e tendências internacionais para dentro da sala do conselho. A diversidade de gênero nos conselhos tem sido uma temática prioritária na agenda da governança, inclusive com premiações para as companhias listadas que tenham pelo menos duas mulheres no conselho, como o selo Women on Board (WOB), e metas para, em 2025, aumentar para 30% a presença feminina das empresas listadas no IBrX100, objetivo do 30%Club – Chapter Brazil.

A presença feminina nos conselhos tem levado a uma maior atenção a questões de sustentabilidade, cultura e bem-estar, como demonstrado por um estudo do IFC[42] que correlaciona a presença de mulheres em conselhos com a valorização de pautas temáticas, como questões climáticas. Esse movimento indica uma mudança na dinâmica e na tomada de decisões nos conselhos, influenciando a forma como as empresas lidam com questões estratégicas e de longo prazo.

A pauta da diversidade racial também está sendo trabalhada, com destaque para o Conselheira 101, programa de formação para conselheiras negras e indígenas, já na quinta turma. Estudo realizado pela B3 com 343 companhias listadas indica números irrisórios para recorte racial nos conselhos:[43] 13 companhias (3,8%) contam com uma única pessoa preta, apenas uma companhia conta com duas pessoas pretas e também apenas uma conta com três ou mais

---

42 Disponível em: https://womenasleversofchange.com/#environment.
43 Disponível em: https://b3.com.br/pt_br/noticias/mulheres-e-pessoas-negras-seguem-distantes-dos-cargos-de-alta-lideranca-das-empresas-de-capital-aberto.htm.

pessoas pretas nos seus conselhos de administração, portanto, casos isolados.

Já a diversidade de orientação sexual nem sequer figura nos estudos, e enfrenta desafios adicionais, especialmente se considerarmos a complexidade do mapeamento de pessoas que se declaram LBGTQIA+. Pesquisa do IBDEE[44] indicou que apenas uma de 61 empresas (1,6%) possuía em seu conselho uma pessoa LBGTQIA+. Dentre possíveis razões, podemos suscitar questões de foro íntimo, seja devido a preocupações com proteção e preservação da sua identidade, seja com preconceitos e discriminação.

De todo modo, repensar a cultura organizacional nesse mundo de mudança constante exige um time plural, e para isso é fundamental construir um ambiente organizacional diverso, receptivo, acolhedor, que transmita abertura e segurança psicológica para que a diversidade em todas as suas acepções tenha espaço efetivo.

À medida que os conselheiros precisam dedicar mais tempo olhando para o futuro, você acha que eles estão preparados para isso? Muitos ainda parecem desatualizados em relação à evolução tecnológica e à velocidade das mudanças. Os conselheiros se sentem prontos para o exercício de futurismo necessário para planejar ações e estratégias, entender a evolução do comportamento do consumidor e as mudanças culturais, e identificar oportunidades e ameaças no novo cenário?

Esse exercício estratégico visa alcançar a competência esperada de um conselho como um colegiado diligente. Exercícios de futurologia, por exemplo, estão sendo oferecidos nos cursos de

---

44   Disponível em: https://ibdee.org.br/pesquisa-diversidade-nos-conselhos/.

formação para conselheiros ministrados pelo IBGC, a casa da governança. A Comissão Conselho do Futuro, do IBGC, propõe exercícios de cenarização, fazendo reflexões e inspirando empresas a evitar o Vale da Morte.

A pesquisa Conselheiros – dedicação de tempo dentro e fora das salas de conselho, realizada pela Better Governance e pelo IBGC,[45] indicou que os conselhos de administração estão dedicando mais tempo em reuniões olhando para o futuro do que para o passado, subindo de 39% para 48% de 2020 para 2021.

Em termos de melhores práticas, é recomendável que a organização faça um planejamento estratégico e incorpore o exercício de futurologia, não só pelo futuro em si, mas também pela questão do risco do negócio. Mesmo sem verba para contratar uma consultoria, é possível trabalhar em um calendário de temas-chave, tendências, incluindo na agenda do ano um planejamento estratégico com visão de futuro. Distribuir as pautas do conselho de maneira que inclua, primeiro, o tema central de projeção e futuro, depois temas recorrentes, e, por último, as tendências, já direciona os conselheiros para esse foco.

Adotar um método, com ritos e processos, e primar por dinâmica funcional das reuniões de conselho é fundamental. O presidente do conselho deve estar devidamente atualizado, buscando referências para inspirar as pautas das reuniões do colegiado. Se o conselho tem suporte de um *governance officer* – profissional responsável pela gestão da governança e por impulsionar as pautas do conselho –, é crucial que esse profissional também esteja conectado às tendências de mercado, aos temas priorizados pelos conselhos.

---

45 Disponível em: https://conhecimento.ibgc.org.br/Lists/Publicacoes/Attachments/24496/Pesquisa%20Conselheiros%20Dedica%c3%a7%c3%a3o%20de%20Tempo_2%c2%aa%20Edi%c3%a7%c3%a3o_VFinal.pdf.

Todos os anos, são lançados relatórios sobre as tendências e preocupações dos conselhos. Alguém leu esses relatórios? Alguém fez uma análise e considerou esses temas para regionalizar e trazer para o contexto da organização?

É importante lembrar o papel do conselheiro, daquilo que é esperado e já incorporado nos cursos de formação mais conhecidos no Brasil. Também é crucial lembrar o papel do presidente do conselho e do *governance officer*, não só na pauta temática, mas em cada reunião, para garantir que o pensamento estratégico entre na agenda. Caso contrário, as urgências sempre acabarão se sobrepondo às questões importantes, que não podem ser esquecidas.

As empresas costumavam definir seu jeito de ser e seus valores uma única vez, colocavam isso em um quadro na parede e nunca mais mudavam. Agora, tenho a sensação de que há uma revisitação sistêmica para pensar se o que valorizamos ainda é relevante e se nossa visão de futuro ainda está alinhada. Você percebe essa dinâmica quando discute estratégia? Parece que, de tempos em tempos, precisamos reavaliar nosso caminho para garantir que ainda estamos na direção certa. Ou essa é apenas uma impressão minha?

Entendo que seja importante sim revisitar a missão, os valores e o propósito da empresa, assim como a visão de futuro, contanto que isso seja feito respeitando os ciclos de vida das organizações. Não saberia dizer com qual frequência, pois isso deve ser muito casuístico, atrelado, por exemplo, à chegada de um novo sócio, uma nova geração na empresa, uma reestruturação relevante, um novo patamar de maturidade. Por outro lado, noto que as organizações estão revisando os planejamentos estratégicos, que eram para dez, cinco anos, com mais frequência. Os valores, missão e propósito deveriam ser mais estáveis, e não revisados com a mesma frequência que o planejamento estratégico, que deriva desse arcabouço que forma a identidade e o DNA de uma organização. Eles deveriam ser mais duradouros, e alguém deveria ser o guardião dessa cultura, preservando esses valores, princípios e a visão de futuro alinhada pelos sócios. Acredito que o conselho, quando instalado, senão os próprios sócios, deveriam exercer essa função.

Como você percebe o espaço dedicado às discussões sobre tecnologia nos conselhos, atualmente? Além do uso de dados para a tomada de decisão, como a inteligência artificial está sendo integrada às questões estratégicas dos conselhos?

A tecnologia, a transformação digital, a inteligência artificial e a cibersegurança são temas interligados que estão no centro das discussões sobre a evolução dos negócios. Esses temas têm um espaço cativo na sala dos conselhos, e devem permear todo o exercício do pensar estratégico, de uma maneira transversal, conectados a todas as decisões tomadas no âmbito dos conselhos, o que é reforçado pela pesquisa anual elaborada pela EY sobre as prioridades dos conselhos de 2024, que lista "Inovação e tecnologias emergentes" como o quarto tema mais prioritário, perdendo apenas para condições econômicas, alocação de capital e segurança cibernética e privacidade de dados.

Convém que esses temas sejam destacados na agenda temática do conselho, com reuniões dedicadas a essas pautas. Algumas empresas, inclusive, criam comitês de assessoramento ao conselho para tratar desses assuntos com maior profundidade, além de promover e incentivar que os seus conselheiros busquem qualificação contínua em ambientes de inovação.

A pergunta que devemos fazer é: nossos colegiados estão tecnicamente preparados para enfrentar essas questões? Como saber se estamos com os times certos para os desafios que a IA nos apresenta?

Uma boa prática é promover avaliações periódicas dos conselhos, enquanto órgãos colegiados, e dos conselheiros, individualmente. A partir dessa avaliação, é possível mapear a matriz de competências do grupo e entender quais expertises estão embarcadas dentro do colegiado. Muitas vezes, constatamos que o quadro de conselheiros atual não contempla as *skills* necessárias para lidar com os desafios estratégicos da organização, gerando a demanda de revisitar a composição do conselho.

Hoje percebo uma demanda crescente por profissionais com habilidades para algumas áreas, em especial para a transformação digital, mas também para sustentabilidade. Para aqueles que se concentram apenas nas competências clássicas, como finanças, pessoas, governança corporativa, a competição com conselheiros mais antigos e experientes pode ser acirrada. É fundamental buscar profissionais com perfis que incorporem essas novas demandas do mercado.

Então, o que você está nos dizendo é que há uma migração nos conselhos e que pode estar ocorrendo um *upskilling* organizacional. Novas competências exigidas pelas organizações estão refletindo na necessidade de conselheiros com novas habilidades. Essa transformação organizacional está demandando competências distintas e conselheiros com capacidades diferentes. Mais do que trazer diversidade, é necessário trazer competências cognitivas diversas. Isso significa também que há uma necessidade de adaptação dos conselheiros atuais para as novas exigências?

Acredito que sim. Percebo muitos conselheiros buscando cursos sobre ESG, formação em inovação e tecnologia, novos olhares sobre pessoas, cursos sobre *soft skills*.

Sobre diversidade de gênero, por exemplo, observo ainda algumas barreiras à ascensão de mulheres aos conselhos. As mulheres que ocuparam posições em conselhos até a década passada parecem ter se encaixado em um estilo predominante à época, mais duro, adaptado ao estilo de liderança vigente. Elas alcançaram o sucesso porque naquela época foi necessário romper barreiras daquele jeito, o único então possível.

Hoje noto uma interação entre diferentes perfis: mulheres da geração anterior mentorando as da atual, menos disputa, mais colaboração; menos competição, mais sororidade; conselheiras impulsionando a agenda da diversidade dentro das companhias para que outras mulheres também ocupem espaços de liderança. Esses são exemplos de dinâmicas que estão mudando a composição e o funcionamento dos conselhos.

Quando cultura e gestão de pessoas estão em pauta, não se trata apenas de *hard skills*, mas também de *soft skills* e do uso de ferramentas de comunicação adequadas. É muito importante saber como interagir no ambiente colegiado, sem interromper espaços de fala, sem apropriação de ideias alheias, sem vetar o novo, novos olhares, novas perspectivas. Isso é criar um ambiente propício e seguro para que a diversidade cognitiva seja efetivamente exercida dentro da sala do conselho.

Em um conselho de administração, todos, teoricamente, têm o mesmo peso nas decisões. A dinâmica de como os assuntos são tratados faz toda a diferença. Por exemplo, o especialista fala por último, e o presidente do conselho também, para não influenciar a opinião dos demais. Seguindo a Regra de Robert,[46] cada membro fala uma vez e só volta a falar quando o próximo assunto é abordado.

Essa dinâmica pode favorecer um processo de tomada de decisão mais equilibrado, livre de vieses, mais debatido e informado. A preparação dos conselheiros também é crucial: o envio de materiais prévios, com orientações claras, e a definição clara do objetivo da reunião ajudam os conselheiros a entender por que estão ali e o que se espera deles nesse contexto.

---

46 Refere-se a um conjunto de regras e procedimentos amplamente utilizado para a condução de reuniões e assembleias deliberativas. Formalmente conhecidas como "*Robert's Rules of Order*", essas regras foram compiladas pelo general Henry Martyn Robert em 1876 para ajudar grupos a conduzirem reuniões de maneira ordenada, justa e eficiente.

Posfácio

Os preceitos e conceitos deste livro começaram a ser construídos em 2016, quando iniciei meu doutorado em Psicologia Social na Universidad Kennedy em Buenos Aires, Argentina. Durante meus estudos, fui atraído pela ideia de adaptabilidade, especialmente no contexto da Quarta Revolução Industrial, uma expressão usada para descrever a transformação e a velocidade das mudanças no ambiente de negócios global. Embora não soubesse a dimensão e a importância que esse tema tomaria na atualidade e na minha carreira, meu objetivo era entender como as organizações poderiam influenciar a adaptabilidade de carreira de seus colaboradores, tornando-os mais preparados para enfrentar um futuro incerto.

Cabe reforçar que a psicologia social, área de estudo do meu doutorado, é a ciência que investiga a relação entre o meio social e o indivíduo – como o comportamento é moldado pela interação entre a personalidade e as influências do ambiente ao seu redor. Ao me apropriar desse escopo de atuação, fiquei intrigado em compreender como essa dinâmica se manifesta no contexto organizacional. Especificamente, quis entender de que maneira o ambiente das organizações impacta a capacidade laboral e a empregabilidade dos trabalhadores. Essa curiosidade me levou a explorar como as organizações, por meio de suas culturas, valores e práticas, influenciam a adaptabilidade de seus trabalhadores e, consequentemente, sua capacidade de gerar trabalho e renda em um cenário de mudanças constantes.

Na modernidade, os sucessos e fracassos profissionais são frequentemente atribuídos exclusivamente aos indivíduos. Minha tese buscou entender e desmistificar essa questão. Será que as organizações têm alguma responsabilidade pelo aumento ou diminuição da capacidade de gerar trabalho e renda de seus colaboradores?

A partir disso, escolhi como tema central a adaptabilidade, pois acreditava que ela vinha em complemento à resiliência, uma palavra fortemente usada no contexto organizacional daquela época. Enquanto resiliência, em síntese, trata da capacidade de "resistir" para superar pressões, a adaptabilidade é a capacidade de "transformar e transformar-se". A partir desse fundamento simples, iniciei meus estudos na busca da compreensão de como diferentes culturas organizacionais e ambientes de trabalho poderiam impactar a capacidade dos trabalhadores de se adaptarem às mudanças constantes. Investiguei diversas empresas, analisando como suas práticas e valores organizacionais influenciavam a obsolescência laboral – a perda da capacidade de gerar trabalho e renda – entre seus colaboradores.

Uma das descobertas mais significativas da minha tese foi a validação da relação entre obsolescência laboral e cultura organizacional, além do ambiente de segurança psicológica. Ficou claro que certos valores organizacionais, como a valorização da aprendizagem contínua, a promoção da flexibilidade e a inovação, podem reduzir significativamente a obsolescência laboral. Por outro lado, culturas rígidas e inflexíveis, que desencorajam a experimentação e a criatividade, tendem a diminuir a adaptabilidade de carreira, promovendo menores condições para enfrentar os desafios profissionais e, por consequência, uma menor capacidade de gerar trabalho e renda. Além disso, a pesquisa demonstrou uma correlação consistente entre um ambiente de maior segurança psicológica e uma maior adaptabilidade de carreira, resultando em menor obsolescência no trabalho. Em ambientes onde os colaboradores se sentiam seguros para expressar suas ideias e assumir riscos sem medo de represálias, a adaptabilidade florescia.

Ao estudar esse universo da adaptabilidade humana e organizacional, percebi que a aprendizagem é o ponto nuclear de toda transformação. Seja uma transformação pessoal ou organizacional, ela sempre envolve um processo contínuo de aprendizado. A capacidade de aprender, desaprender e reaprender é o que permite aos indivíduos e organizações se transformarem proativamente, antecipando e respondendo às mudanças de maneira eficaz. Outra descoberta importante foi que as organizações, de modo geral, possuem esforços assinérgicos e desinérgicos, devido à falta de alinhamento e integração. Isso significa que muitas iniciativas são conduzidas de forma isolada por diferentes departamentos, áreas e lideranças, sem uma coordenação central que unifique e direcione esses esforços. Como resultado, em vez de trabalhar de forma harmoniosa para alcançar objetivos comuns, as ações acabam sendo fragmentadas e, frequentemente, conflitantes, levando a uma diminuição da eficácia e potencial das iniciativas organizacionais. Essa falta de sinergia pode causar desperdício de recursos, tempo e energia, além de gerar frustrações e reduzir a capacidade da organização de inovar e se adaptar às mudanças do mercado. Esse entendimento me levou à concepção do Modelo Integrativo para Transformação Organizacional (Mitro).

O Mitro é mais do que uma metodologia; é um modelo de execução estratégica. Toda execução estratégica é, em essência, um processo de transformação – uma travessia da posição atual da organização para o ponto onde ela deseja estar. Esse modelo oferece uma estrutura clara e integrada para guiar esse percurso, permitindo uma maior integração de todas as partes da organização, resultando em um alinhamento e trabalho sinérgico para alcançar objetivos comuns.

O Mitro incorpora a necessidade de uma abordagem holística, na qual a adaptabilidade individual e organizacional é cultivada por meio da cultura de aprendizagem contínua, do ambiente de segurança psicológica e do desenvolvimento constante de competências. Ele enfatiza a importância de criar uma cultura organizacional que valorize a inovação, a experimentação e a flexibilidade. A transformação organizacional eficaz requer não apenas a implementação de novas estratégias e processos, mas também a transformação dos valores e comportamentos que sustentam a organização.

Ao aplicar o Mitro, os líderes tornam suas iniciativas de transformação sistêmicas e mais sinérgicas, minimizando desperdícios oriundos da fragmentação ou falta de coordenação. Todas as iniciativas estarão interligadas, criando um tecido organizacional robusto, flexível e adaptável, facilitando a execução da estratégia e promovendo uma cultura de adaptabilidade que prepara a organização para enfrentar futuros desafios com confiança e eficácia.

Transformar-se ou transformar uma organização de forma proativa é, em essência, um processo de aprendizagem contínua. Este livro deseja oferecer um guia detalhado para organizações que buscam ir além da sobrevivência, prosperando em tempos de mudança constante, fornecendo a elas as ferramentas e insights necessários para cultivar sua cultura de adaptabilidade e inovação, integrando iniciativas e esforços para uma transformação organizacional efetiva.

A travessia para a execução estratégica é um empreendimento contínuo e desafiador que exige incrementos constantes de adaptabilidade organizacional, especialmente em um ambiente corporativo dinâmico e competitivo. *Adaptabilidade – Modelo Integrativo para Transformação Organizacional* tem a intenção de orientar, iluminar e apoiar esse caminho, cujo percurso e destino está e estará sempre em constante reformulação.

Cada seção foi planejada para proporcionar compreensão e prática sobre como conduzir mudanças significativas e sustentáveis, sendo a adaptabilidade um conceito central nesse modelo. Ela não se limita à simples reação às mudanças, mas envolve a capacidade de antecipar tendências, identificar oportunidades e agir proativamente para moldar o futuro. Essa habilidade é essencial para líderes que desejam criar organizações preparadas para enfrentar qualquer desafio que possa surgir.

Nesse sentido, o Ciclo de Aprendizagem de Competência (CAC), detalhado neste livro, é uma ferramenta prática e poderosa que pode ser adaptada e aplicada em diversos contextos empresariais, reforçando a cultura da aprendizagem. Por meio do CAC, a aplicação do Mitro pode apoiar a preparação de suas equipes e estruturas para um amanhã incerto e cheio de oportunidades e desafios, permitindo que continuem a explorar, questionar e inovar, mantendo sempre a adaptabilidade como um valor central em suas estratégias.

Agora, a verdadeira transformação está em suas mãos. Leve os conceitos discutidos aqui para suas equipes e organizações. Inicie diálogos sobre adaptabilidade, promova a cultura de aprendizagem contínua, crie ambientes seguros para a inovação e faça gestão, disseminação e renovação do conhecimento. A mudança começa com pequenas ações diárias e integradas que, somadas, criam um impacto duradouro.

Considere este livro um guia e uma inspiração. Desejo que esta obra sirva como uma bússola para todos os líderes e profissionais de recursos humanos que buscam transformar suas organizações em ambientes mais adaptativos, prósperos e sustentáveis.

Vamos, juntos, construir um futuro no qual a transformação contínua é a norma, e não a exceção. Um futuro em que a adaptabilidade é celebrada e promovida como um valor essencial para o sucesso profissional e organizacional.

Que este livro inspire ações concretas e duradouras, levando a mudanças positivas em todas as áreas de sua organização. Me sinto honrado e realizado por essa possibilidade.

Com gratidão e esperança,

Marcus Ronsoni

Notas finais

1. SOUTO, Rafael. "Como planejar a sucessão no novo mundo do trabalho". *Valor Econômico*, 26 jan. 2023. Disponível em: https://valor.globo.com/carreira/coluna/como-planejar-a-sucessao-no-novo-mundo-do-trabalho.ghtml.
2. PURCHIO, Luísa. "O explosivo sucesso da ferramenta de IA da empresa fundada por Elon Musk". *Veja Negócios*, 6 dez. 2022. Disponível em: https://veja.abril.com.br/economia/o-explosivo-sucesso-da-ferramenta-de-ia-da-empresa-fundada-por-elon-musk/.
3. RESHI, Ammaar. *Alice and Sparkle*. São Francisco: Blurb, 2024.
4. FERREIRAZ, Octávio. "ChatGPT: Homem utiliza IA para escrever e publicar livro em menos de 72 horas; entenda". IGN Brasil, 17 jan. 2023. Disponível em: https://br.ign.com/tech-3/105618/news/chatgpt-homem-utiliza-ia-para-escrever-e-publicar-livro-em-menos-de-72h-entenda#:~:text=Nos%20Estados%20Unidos%2C%20o%20gerente%20de%20design%20Ammar,utilizado%20para%20o%20cria%C3%A7%C3%A3o%20das%20ilustra%C3%A7%C3%B5es%20da%20obra.
5. DAMÁSIO, António. *O erro de Descartes*: emoção, razão e o cérebro humano. São Paulo: Companhia das Letras, 2012.
6. TOMAZ, Carlos; GIUGLIANO, Lilian G. "A razão das emoções: um ensaio sobre 'O erro de Descartes'". *Estudos de Psicologia*, v. 2, nº 2, dez. 1997. Disponível em: https://www.scielo.br/j/epsic/a/h9g4nvbPw4Q5hxtQJmBJP9y/.

7   FRIEDMAN, Thomas L. *Obrigado pelo atraso*: um guia otimista para sobreviver em um mundo cada vez mais veloz. São Paulo: Companhia das Letras, 2017.
8   TRAFANE, Yure. *Resumo do Livro "A Quinta Disciplina" de Peter Senge*. Disponível em: https://ynner.com.br/blog/resumo-do-livro-a-quinta-disciplina/.
9   GROSSO, Federico. Inovação não é sinônimo de tecnologia. *Forbes Collab*, 2022. Disponível DAMÁSIO, António. *O erro de Descartes*: emoção, razão e o cérebro humano em: https://forbes.com.br/forbes-tech/2022/12/federico-grosso-inovacao-nao-e-sinonimo-de-tecnologia.
10 SENGE, Peter M. *A quinta disciplina*: a arte e prática da organização que aprende. Rio de Janeiro: BestSeller, 2018.
11 DESMOND, Adrian. *Darwin*: a vida de um evolucionista atormentado. São Paulo: Geração Editorial, 2000.
12 Idem, ibidem.
13 DESMOND, Adrian; MOORE, James R. *Darwin*. Londres: Penguin UK, 1992.
14 BROWNE, Janet. *A origem das espécies de Darwin*: uma biografia. Rio de Janeiro: Zahar, 2007.
15 MORAN, Emilio F. *Adaptabilidade humana*: uma introdução à antropologia ecológica. São Paulo: Editora Senac/Edusp, 1994, p. 221.
16 PLOYHART, R. E.; BLIESE, P. D. "Individual adaptability (I-ADAPT) theory: conceptualizing the antecedents, consequences, and measurement of individual differences in adaptability". In: BURKE, C. S.; PIERCE, L. G.; SALAS, E. (Orgs.). *Understanding adaptability*: a prerequisite for effective performance within complex environments. Bingley, UK: Emerald Group Publishing Limited, 2006.
17 SAVICKAS, Mark L. *Career adaptability*. Twinsburg: 48 Hour Books, 2021.
18 Idem, ibidem.
19 MARCOS, Alexandre. Postagem no Instagram @eusoualexandremarcos.
20 POPPER, Karl. *All life is problem solving*. Londres: Routledge, 2013.

21 MLODINOW, Leonard. *Elástico*: como o pensamento flexível pode mudar nossas vidas. Rio de Janeiro: Zahar, 2018.
22 PIAGET, Jean et al. *The origins of intelligence in children*. Nova York: International Universities Press, 1952.
23 STERNBERG, Robert J. et al. *Beyond IQ*: A triarchic theory of human intelligence. Cambridge: Cambridge University Press, 1985.
24 FARNHAM-DIGGORY, Sylvia. *Cognitive processes in education*: a psychological preparation for teaching and curriculum development. Nova York: Harper & Row, 1972.
25 *Pensamento lateral*. Disponível em: https://pt.wikipedia.org/wiki/. Pensamento_lateral; PUCRS Online. *Flexibilidade cognitiva*: conhece essa habilidade? 17 jun. 2024. Disponível em: https://online.pucrs.br/blog/flexibilidade=-cognitiva-conhece-essa-habilidade#:~:text-O%20que%20%C3%A9%20flexibilidade%20cognitiva,chegar%20a%20um%20mesmo%20objetivo.
26 *O QUE É a flexibilidade cognitiva*. Disponível em: https://www.cognifit.com/br/habilidade-cognitiva/recontextualizacao.
27 KANT, Immanuel. *Crítica da razão pura*. São Paulo: Edipro, 2020.
28 PEIRCE, Charles S.; COHEN, Morris R.; DEWEY, John. "The fixation of belief 1". In: PEIRCE, Charles S. *Chance, love, and logic*: philosophical essays. Londres: Routledge, 2017, p. 7-31.
29 *O QUE É a flexibilidade cognitiva*. Disponível em: https://www.cognifit.com/br/habilidade-cognitiva/recontextualizacao.
30 MAZNEVSKI, Martha L. "Understanding our differences: performance in decision-making groups with diverse members". *Human Relations*, v. 47, nº 5, p. 531-552, 1994.
31 YUKL, Gary; MAHSUD, Rubina. Why flexible and adaptive leadership is essential. *Consulting Psychology Journal*: Practice and Research, v. 62, nº 2, p. 81, 2010.
32 MINTZBERG, H. *The nature of managerial work*. Nova York: Harper & Row, 1973.
33 YUKL, Gary; MAHSUD, Rubina. Op. cit.
34 Idem, ibidem.
35 Idem, ibidem.

36 KAISER, R. B.; LINDBERG, J. T.; CRAIG, S. B. (2007). "Assessing the flexibility of managers: A comparison of methods". *International Journal of Selection and Assessment*, v. 15, p. 40-55, 2007.

37 YUKL, Gary; MAHSUD, Rubina. Op. cit.

38 DENNIS, John P.; VANDER WAL, Jillon S. "The cognitive flexibility inventory: Instrument development and estimates of reliability and validity". *Cognitive Therapy and Research*, v. 34, n° 3, p. 241-253, 2010.

39 Idem, ibidem.

40 CANAS, Jose et al. "Cognitive flexibility and adaptability to environmental changes in dynamic complex problem-solving tasks". *Ergonomics*, v. 46, n° 5, p. 482-501, 2003.

41 ROLOFF, Michael E.; BERGER, Charles R. "Social cognition and communication: An introduction". In: ROLOFF, Michael E.; BERGER, Charles R. *Social cognition and communication*. Nova York: Sage, 1982.

42 MARTIN, Matthew M.; RUBIN, Rebecca B. "A new measure of cognitive flexibility". *Psychological Reports*, v. 76, n° 2, p. 623-626, 1995.

43 BANDURA, Albert. "Self-efficacy: toward a unifying theory of behavioral change". *Psychological Review*, v. 84, n° 2, p. 191, 1977.

44 MARTIN, Matthew M.; RUBIN, Rebecca B. Op. cit.

45 Idem, ibidem.

46 YOUNG, Jeffrey E. et al. "Cognitive therapy for depression". In: BARLOW, D. H. (Ed.). *Clinical handbook of psychological disorders*: a step-by-step treatment manual. 4ª ed. Nova York: The Guilford Press, 2014, p. 250-305.

47 Idem, ibidem.

48 BECK, Aaron T. *Depression*: clinical, experimental and theoretical aspects. Nova York: Harper & Row, 1967.

49 BECK, Judith *Cognitive therapy*: basics and beyond. Nova York: Guilford, 1995.

50 HOLLON, Steven D. Cognitive therapy in the treatment and prevention of depression. The interpersonal, cognitive, and social nature of depression, p. 133-151, 2006.

51 YOUNG, Jeffrey E. et al. Op. cit.; FRESCO, David M.; RYTWINSKI, Nina K.; CRAIGHEAD, Linda W. "Explanatory flexibility and negative life events interact to predict depression symptoms". *Journal of Social and Clinical Psychology*, v. 26, nº 5, p. 595, 2007; MOORE, Michael T.; FRESCO, David M. "The relationship of explanatory flexibility to explanatory style". *Behavior Therapy*, v. 38, nº 4, p. 325-332, 2007; TEASDALE, John D. et al. "How does cognitive therapy prevent relapse in residual depression? Evidence from a controlled trial". *Journal of Consulting and Clinical Psychology*, v. 69, nº 3, p. 347, 2001.

52 BILGIN, Mehmet. "Developing a cognitive flexibility scale: Validity and reliability studies". *Social Behavior and Personality*: An International Journal, v. 37, nº 3, p. 343-353, 2009.

53 ANDERSON, Carolyn M. "Aggressive communication traits and their relationships with the cognitive flexibility scale and the communication flexibility scale". *Journal of Social Behavior and Personality*, v. 13, nº 3, p. 531-540, 1998.

54 RUBIN, Rebecca B.; MARTIN, Matthew M. "Development of a measure of interpersonal communication competence". *Communication Research Reports*, v. 11, nº 1, p. 33-44, 1994.

55 MARTIN, Matthew M.; ANDERSON, Carolyn M. "The cognitive flexibility scale: Three validity studies". *Communication Reports*, v. 11, nº 1, p. 1-9, 1998; MARTIN, Matthew M. et al. "Celebrity Worship and Cognitive Flexibility". *North American Journal of Psychology*, v. 5, nº 1, 2003.

56 GARDNER, Howard. *Multiple intelligences*: the theory in practice. Nova York: Basic Books, 1993; GOLEMAN, Daniel. *Emotional intelligence*: why it matters more than IQ. Londres: Bloomsbury, 1996.

57 BILGIN, Mehmet. "Developing a cognitive flexibility scale: Validity and reliability studies". *Social Behavior and Personality: An International Journal*, v. 37, nº 3, p. 343-353, 2009.

58 ANDERSON, Carolyn M. "Aggressive communication traits and their relationships with the cognitive flexibility scale and the

communication flexibility scale". *Journal of Social Behavior and Personality*, v. 13, nº 3, p. 531-540, 1998.

59 GUERRA, Cristina Gama; CANDEIAS, Adelinda; PRIETO, Gerardo. "Flexibilidade cognitiva: repensar o conceito e a medida da inteligência". *Cognição, Aprendizagem e Rendimento*, v. 1, nº 6, p. 20, 2014.

60 MILLER, Earl K. et al. "An integrative theory of prefrontal cortex function". *Annual Review of Neuroscience*, v. 24, nº 1, p. 167-202, 2001.

61 PAYNE, John W. et al. *The adaptive decision maker*. Cambridge: Cambridge University Press, 1993.

62 CANAS, Jose J.; FAJARDO, Inmaculada; SALMERON, Ladislao. "Cognitive flexibility". *International Encyclopedia of Ergonomics and Human Factors*, v. 1, nº 3, p. 297-301, 2006.

63 ANZAI, Yuichiro; YOKOYAMA, Tohru. "Internal models in physics problem solving". *Cognition and Instruction*, v. 1, nº 4, p. 397-450, 1984; FRENSCH, Peter A.; STERNBERG, Robert J. "Expertise and intelligent thinking: When is it worse to know better?". *Advances in the Psychology of Human Intelligence*, v. 5, p. 157-188, 1989.

64 FRENSCH, Peter A.; STERNBERG, Robert J. "Expertise and intelligent thinking: When is it worse to know better?". *Advances in the Psychology of Human Intelligence*, v. 5, p. 157-188, 1989.

65 ANZAI, Yuichiro; YOKOYAMA, Tohru. "Internal models in physics problem solving". *Cognition and Instruction*, v. 1, nº 4, p. 397-450, 1984.

66 EDLAND, A.; SVENSON, O.; HOLLNAGEL, E. "A process for identification of weak spots in a severe incident management sequence". *Confronting Reality, Proceedings of the Tenth European Conference on Cognitive Ergonomics*. EACE, Linköping, 2000.

67 CANAS, Jose J.; FAJARDO, Inmaculada; SALMERON, Ladislao. "Cognitive flexibility". *International Encyclopedia of Ergonomics and Human Factors*, v. 1, nº 3, p. 297-301, 2006.

68 DWECK, Carol S. *Mindset*: a nova psicologia do sucesso. Rio de Janeiro: Objetiva, 2017.

69 Idem, ibidem.
70 CARVER, Charles S.; SCHEIER, Michael F. *On the self-regulation of behavior*. Cambridge: Cambridge University Press, 2001.
71 DWECK, Carol S. *Self-theories*: their role in motivation, personality, and development. Philadelphia: The Psychology Press, 1999.
72 DWECK, Carol S. *Mindset*: a nova psicologia do sucesso. Rio de Janeiro: Objetiva, 2017.
73 PLAKS, Jason E.; LEVY, Sheri R.; DWECK, Carol S. "Lay theories of personality: Cornerstones of meaning in social cognition". *Social and Personality Psychology Compass*, v. 3, nº 6, p. 1069-1081, 2009.
74 DWECK, Carol S. *Self-theories*: their role in motivation, personality, and development. Philadelphia: The Psychology Press, 1999; Idem. *Mindset*: a nova psicologia do sucesso. Rio de Janeiro: Objetiva, 2017.
75 PLAKS, Jason E.; LEVY, Sheri R.; DWECK, Carol S. "Lay theories of personality: Cornerstones of meaning in social cognition". *Social and Personality Psychology Compass*, v. 3, nº 6, p. 1069-1081, 2009; DWECK, Carol S.; CHIU, Chi-yue; HONG, Ying-yi. "Implicit theories and their role in judgments and reactions: A word from two perspectives". *Psychological Inquiry*, v. 6, nº 4, p. 267-285, 1995; SPINATH, Birgit et al. "Implicit theories about personality and intelligence and their relationship to actual personality and intelligence". *Personality and Individual Differences*, v. 35, nº 4, p. 939-951, 2003.
76 CHIU, Chi-yue et al. "Implicit theories and conceptions of morality". *Journal of Personality and Social Psychology*, v. 73, nº 5, p. 923, 1997; LEVY, Sheri R.; STROESSNER, Steven J.; DWECK, Carol S. "Stereotype formation and endorsement: The role of implicit theories". *Journal of Personality and Social Psychology*, v. 74, nº 6, p. 1421, 1998.
77 ERDLEY, Cynthia A.; DWECK, Carol S. "Children's implicit personality theories as predictors of their social judgments". *Child Development*, v. 64, nº 3, p. 863-878, 1993.
78 GERVEY, Benjamin M. et al. "Differential use of person information in decisions about guilt versus innocence: The role of implicit

79   CHIU, Chi-yue et al. "Implicit theories and conceptions of morality". *Journal of Personality and Social Psychology*, v. 73, n° 5, p. 923, 1997.

80   LEVY, Sheri R.; STROESSNER, Steven J.; DWECK, Carol S. "Stereotype formation and endorsement: The role of implicit theories". *Journal of Personality and Social Psychology*, v. 74, n° 6, p. 1421, 1998.

81   BLACKWELL, Lisa S.; TRZESNIEWSKI, Kali H.; DWECK, Carol S. "Implicit theories of intelligence predict achievement across an adolescent transition: A longitudinal study and an intervention". *Child Development*, v. 78, n° 1, p. 246-263, 2007; ROBINS, Richard W.; PALS, Jennifer L. "Implicit self-theories in the academic domain: Implications for goal orientation, attributions, affect, and self-esteem change". *Self and Identity*, v. 1, n° 4, p. 313-336, 2002.

82   CHIU, Chi-yue et al. "Implicit theories and conceptions of morality". *Journal of Personality and Social Psychology*, v. 73, n° 5, p. 923, 1997; MILLER, Claude H.; BURGOON, Judee K.; HALL, John R. "The effects of implicit theories of moral character on affective reactions to moral transgressions". *Social Cognition*, v. 25, n° 6, p. 819-832, 2007.

83   HESLIN, Peter A.; VANDEWALLE, D. O. N.; LATHAM, Gary P. "Keen to help? Managers' implicit person theories and their subsequent employee coaching". *Personnel Psychology*, v. 59, n° 4, p. 871-902, 2006.

84   KARAFANTIS, Dina M.; LEVY, Sheri R. "The role of children's lay theories about the malleability of human attributes in beliefs about and volunteering for disadvantaged groups". *Child Development*, v. 75, n° 1, p. 236-250, 2004.

85   FERREIRA, Frederico Leocádio; SHIGAKI, Helena Belintani; GONÇALVES, Carlos Alberto. "Potencial empreendedor interno sob o prisma do mindset de crescimento e dos Cinco Grandes Traços de Personalidade: Proposição de um modelo teórico". *Desenvolvimento Em Questão*, v. 20, n° 58, p. e11628-e11628, 2022.

86 YEAGER, David S.; LEE, Hae Yeon; JAMIESON, Jeremy P. "How to improve adolescent stress responses: Insights from integrating implicit theories of personality and biopsychosocial models". *Psychological Science*, v. 27, nº 8, p. 1078-1091, 2016.

87 DWECK, Carol S. *Mindset*: a nova psicologia do sucesso. Rio de Janeiro: Objetiva, 2017.

88 SCHRODER, Hans S. et al. "Evaluating the domain specificity of mental health–related mind-sets". *Social Psychological and Personality Science*, v. 7, nº 6, p. 508-520, 2016; BEDFORD, Susannah. "Growth mindset and motivation: A study into secondary school science learning". *Research Papers in Education*, v. 32, nº 4, p. 424-443, 2017; BURNETTE, Jeni L. et al. "Mind-sets matters: a meta-analytic review of implicit theories and self-regulation". *Psychological Bulletin*, v. 139, nº 3, 2013; ZENG, Guang; HOU, Hanchao; PENG, Kaiping. "Effect of growth mindset on school engagement and psychological well-being of Chinese primary and middle school students: The mediating role of resilience". *Frontiers in Psychology*, v. 7, p. 1873, 2016; YEAGER, David Scott et al. "The far-reaching effects of believing people can change: implicit theories of personality shape stress, health, and achievement during adolescence". *Journal of Personality and Social Psychology*, v. 106, nº 6, p. 867, 2014; TANG, Min; WERNER, Christian; KARWOWSKI, Maciej. "Differences in creative mindset between Germany and Poland: The mediating effect of individualism and collectivism". *Thinking Skills and Creativity*, v. 21, p. 31-40, 2016; FERREIRA, Frederico Leocádio; SHIGAKI, Helena Belintani; GONÇALVES, Carlos Alberto. "Potencial empreendedor interno sob o prisma do mindset de crescimento e dos Cinco Grandes Traços de Personalidade: Proposição de um modelo teórico". *Desenvolvimento em Questão*, v. 20, nº 58, p. e11628-e11628, 2022.

89 ÖZDURAN, Ali; TANOVA, Cem. "Manager mindsets and employee organizational citizenship behaviours". *International Journal of Contemporary Hospitality Management*, nº 1, p. 589-606, 2017;

89 ZINGONI, Matt; BYRON, Kris. "How beliefs about the self influence perceptions of negative feedback and subsequent effort and learning". *Organizational Behavior and Human Decision Processes*, v. 139, p. 50-62, 2017; RATTAN, Aneeta; DWECK, Carol S. "What happens after prejudice is confronted in the workplace? How mindsets affect minorities' and women's outlook on future social relations". *Journal of Applied Psychology*, v. 103, nº 6, p. 676, 2018.

90 DWECK, C. S. *Mindset*: a nova psicologia do sucesso. Rio de Janeiro: Objetiva, 2017.

91 HESLIN, Peter A.; VANDEWALLE, D. O. N.; LATHAM, Gary P. "Keen to help? Managers' implicit person theories and their subsequent employee coaching". *Personnel Psychology*, v. 59, nº 4, p. 871-902, 2006; GONG, Yaping; HUANG, Jia-Chi; FARH, Jiing-Lih. "Employee learning orientation, transformational leadership, and employee creativity: The mediating role of employee creative self-efficacy". *Academy of Management Journal*, v. 52, nº 4, p. 765-778, 2009; CANIËLS, Marjolein C. J.; SEMEIJN, Judith H.; RENDERS, Irma H. M. "Mind the mindset! The interaction of proactive personality, transformational leadership and growth mindset for engagement at work". *Career Development International*, v. 23, nº 1, p. 48-66, 2018.

92 DWECK, C. S. *Mindset*: a nova psicologia do sucesso. Rio de Janeiro: Objetiva, 2017; COLLINS, Jim. *Empresas feitas para vencer*: por que algumas empresas alcançam a excelência... e outras não. São Paulo: Alta Books, 2018.

93 COLLINS, Jim. Op. cit.

94 BATEMAN, Thomas S.; CRANT, J. Michael. "Proactive behavior: Meaning, impact, recommendations". *Business Horizons*, v. 42, nº 3, p. 63-70, 1999.

95 PARKER, Sharon K.; BINDL, Uta K.; STRAUSS, Karoline. "Making things happen: A model of proactive motivation". *Journal of Management*, v. 36, nº 4, p. 827-856, 2010.

96 TZINER, Aharon. "How team composition affects task performance: Some theoretical insights". *Psychological Reports*, v. 57, nº 3, supl. p. 1111-1119, 1985.

97 BATEMAN, Thomas S.; CRANT, J. Michael. "Proactive behavior: Meaning, impact, recommendations". *Business Horizons*, v. 42, nº 3, p. 63-70, 1999.

98 KAMIA, Meiry; PORTO, Juliana B. "Desenvolvimento e validação da Escala de Comporta- mento Proativo nas Organizações-ECPO". *Avaliação Psicológica*, v. 8, nº 3, p. 359-367, 2009.

99 BAARD, Paul P.; DECI, Edward L.; RYAN, Richard M. "Intrinsic need satisfaction: a motivational basis of performance and weil-being in two work settings 1". *Journal of Applied Social Psychology*, v. 34, nº 10, p. 2045-2068, 2004; AMABILE, Teresa M.; KRAMER, Steven J. "Meeting the challenges of a person-centric work psychology". *Industrial and Organizational Psychology*, v. 4, nº 1, p. 116-121, 2011.

100 BATEMAN, Thomas S.; CRANT, J. Michael. "Proactive behavior: Meaning, impact, recommendations". *Business Horizons*, v. 42, nº 3, p. 63-70, 1999.

101 BALL-ROKEACH, Sandra J. "Valores e violência: um teste da tese da subcultura da violência". *American Sociological Review*, p. 736-749, 1973.

102 PARKER, Sharon K.; BINDL, Uta K.; STRAUSS, Karoline. "Making things happen: A model of proactive motivation". *Journal of Management*, v. 36, nº 4, p. 827-856, 2010.

103 Idem, ibidem.

104 BATEMAN, Thomas S.; CRANT, J. Michael. "Proactive behavior: Meaning, impact, recommendations". *Business Horizons*, v. 42, nº 3, p. 63-70, 1999.

105 WATERMAN, Robert H.; PETERS, Thomas J. *In search of excellence*: Lessons from America's best-run companies. Nova York: Harper & Row, 1982.

106 VARGAS, Jean David Polo et al. "Relationships between work design, engagement, and life satisfaction". *Psicología desde el Caribe*, v. 35, nº especial, 2019.

107 RYAN, Richard M.; DECI, Edward L. *Self-determination theory*: Basic psychological needs in motivation, development, and wellness. Nova York: The Guilford Press, 2017.

108 STAJKOVIC, Alexandre D.; LUTHANS, Fred. "Autoeficácia e desempenho relacionado ao trabalho: uma meta-análise". *Boletim psicológico*, v. 124, nº 2, p. 240, 1998.

109 BASS, Bernard M.; RIGGIO, Ronald E. *Transformational leadership*. Abingdon: Psychology Press, 2006.

110 HENNESSEY, Beth A.; AMABILE, Teresa M. "Reality, intrinsic motivation, and creativity". *American Psychologist*, v. 53, nº 6, p. 674-675, 1998.

111 ZENGER, Jack. "What Solid Research Actually Says About Performance Appraisals". *Forbes*, 12 out. 2017. Disponível em: https://www.forbes.com/sites/jackzenger/2017/10/12/what-solid-research--actually-says-about-performance-appraisals/?sh=7220c0e2b599.

112 *Adaptive Performance*. Disponível em: https://en.wikipedia.org/wiki/Adaptive_performance.

113 BLACK, J. Stewart. "Locus of control, social support, stress, and adjustment in international transfers". *Asia Pacific Journal of Management*, v. 7, nº 1, p. 1-29, 1990.

114 PULAKOS, Elaine D. et al. "Adaptability in the workplace: Development of a taxonomy of adaptive performance". *Journal of Applied Psychology*, v. 85, nº 4, p. 612, 2000.

115 NIESSEN, Cornelia; SWAROWSKY, Christine; LEIZ, Markus. "Age and adaptation to changes in the workplace". *Journal of Managerial Psychology*, v. 25, nº 4, p. 356-383, maio 2010.

116 PULAKOS, Elaine D. et al. "Adaptability in the workplace: Development of a taxonomy of adaptive performance". *Journal of Applied Psychology*, v. 85, nº 4, p. 612, 2000.

117 STEVENSON, Harold W.; AZUMA, Hiroshi; HAKUTA, Kenji (Eds.) *Child development and education in Japan*. W. H. Freeman & Co, 1986.

118 PULAKOS, Elaine D. et al. "Adaptability in the workplace: Development of a taxonomy of adaptive performance". *Journal of Applied Psychology*, v. 85, n° 4, p. 612, 2000.

119 XIONG, J.; LIU, Y.; LI, X. "Adaptive performance and work engagement: A self-determination theory perspective". *Journal of Business Research*, v. 98, p. 90-98, 2019.

120 LI, iX.; LI, Y.; TANG, Z. "Adaptive performance and job satisfaction: The mediating role of psychological capital". *Journal of Applied Psychology*, v. 105, n° 6, p. 597-604, 2020.

121 CHEN, Y.; WANG, L.; LI, Y. "The effects of adaptive performance on organizational citizenship behaviors and job performance: The mediating role of psychological capital". *Journal of Business Research*, v. 85, p. 292-300, 2018.

122 LEPINE, J. A.; JACKSON, S. L. "Adaptability to changing task demands: An integrative theoretical perspective and a review of the literature". *Human Performance*, v. 20, n° 4, p. 479-502, 2007.

123 MEARNS, K.; DAY, A. "Adaptive performance, stress, and health in organizations". *Journal of Organizational Behavior*, v. 26, n° 4, p. 447-465, 2005.

124 KOPPES, L. L.; KELLY, S. D.; MURHAM, D. L. "The role of coping in linking perceived demands and control with burnout and engagement among police officers". *Journal of Applied Psychology*, v. 92, n° 3, p. 837-845, 2007.

125 Idem, ibidem.

126 SALAS, J. et al. "Adaptive Performance and Work Stress: The Role of Personal and Work-Related Resources". *The Spanish Journal of Psychology*, v. 12, n° 1, p. 153-162, 2009.

127 PARK, J. H.; SONG, J. "The effect of transformational leadership on followers' adaptive performance: The mediating role of psychological empowerment". *Journal of Business Research*, v. 68, n° 2, p. 365-375, 2015.

128 AHOLA, K.; KIVIMÄKI, M.; VIRTANEN, M. "Adaptive Performance and Burnout: A Longitudinal Study Among Finnish Municipal Employees". *Journal of Occupational Health Psychology*, v. 13, n° 1, p. 70-79, 2008; SMITHER, J. W. "Adaptive performance: a review and agenda for future research". *Journal of Management*, v. 36, n° 1, p. 160-180, 2010; SCOTT, K. S.; BARNES, C. M. "Adaptive performance in organizations: a review and agenda for future research". *Human Resource Management Review*, v. 20, n° 1, p. 1-12, 2010.

129 LEE, J. Y.; LEE, J. H. "The impact of emotional intelligence on adaptive performance: The role of individual resilience". *Journal of Business Research*, v. 68, n° 2, p. 436-444, 2015.

130 SNYDER, C.; LOPEZ, S. *The scientific and practical explorations of human strengths*. Nova York: Sage, 2007.

131 PULAKOS, Elaine D. et al. "Adaptability in the workplace: Development of a taxonomy of adaptive performance". *Journal of Applied Psychology*, v. 85, n° 4, p. 612, 2000.

132 ANDERSON, Carl R. "Locus of control, coping behaviors, and performance in a stress setting: a longitudinal study". *Journal of Applied Psychology*, v. 62, n° 4, p. 446, 1977; CALLAN, Victor J.; TERRY, Deborah J.; SCHWEITZER, Robert. "Coping resources, coping strategies and adjustment to organizational change: direct or buffering effects?". *Work & Stress*, v. 8, n° 4, p. 372-383, 1994; JONES, Gareth R. "Socialization tactics, self-efficacy, and newcomers' adjustments to organizations". *Academy of Management Journal*, v. 29, n° 2, p. 262-279, 1986.

133 CHAO, Georgia T. et al. "Organizational socialization: Its content and consequences". *Journal of Applied Psychology*, v. 79, n° 5, p. 730, 1994.

134 O'CONNELL, David J.; MCNEELY, Eileen; HALL, Douglas T. "Unpacking personal adaptability at work". *Journal of Leadership & Organizational Studies*, v. 14, n° 3, p. 248-259, 2008.

135 ZEDECK, Sheldon; GOLDSTEIN, Irwin L. "The relationship between I/O psychology and public policy: a commentary". In:

	KEHOE, Jerard F. (Ed.). *Managing selection in changing organizations*: human resource strategies. Sebastopol: Pfeiffer, 1999.
136	SANCHEZ, Juan I.; LEVINE, Edward L. The analysis of work in the 20th and 21st centuries. In: ANDERSON, N. et al (Eds.). *Handbook of industrial, work and organizational psychology – V. 1: Personnel psychology*. Nova York: Sage, 2002.
137	OECD. *OECD Employment Outlook 2019*: The future of work. OECD Publishing, 2019.
138	MCKINSEY GLOBAL INSTITUTE. *Jobs lost, jobs gained*: What the future of work will mean for jobs, skills, and wages. 2017. Disponível em: https://www.mckinsey.com/featured-insights/future-of-work/jobs-lost-jobs-gained-what-the-future-of-work-will-mean-for--jobs-skills-and-wages.
139	BOSTON CONSULTING GROUP. *The future of work*: the augmented workforce. 2018. Disponível em: https://www.bcg.com/publications/2018/future-of-work-augmented-workforce.aspx.
140	SOCIETY FOR HUMAN RESOURCE MANAGEMENT. *The future of work*: How HR can prepare for the changing world of work. 2019. Disponível em: https://www.shrm.org/hr-today/trends-and--forecasting/research-andsurveys/Documents/The%20Future%20of%20Work%20How%20HR%20Can%20Prepare%20for%20the%20Changing%20World%20of%20Work.pdf.
141	Idem, ibidem.
142	TAMS, S.; KOIRALA, H. P.; SYED, J. "Antecedents and outcomes of career adaptability: A systematic review and future directions". *Journal of Vocational Behavior*, v. 98, p. 1-12, 2017.
143	Idem, ibidem.
144	JOHNSTON, C. S.; NG, T. W. "Career adaptability and resiliency: The roles of learning goal orientation and perceived social support". *Journal of Career Development*, v. 44, nº 5, p. 387-402, 2017.
145	HALF, Robert. *Future of Work*: The People Imperative. 2019. Disponível em: https://www.roberthalf.com/future-of-work.

146 HARTUNG, P. J.; PORFELI, E. J.; VONDRACEK, F. W. "Career adaptability and satisfaction: A meta-analysis". *Journal of Vocational Behavior*, v. 67, nº 3, p. 379-410, 2005.

147 Idem, ibidem.

148 *2020 Global Human Capital Trends*. Disponível em: https://www2.deloitte.com/us/en/insights/focus/human-capital-trends/2020.html.

149 AKKERMANS, J.; RICHARDSON, J.; KRAIMER, M. "The role of career adaptability and work conditions on general and professional well-being". *Journal of Business and Psychology*, v. 32, nº 6, p. 747-761, 2017.

150 JOHNSTON, C. S.; NG, T. W. "Career adaptability and resiliency: The roles of learning goal orientation and perceived social support". *Journal of Career Development*, v. 44, nº 5, p. 387-402, 2017.

151 AKKERMANS, J.; TIMS, M.; DE VOS, A. Career adaptability and employee well-being: A cross-lagged panel study. *Journal of Vocational Behavior*, v. 100, p. 11-21, 2017.

152 CREDE, M.; HOWARDSON, G. N. "Career adaptability and leader effectiveness: The role of leader self-reflection and feedback-seeking". *Journal of Leadership Education*, v. 16, nº 1, p. 193-203, 2017.

153 SAVICKAS, Mark L. et al "Life designing: A paradigm for career construction in the 21st century". *Journal of Vocational Behavior*, v. 75, nº 3, p. 239-250, 2009.

154 Idem, ibidem.

155 Idem, ibidem.

156

157 SAVICKAS, Mark L. "Career construction theory and practice". In: BROWN, Steven D.; LENT, Robert W. (Eds.). *Career development and counseling*: Putting theory and research to work. 3ª ed. Nova Jersey: Wiley, 2020, p. 144-180.

158 SAVICKAS, Mark L. et al "Life designing: A paradigm for career construction in the 21st century". *Journal of Vocational Behavior*, v. 75, nº 3, p. 239-250, 2009; SAVICKAS, Mark L. "Contracting careers:

actor, agent and author". *Journal of Employment Counseling*, v. 48, p. 179-181, 2011; DUARTE, M. E. et al. "A construção da vida: Um novo paradigma para entender a carreira no século XXI". *Revista Interamericana de Psicología/Interamerican Journal of Psychology*, v. 44, nº 2, p. 392-406, 2010.

HALL, Douglas T.; CHANDLER, Dawn E. "Psychological success: When the career is a calling". *Journal of Organizational Behavior: The International Journal of Industrial, Occupational and Organizational Psychology and Behavior*, v. 26, nº 2, p. 155-176, 2005.

Idem, ibidem.

KARESEK, Robert; THEORELL, Torres. *Healthy work*: Stress, productivity and the reconstruction of work life. Nova York: Basic Books, 1992; VAN YPEREN, Nico W.; HAGEDOORN, Mariet. "Do high job demands increase intrinsic motivation or fatigue or both? The role of job control and job social support". *Academy of Management Journal*, v. 46, nº 3, p. 339-348, 2003.

RONSONI, Marcus. *Obsolescencia laboral*: factores psicosociales del entorno organizacional que influyen en la adaptabilidad de la carrera de sus trabajadores. Tese (Doutorado em Psicologia Social) – Universidad Argentina John F. Kennedy, Buenos Aires, 2023.

MCKINSEY & COMPANY. *The future of work*: a journey to 2022. 2018. Disponível em: https://www.mckinsey.com/featured-insights/future-of-work/the-future-of-work-a-journey-to-2022.

KORN FERRY. *The future of leadership*: how to build adaptability and resilience. 2020. Disponível em: https://www.kornferry.com/content/dam/kornferry/docs/pdf/emea/2020/KF_Future%20of%20Leadership_EMEA%20Research%20Report_FINAL.pdf.

PLAUT, V. C.; GARNETT, F. G.; BUFFARDI, L. C. "Diversity climate and self-reported mental health in the workplace". *Journal of Occupational Health Psychology*, v. 16, nº 3, p. 248-263, 2011.

SHEN, W. et al. "Managing Diversity through Human Resource Management: An International Perspective and Conceptual

Framework". *The International Journal of Human Resource Management*, v. 20, nº 2, p. 235-251, 2009; SHORE, L. M. et al. "Diversity in organizations: Where are we now and where are we going?". *Human Resource Management Review*, v. 19, nº 2, p. 117-133, 2009.

167 RANDSTAD. *Randstad Workmonitor Q2 2019*. Disponível em: https://www.randstad.com/workforce-insights/workforce-reports/randstad-workmonitor-q2-2019/.

168 GALLUP. *How Millennials Want to Work and Live.* Washington, DC: Gallup, 2016. Disponível em: https://www.gallup.com/workplace/238073/millennials-work-live.aspx

169 BOCCIARDI, Federica et al. "Career adaptability as a strategic competence for career development: An exploratory study of its key predictors". *European Journal of Training and Development*, v. 41, nº 1, p. 67-82, 2017.

170

171 SCHUESSLBAUER, A. F.; VOLMER, J.; GÖRITZ, A. S. "The goal paves the way: Inspirational motivation as a predictor of career adaptability". *Journal of Career Development*, v. 45, nº 5, p. 489-503, 2018.

172 DELLE, E.; SEARLE, B. "Career adaptability: The role of developmental leadership and career optimism". *Journal of Career Development*, v. 49, nº 4, jul. 2020.

173 LAN, Y.; CHEN, Z. (2020). "Transformational leadership, career adaptability, and work behaviors: the moderating role of task variety". *Frontiers in Psychology*, v. 10, jan. 2020.

174 BOUZARI, M.; SAFAVI, H. P. "The association between servant leadership and lateness attitude: the mediation effects of career adaptability and job embeddedness". *European Journal of Tourism Research*, v. 28, p. 1-24, 2021.

175 RASHEED, M. I. et al. "Abusive supervision and career adaptability: the role of self-efficacy and coworker support". *Human Performance*, v. 34, nº 4, p. 1-18, 2021.

176 GUPTA, M. "Does work engagement mediate the perceived career support-and career adaptability-work performance relationship?". *Journal of Global Operations and Strategic Sourcing*, v. 12, nº 2, 2019.

177 CHEN, C.; LIU, T.; CHEN, Y. "A study of career adaptability and work engagement of online teachers in the E-education industry: The mechanism of job insecurity and employability". *Proceedings of the 6th International Conference on Information and Education Technology*, jan. 2018, p. 190-195.

178 SAVICKAS, Mark L. "Career construction theory and practice". In: BROWN, Steven D.; LENT, Robert W. (Eds.). *Career development and counseling*: Putting theory and research to work. 3ª ed. Nova Jersey: Wiley, 2020, p. 144-180.

179 DEL CORSO, J.; REHFUSS, M. C. "The role of narrative in career construction theory". *Journal of Vocational Behavior*, v. 79, nº 2, p. 334-339, 2011.

180 SAVICKAS, Mark L.; PORFELI, E. J. "Career Adapt-Abilities Scale: Construction, reliability, and measurement equivalence across 13 countries". *Journal of Vocational Behavior*, v. 80, nº 3, p. 661-673, 2012.

181 SAVICKAS, Mark L. "Career adaptability: An integrative construct for life-span, life-space theory". *The Career Development Quarterly*, v. 45, nº 3, p. 247-259, 1997; Idem. *Career adaptability*. Twinsburg: 48 Hour Books, 2021.

182 Idem. "Career adaptability: An integrative construct for life-span, life-space theory". *The Career Development Quarterly*, v. 45, nº 3, p. 247-259, 1997

183 Idem. *Career adaptability*. Twinsburg: 48 Hour Books, 2021.

184 Idem, ibidem.

185 Idem, ibidem.

186 SAVICKAS, Mark L. et al. "Life designing: A paradigm for career construction in the 21st century". *Journal of Vocational Behavior*, v. 75, nº 3, p. 239-250, 2009.

187 SAVICKAS, Mark L.; PORFELI, E. J. "Career Adapt-Abilities Scale: Construction, reliability, and measurement equivalence across 13 countries". *Journal of Vocational Behavior*, v. 80, n° 3, p. 661-673, 2012.

188 BANDURA, A. "Social cognitive theory of self-regulation". *Organizational Behavior and Human Decision Processes*, v. 50, n° 2, p. 248-287, 1991.

189 ZACHER, H.; HEUSNER, S.; FRESE, M. "Focus on opportunities as a mediator of the relationships between business owners' age and venture growth". *Journal of Business and Psychology*, v. 30, n° 1, p. 109-122, 2015.

190 SAVICKAS, Mark L. "The theory and practice of career construction". In: BROWN, Steven D.; LENT, Robert W. (Eds.). *Career development and counseling*: Putting theory and research to work. 3ª ed. Nova Jersey: Wiley, 2020; Idem. *Career adaptability*. Twinsburg: 48 Hour Books, 2021.

191 DUCKWORTH, A. L.; GROSS, J. J. (2014). "Self-control and grit: Related but separable determinants of success". *Current Directions in Psychological Science*, v. 23, n° 5, p. 319-325, 2014; DENSON, T. F et al (2011). "Self-control training decreases anger and aggression in response to provocation in aggressive individuals". *Journal of Research in Personality*, v. 45, n° 3, p. 252-256, 2011.

192 GAGNÉ, M.; DECI, E. L. "Self-determination theory and work motivation". *Journal of Organizational Behavior*, v. 26, n° 4, p. 331-362, 2005.

193 BANDURA, A. *Self-efficacy*: The exercise of control. Nova York: Freeman, 1997.

194 LOCKE, E. A.; LATHAM, G. P. "Building a practically useful theory of goal setting and task motivation: A 35-year odyssey". *American Psychologist*, v. 57, n° 9, p. 705-717, 2002.

195 SAVICKAS, Mark L.; PORFELI, E. J. "Career Adapt-Abilities Scale: Construction, reliability, and measurement equivalence across 13 countries". *Journal of Vocational Behavior*, v. 80, n° 3, p. 661-673, 2012.

196 EQUIPE BLOG PORTAL POS. *Maturidade profissional*: saiba o que é e quais os passos para alcançá-la. 16 mar. 2022. Disponível em: https://blog.portalpos.com.br/maturidade=-profissional/#:~:text-A%20maturidade%20profissional%20%C3%A9%20um%20n%-C3%ADvel%20da%20carreira,solucionar%20conflitos%20e%20 enfrentar%20desafios%20de%20forma%20inteligente.

197 FIORINI, M. C.; BARDAGI, M. P.; SILVA, N. "Adaptabilidade de carreira: paradigmas do conceito no mundo do trabalho contemporâneo". *Revista Psicologia Organizações e Trabalho*, v. 16, nº 3, p. 236-247, 2016.

198 SUPER, D. E. "Dimensions and measurement of vocational maturity". *Teachers College Record*, v. 57, nº 3, dez. 1955.

199 SUPER, D. E.; KNASEL, E. G. "Career development in adulthood: Some theoretical problems and a possible solution". *British Journal of Guidance and Counselling*, v. 9, nº 2, p. 194-201, 1981.

200 Idem, ibidem.

201 SAVICKAS, Mark L. *Career adaptability*. Twinsburg: 48 Hour Books, 2021.

202 Idem. "Career adaptability: An integrative construct for life-span, life-space theory". *The Career Development Quarterly*, v. 45, nº 3, p. 247-259, 1997.

203 SUPER, D. E.; KNASEL, E. G. "Career development in adulthood: Some theoretical problems and a possible solution". *British Journal of Guidance and Counselling*, v. 9, nº 2, p. 194-201, 1981.

204 SAVICKAS, Mark L.; PORFELI, E. J. "Career Adapt-Abilities Scale: Construction, reliability, and measurement equivalence across 13 countries". *Journal of Vocational Behavior*, v. 80, nº 3, p. 661-673, 2012.

205 AUDIBERT, Alyane; TEIXEIRA, Marco Antônio Pereira. "Escala de adaptabilidade de carreira: Evidências de validade em universitários brasileiros". *Revista Brasileira de Orientação Profissional*, v. 16, nº 1, p. 83-93, 2015.

206 *Sinônimo de obsoleto*. Disponível em: https://www.sinonimos.com.br/obsoleto/.

207 *Conceito de obsoleto*. Disponível em: https://conceito.de/obsoleto.
208 PAZY, Asya. "Cognitive schemata of professional obsolescence". *Human Relations*, v. 47, nº 10, p. 1167-1199, 1994.
209 Idem, ibidem.
210 TAYLOR, Carolyn. *Walking the talk*: a cultura através do exemplo. São Paulo: Labrador, 2022.
211 Idem, ibidem.
212 Idem, ibidem.
213 Idem, ibidem.
214 BAUMAN, Zygmunt. *A sociedade individualizada*: vidas contadas e histórias vividas. São Paulo: Companhia das Letras, 2008.
215 WORLD ECONOMIC FORUM. *Schools of the future*: defining new models of education for the Fourth Industrial Revolution. Genebra, 2020.
216 OECD. *The future of education and skills* – Education 2030: the future we want. OECD, 2018; WORLD ECONOMIC FORUM; BOSTON CONSULTING GROUP. *Towards a reskilling revolution*: a future of jobs for all. Genebra, Suíça, 2018.
217 PAZY, Asya. "Cognitive schemata of professional obsolescence". *Human Relations*, v. 47, nº 10, p. 1167-1199, 1994.
218 *Conceito de obsoleto*. Disponível em: https://conceito.de/obsoleto.
219 CROSSAN, Mary M.; LANE, Henry W.; WHITE, Roderick E. "An organizational learning framework: From intuition to institution". *Academy of Management Review*, v. 24, nº 3, p. 522-537, 1999; DI MILIA, Lee; BIRDI, Kamal. "The relationship between multiple levels of learning practices and objective and subjective organizational financial performance". *Journal of Organizational Behavior*, v. 31, nº 4, p. 481-498, 2010.
220 CASTAÑEDA, Delio I.; RIOS, Manuel F. "From individual learning to organizational learning". In: *ECKM 2007 – Proceedings of the 8th European Conference on Knowledge Management*. Academic Conferences Limited, 2007, p. 363-372.

221 CASTAÑEDA, Delio I. "Condições para a aprendizagem organizacional". *Estudios Gerenciales*, v. 31, nº 134, p. 62-67, 2015.

222 Idem, ibidem.

223 GOODMAN, Paul S.; DARR, Eric D. "Computer-aided systems and communities: Mechanisms for organizational learning in distributed environments". *MIS Quarterly*, v. 22, nº 4, p. 417-440, dez. 1998.

224 HINDS, Pamela J.; PFEFFER, Jeffrey. "Why organizations don't 'know what they know': Cognitive and motivational factors affecting the transfer of expertise". In: ACKERMAN, Mark S.; PIPEK, Volkmar; WULF, Volker (Eds.). *Sharing expertise*: beyond knowledge management. Cambridge: The MIT Press, 2002; UNSELT, A.; GLEICH, Ronald; RUSSO, Peter. "The impact of broken psychological contracts on knowledge sharing and the role of communities of practice as mediators". In: *Amsterdam: Third EIASM workshop on trust within and between organizations*. Special session II. 2005.

225 BUCKMAN, R. "Knowledge sharing at Buckman Labs". *Journal of Business Strategy*, v. 19, nº 1, 1998; AL-ALAWI, Adel I.; AL-MARZOOQI, Nayla Y.; MOHAMMED, Yasmeen F. "Organizational culture and knowledge sharing: critical success factors". *Journal of Knowledge Management*, v. 11, nº 2, p. 22-42, abr. 2007.

226 CASTAÑEDA, Delio I. "Condições para a aprendizagem organizacional". *Estudios Gerenciales*, v. 31, nº 134, p. 62-67, 2015; CONNELLY, Catherine E.; KELLOWAY, Kevin. Predictors of employeesı perceptions of knowledge sharing cultures. *Leadership & Organization Development Journal*, v. 24, nº 5, p. 294-301, ago. 2003.

227 GUPTA, Anil K.; GOVINDARAJAN, Vijay. "Knowledge flows within multinational corporations". *Strategic Management Journal*, v. 21, nº 4, p. 473-496, 2000.

228 VAN GRAMBERG, Bernadine; BAHARIM, Shahril Bin. *The influence of knowledge sharing on transfer of training*: A proposed research strategy. Working Paper. Victoria University, Melbourne, 2005; PINEDA, Leonardo. "Colombia frente a la economía de

conocimiento,¿ un callejón sin salida?". *Estudios Gerenciales*, v. 29, nº 128, p. 322-331, 2013; YAHYA, Salleh; GOH, Wee-Keat. "Managing human resources toward achieving knowledge management". *Journal of Knowledge Management*, v. 6, nº 5, p. 457-468, dez. 2002.
229 PROBST, Gilbert; RAUB, Steffen; ROMHARDT, Kai. *Managing knowledge*: Building blocks for success. Chichester: John Wiley & Sons, 2000.
230 MCDERMOTT, Richard; O'DELL, Carla. "Overcoming cultural barriers to sharing knowledge". *Journal of Knowledge Management*, v. 5, nº 1, p. 76-85, mar. 2001.
231 Idem, ibidem.
232 CASTAÑEDA, Delio I. "Condições para a aprendizagem organizacional". *Estudios Gerenciales*, v. 31, nº 134, p. 62-67, 2015.
233 VANDIJCK, Dominique; DESMIDT, Sebastian; BUELENS, Marc. "Relevance of mission statements in Flemish not-for-profit healthcare organizations". *Journal of Nursing Management*, v. 15, nº 2, p. 131-141, 2007; MCDERMOTT, Richard; O'DELL, Carla. "Overcoming cultural barriers to sharing knowledge". *Journal of Knowledge Management*, v. 5, nº 1, p. 76-85, mar. 2001.
234 WRIGHT, B. "Public service and motivation: Does mission matter?". *Public Administration Review*, v. 67, nº 1, p. 54-64, 2007.
235 CASTAÑEDA, Delio I. "Condições para a aprendizagem organizacional". *Estudios Gerenciales*, v. 31, nº 134, p. 62-67, 2015.
236 TAYLOR, Carolyn. *Walking the talk*: a cultura através do exemplo. São Paulo: Labrador, 2022.
237 BARRETT, Richard. *A organização dirigida por valores*: liberando o potencial humano para a performance e a lucratividade. São Paulo: Alta Books, 2018.
238 TAYLOR, Carolyn. *Walking the talk*: a cultura através do exemplo. São Paulo: Labrador, 2022.
239 Idem, ibidem.
240 Idem, ibidem.

241 Idem, ibidem.
242 BARRETT, Richard. *A organização dirigida por valores*: liberando o potencial humano para a performance e a lucratividade. São Paulo: Alta Books, 2018.
243 TAYLOR, Carolyn. *Walking the talk*: a cultura através do exemplo. São Paulo: Labrador, 2022.
244 Idem, ibidem.
245 CSIKSZENTMIHALYI, Mihaly. *Flow*: The psychology of optimal experience. Nova York: Harper & Row, 1990; BROWN, T. "Design thinking". *Harvard Business Review*, v. 86, nº 6, p. 84-92, 1990.
246 EDMONDSON, Amy C. *Teaming*: How organizations learn, innovate, and compete in the knowledge economy. São Francisco: Jossey-Bass, 2012; STONE, Douglas L.; HEEN, Sheila. *Thanks for the feedback*: The science and art of receiving feedback well. Nova York: Penguin, 2014.
247 BROWN, Brené. *Daring greatly*: How the courage to be vulnerable transforms the way we live, love, parent, and lead. Nova York: Penguin, 2012; DWECK, Carol S. *Mindset*: The new psychology of success. Nova York: Ballantine Books, 2006.
248 ROSEN, C.; JOHNSON, A. *Personalized learning*: What it really is and why it really matters. Nova York: The New School, 2018.
249 BROWN, J. S.; ADLER, R. P. "Minds on fire: Open education, the long tail, and learning 2.0". *Educause Review*, v. 43, nº 1, p. 16-32, 2008; JOHNSON, L. et al. *NMC Horizon Report*: 2015 higher education edition. New Media Consortium, 2015.
250 THOMAS, D. A. "Diversity as strategy". *Harvard Business Review*, v. 82, nº 9, p. 98-108, 2004; SCOTT, W. R. *Institutions and organizations*: Ideas, interests, and identities. Nova York: Sage, 2014.
251 IASBECK, Luiz Carlos A. "A função apaziguadora dos rituais nas organizações". *Revista Psicologia, Diversidade e Saúde*, v. 2, nº 1, 2013.
252 MCCLELLAND, David C. *The achieving society*. Nova York: Simon and Schuster, 1961.

253 GALLÓ, José. *O poder do encantamento*. São Paulo: Planeta, 2017.
254 ESCOLA CONQUER. *Como o Lifelong Learning protege a relevância das carreiras e empresas*. 4 set. 2020. https://escolaconquer.com.br/blog/lifelong-learning-e-a-importancia-de-nunca-parar-de-aprender/.
255 MCDERMOTT, Richard; O'DELL, Carla. "Overcoming cultural barriers to sharing knowledge". *Journal of Knowledge Management*, v. 5, nº1, p. 76-85, mar. 2001.
256 Idem, ibidem.
257 TAYLOR, Carolyn. *Walking the talk*: a cultura através do exemplo. São Paulo: Labrador, 2022.
258 LOBATO, Roberto M. *A teoria de campo de Kurt Lewin*. 7 out. 2023. Disponível em: https://amenteemaravilhosa.com.br/teoria-de-campo-de-kurt-lewin.
259 Idem, ibidem.
260 LEWIN, Kurt. "Field theory and experiment in social psychology: Concepts and methods". *American Journal of Sociology*, v. 44, nº 6, p. 868-896, 1939.
261 Idem, ibidem.
262 Idem, ibidem.
263 Idem. *La teoría del campo en la ciencia social*. Barcelona: Paidós, 1988.
264 MARCONDES, José S. *Teoria de Campo de Kurt Lewin*: O que é? Conceitos e definições. 19 out. 2021. Disponível em: https://gestaodesegurancaprivada.com.br/teoria-de-campo-de-kurt-lewin-o-que-e-conceitos-e-definicoes.
265 NEWMAN, Alexander; DONOHUE, Ross; EVA, Nathan. "Psychological safety: A systematic review of the literature". *Human Resource Management Review*, v. 27, nº 3, p. 521-535, 2017.
266 EDMONDSON, Amy C.; LEI, Zhike. "Psychological safety: The history, renaissance, and future of an interpersonal construct". *Annual Review of Organizational Psychology and Organizational Behavior*, v. 1, nº 1, p. 23-43, 2014.

267 EDMONDSON, Amy C. *A organização sem medo*: criando segurança psicológica no local de trabalho para aprendizado, inovação e crescimento. São Paulo: Alta Books, 2021; RONSONI, Marcus. *Obsolescencia laboral*: factores psicosociales del entorno organizacional que influyen en la adaptabilidad de la carrera de sus trabajadores. Tese (Doutorado em Psicologia Social) – Universidad Argentina John F. Kennedy, Buenos Aires, 2023.

268 EDMONDSON, Amy C. *A organização sem medo*: criando segurança psicológica no local de trabalho para aprendizado, inovação e crescimento. São Paulo: Alta Books, 2021.

269 EDMONDSON, Amy C.; LEI, Zhike. "Psychological safety: The history, renaissance, and future of an interpersonal construct". *Annual Review of Organizational Psychology and Organizational Behavior*, v. 1, nº 1, p. 23-43, 2014.

270 EDMONDSON, Amy C. "Psychological safety and learning behavior in work teams". *Administrative Science Quarterly*, v. 44, nº 2, p. 350-383, 1999; EDMONDSON, Amy C.; LEI, Zhike. "Psychological safety: The history, renaissance, and future of an interpersonal construct". *Annual Review of Organizational Psychology and Organizational Behavior*, v. 1, nº 1, p. 23-43, 2014; SCHEIN, Edgar H.; BENNIS, Warren G. *Personal and organizational change through group methods*: The laboratory approach. Nova York: Wiley, 1965.

271 KARK, Ronit; CARMELI, Abraham. "Alive and creating: The mediating role of vitality and aliveness in the relationship between psychological safety and creative work involvement". *Journal of Organizational Behavior*: The International Journal of Industrial, Occupational and Organizational Psychology and Behavior, v. 30, nº 6, p. 785-804, 2009.

272 SHALLEY, Christina E.; GILSON, Lucy L. "What leaders need to know: A review of social and contextual factors that can foster or hinder creativity". *The Leadership Quarterly*, v. 15, nº 1, p. 33-53, 2004.

273 BAER, Markus; FRESE, Michael. "Innovation is not enough: Climates for initiative and psychological safety, process innovations, and firm

performance". *Journal of Organizational Behavior*: The International Journal of Industrial, Occupational and Organizational Psychology and Behavior, v. 24, nº 1, p. 45-68, 2003.

274 RONSONI, Marcus. *Obsolescencia laboral*: factores psicosociales del entorno organizacional que influyen en la adaptabilidad de la carrera de sus trabajadores. Tese (Doutorado em Psicologia Social) – Universidad Argentina John F. Kennedy, Buenos Aires, 2023.

275 EDMONDSON, Amy C. *A organização sem medo*: criando segurança psicológica no local de trabalho para aprendizado, inovação e crescimento. São Paulo: Alta Books, 2021.

276 EDMONDSON, Amy C. "Psychological safety and learning behavior in work teams". *Administrative Science Quarterly*, v. 44, nº 2, p. 350-383, 1999.

277 JANIS, Irving L. "Groupthink". *IEEE Engineering Management Review*, v. 36, nº 1, p. 36, 2008.

278 EDMONDSON, Amy C. *A organização sem medo*: criando segurança psicológica no local de trabalho para aprendizado, inovação e crescimento. São Paulo: Alta Books, 2021.

279 Idem, ibidem.
280 Idem, ibidem.
281 Idem, ibidem.
282 Idem, ibidem.

283 BROWN, Brené. *Mais forte do que nunca*: Caia. Levante-se. Tente outra vez. Rio de Janeiro: Sextante, 2016.

284 BROWN, Brené. *A coragem para liderar*: Trabalho duro, conversas difíceis, corações plenos. Rio de Janeiro: Best Seller, 2019.

285 EDMONDSON, Amy C. "Psychological safety and learning behavior in work teams". *Administrative Science Quarterly*, v. 44, nº 2, p. 350-383, 1999.

286 BAER, Markus; FRESE, Miguel. "A inovação não é suficiente: climas para iniciativa e segurança psicológica, inovações de processos e desempenho firme". *Journal of Organizational Behavior*: The International

287 EDMONDSON, Amy C.; LEI, Zhike. "Psychological safety: The history, renaissance, and future of an interpersonal construct". *Annual Review of Organizational Psychology and Organizational Behavior*, v. 1, nº 1, p. 23-43, 2014.

288 FRAZIER, M. Lance et al. "Psychological safety: A meta-analytic review and extension". *Personnel Psychology*, v. 70, nº 1, p. 113-165, 2017.

289 DUHIGG, Charles. *Mais rápido e melhor*: os segredos da produtividade na vida e nos negócios. Rio de Janeiro: Objetiva, 2016.

290 FRAZIER, M. Lance et al. "Psychological safety: A meta-analytic review and extension". *Personnel Psychology*, v. 70, nº 1, p. 113-165, 2017.

291 KAHN, William A. "Psychological conditions of personal engagement and disengagement at work". *Academy of Management Journal*, v. 33, nº 4, p. 692-724, 1990.

292 Idem, ibidem.

293 Idem, ibidem.

294 Idem, ibidem.

295 Idem, ibidem.

296 Idem, ibidem.

297 BANDURA, Albert. "Social cognitive theory of self-regulation". *Organizational Behavior and Human Decision Processes*, v. 50, nº 2, p. 248-287, 1991.

298 EDMONDSON, Amy C. "Psychological safety, trust, and learning in organizations: A group-level lens". In: KRAMER, R. M.; COOK, K. S. (Eds.). *Trust and distrust in organizations*: dilemmas and approaches. Nova York: Russell Sage Foundation, 2004, p. 239-272.

299 TIME PONTOTEL. *Entenda para que serve o Upskilling, como promover na empresa e qual a importância dessa estratégia!* 21 mar. 2024. Disponível em: https://www.pontotel.com.br/Upskilling/#:~:text=O%20Que%20%C3%89%20de%20Fato%20O%20Upskilling?.

300 WORLD ECONOMIC FORUM. *The Future of Jobs Report* 2023. 30 abr. 2023. Disponível em: https://www.weforum.org/publications/the-future-of-jobs-report-2023/in-full/.

301 NONAKA, Ikujiro; TAKEUCHI, Hirotaka. *The knowledge-creating company:* how japanese companies create the dynamics of innovation. Oxford: Oxford University Press, 1995.

302 BROWER, T. G. R. *The perceptual world of the child.* Waukegan: Fontana Press, 1985.

303 MOSCOVICI, Serge. *Representações sociais*: investigação em psicologia social. Petrópolis: Vozes, 2015.

304 MACINTYRE, Alasdair C. *Dependent rational animals:* Why human beings need the virtues. Chicago: Open Court Publishing, 1999; RODRIGUES, Aroldo; ASSMAR, Eveline M. L.; JABLONSKI, Bernardo. Psicologia social. Petrópolis: Vozes, 2022.

305 LEONTIEV, Alexei N. *O desenvolvimento do psiquismo.* São Paulo: Centauro, 2018.

306 Idem, ibidem.

307 ABRANTES, Pedro. Para uma teoria da socialização. *Sociologia*: Revista da Faculdade de Letras da Universidade do Porto, v. 21, 2011, p. 122.

308 MOSCOVICI, Serge. "Notes towards a description of social representations". *European Journal of Social Psychology*, v. 18, nº 3, p. 211-250, 1988.

309 Idem, ibidem.

310 Idem. *Representações sociais:* investigação em psicologia social. Petrópolis: Vozes, 2015.

311 JODELET, Denise. "Representações sociais: um domínio em expansão". As representações sociais, v. 17, nº 44, p. 1-21, 2001.

312 MOSCOVICI, Serge. Representações sociais: investigação em psicologia social. Petrópolis: Vozes, 2015.

313 Idem, ibidem.

314 HOBSBAWM, Eric *A era dos impérios*: 1875-1914. São Paulo: Paz e Terra, 2015.

315	BITTENCOURT, Renato N. "Zygmunt Bauman e a berlinda da Modernidade". *Revista Espaço Acadêmico*, v. 16, nº 189, p. 62-74, 2017.
316	BAUMAN, Zygmunt. *Liquid modernity*. Cambridge: Polity Press, 2000.
317	Idem, ibidem.
318	Idem. *A sociedade individualizada:* vidas contadas e histórias vividas. São Paulo: Companhia das Letras, 2008.
319	Idem, ibidem.
320	BOURDIEU, Pierre. *La distinción*: criterios y bases sociales del gusto. Taurus, 1988.
321	BAUMAN, Zygmunt. *A sociedade individualizada*: vidas contadas e histórias vividas. São Paulo: Companhia das Letras, 2008.
322	Idem, ibidem.
323	COLLIER, Paul. *The future of capitalism*: facing the new anxieties. Londres: Penguin UK, 2018.
324	Idem, ibidem.
325	BAUMAN, Zygmunt. *A sociedade individualizada*: vidas contadas e histórias vividas. São Paulo: Companhia das Letras, 2008.
326	Idem, ibidem.
327	Idem, ibidem.
328	Idem, ibidem.
329	SCHWAB, Klaus. *A quarta revolução industrial*. São Paulo: Edipro, 2016.
330	BAUMAN, Zygmunt. *Liquid modernity*. Cambridge: Polity Press, 2000.
331	*Tech Trends 2020*. Disponível em: https://www2.deloitte.com/content/dam/Deloitte/pt/Documents/tech-trends/TechTrends2020.pdf.
332	Ibidem.
333	MORAN, Emilio F. *Adaptabilidade humana*: uma introdução à antropologia ecológica. São Paulo: Editora Senac/Edusp, 1994.
334	FRIEDMAN, Thomas L. *Obrigado pelo atraso*: um guia otimista para sobreviver em um mundo cada vez mais veloz. Rio de Janeiro: Objetiva, 2017.
335	INTERNATIONAL LABOUR ORGANIZATION – ILO. *The impact of technology on the quality and quantity of jobs*. 2nd Meeting of the

Global Commission on the Future of Work. 2018. Disponível em: https://www.ilo.org/wcmsp5/groups/public/---dgreports/--cabinet/documents/publication/wcms_618168.pdf.

336 BROWN, J. et al. *Força de trabalho do futuro*: as forças concorrentes moldando 2030. Londres: PWC, 2017.

337 MASSACHUSETTS INSTITUTE TECHNOLOGY – MIT. *The work of the future:* building better jobs in an age of intelligent machines. 2020. Disponível em: https://workofthefuture.mit.edu/research-post/the-work-of-the-future-building-better-jobs-in-an-age-of-intelligent-machines/.

338 BROWN, J. et al. *Força de trabalho do futuro*: as forças concorrentes moldando 2030. Londres: PWC, 2017.

339 HARARI, Yuval N. *21 lições para o século 21*. São Paulo: Companhia das Letras, 2018.

340 MANYIKA, James; ROXBURGH, Charles. "The great transformer: The impact of the Internet on economic growth and prosperity". *McKinsey Global Institute*, v. 1, out. 2011.

341 INTERNATIONAL LABOUR ORGANIZATION – ILO. *The impact of technology on the quality and quantity of jobs*. 2nd Meeting of the Global Commission on the Future of Work. 2018. Disponível em: https://www.ilo.org/wcmsp5/groups/public/---dgreports/--cabinet/documents/publication/wcms_618168.pdf.

342 DAUTH, Wolfgang et al. "German robots-the impact of industrial robots on workers". CEPR Discussion Paper, nº DP12306, set. 2017.

343 GOMIS, Roger; KAPSOS, Steven; KUHN, Ste. *World employment and social outlook:* trends 2020. Genebra: ILO, 2020.

344 BROWN, J. et al. *Força de trabalho do futuro*: as forças concorrentes moldando 2030. Londres: PWC, 2017.

345 LUKÁCS, György; SCARPONI, Alberto. *Per l'ontologia dell'essere sociale.* V. I. Roma: Editori Riuniti, 1976.

346 FRANKL, Viktor E. *Psicoterapia e sentido da vida*. São Paulo: Quadrante, 1989. (Originalmente publicado em 1946.)

347 ARGOLO, João C. T.; ARAÚJO, Maria A. D. "O impacto do desemprego sobre o bem-estar psicológico dos trabalhadores da cidade de Natal". *Revista de Administração Contemporânea*, v. 8, p. 161-182, 2004.

348 PINHEIRO, Letícia R. S.; MONTEIRO, Janine K. "Refletindo sobre desemprego e agravos à saúde mental". *Cadernos de Psicologia Social do Trabalho*, v. 10, n° 2, p. 35-45, 2007.

349 MARX, Karl. *Manuscritos econômico-filosóficos* (Paris, 1844). Tradução de Jesus Ranieri. São Paulo: Boitempo, 2004.

350 MÉSZÁROS, István. *A teoria da alienação em Marx*. São Paulo: Boitempo, 2017.

351 WEBER, Max. *A ética protestante e o espírito do capitalismo*. Trad. M. Irene e Tamás Szmrecsànyi. 14ª ed. São Paulo: Livraria Pioneira Editora, 1905.

352 MACIENTE, Aguinaldo N.; ARAÚJO, Thiago C. "A demanda por engenheiros e profissionais afins no mercado de trabalho formal". *Radar*: Tecnologia, Produção e Comércio Exterior, n° 12, fev. 2011.

353 BALTAR, Paulo. "Crescimento da economia e mercado de trabalho no Brasil". *Texto para Discussão*, n° 2036, fev. 2015.

354 KRAUSZ, Rosa R. *Trabalhabilidade*. São Paulo: Nobel, 1999.

355 Idem, ibidem; BULHÕES, Darline M. S.; DE LEMOS VASCONCELOS, André B.; LEITE, Emanuel. "Trabalhabilidade: o caminho para o empreendedorismo". *International Journal of Professional Business Review*, v. 1, n° 1, p. 30-40, 2016.

356 TAYLOR, Carolyn. *Walking the talk*: a cultura através do exemplo. São Paulo: Labrador, 2022.

357 SBERSI, Alexandre. *Gestão da mudança como acelerador de uma transformação digital*: um estudo de caso em uma agência de uma cooperativa de crédito. Trabalho de Conclusão de Curso (Especialização em Cooperativismo) – Unisinos, São Leopoldo, 2022.

LINKEDIN MARCUS RONSONI

SITE SBDC

CURSO DISC

SCAN ME

© 2025, Marcus Ronsoni

Equipe editorial: Lu Magalhães, Larissa Caldin e Sofia Camargo
Preparação de texto: Academia da Escrita e João Paulo Putini
Revisão: Fernanda Guerreiro
Capa: Beto Nejme
Projeto Gráfico e Diagramação: Manoela Dourado

Dados Internacionais de Catalogação na Publicação (CIP)
Angelica Ilacqua CRB-8/7057

Ronsoni, Marcus
    Adaptabilidade : modelo integrativo para a transformação regional / Marcus Ronsoni. -- São Paulo : Primavera Editorial, 2025.
    492 p.

Bibliografia
ISBN: 978-85-5578-197-1

1. Mudança organizacional 2. Desenvolvimento organizacional 3. Comportamento organizacional 4. Liderança

25-1922   CDD 658.406

Índices para catálogo sistemático:
1. Mudança organizacional

PRIMAVERA
EDITORIAL

Av. Queiroz Filho, 1560 – Torre Gaivota Sl. 109
05319-000 – São Paulo – SP
Telefone: + 55 (11) 3034-3925
+ 55 (64) 98131-1479
www.prideprimavera.com.br
contato@primaveraeditorial.com